Anna Breitsameter

Lagune

Lehrerhandbuch 3

Deutsch als Fremdsprache

Hueber Verlag

Fotos:
Seite 185: Heribert Mühldorfer
Seite 195: AKG Berlin

4. 3. 2. | Die letzten Ziffern
2018 17 16 15 14 | bezeichnen Zahl und Jahr des Druckes.
Alle Drucke dieser Auflage können, da unverändert, nebeneinander benutzt werden.
1. Auflage

Zeichnungen: Frauke Fährmann, Pöcking
Umschlagfoto: © gettyimages / Jean-Pierre Pieuchot
Umschlagsgestaltung: Martin Lange Design, Karlsfeld
Satz, Layout, Grafik: Martin Lange Design, Karlsfeld
Produktmanagement und Herstellung: Astrid Hansen, Hueber Verlag
Verlagsredaktion: Veronika Kirschstein, Gondelsheim
Druck und Bindung: Firmengruppe APPL, aprinta druck, Wemding
Printed in Germany
ISBN 978-3-19-031626-7

Überblick über das Lehrerhandbuch

Abkürzungen

TN: Teilnehmer und Teilnehmerinnen
KB: Kursbuch
AB: Arbeitsbuch
LE: Lerneinheit
❖ S. 12: Lehrerhandbuch Seite 12
→ AB S. 6 | **1**: Arbeitsbuch, Seite 6, Übung 1
→ KB | LE 8 | **2**: Kursbuch, Lerneinheit 8, Übung 2
OHP: Overheadprojektor

Konzeption des Lehrwerks

Zielgruppe

Lagune ist ein Grundstufenlehrwerk mit einer sanften, kleinschrittigen Progression. Es ist für Erwachsene und Jugendliche ab 16 Jahren ohne Vorkenntnisse konzipiert und kann weltweit eingesetzt werden.

Komponenten

Lagune führt in drei Bänden zum *Zertifikat Deutsch.* Zu jedem Band gehören ein Arbeitsbuch mit Übungen für den Unterricht und die Arbeit zu Hause sowie Audio-CDs mit Hörverständnis- und Sprechübungen. Außerdem steht den TN in jedem Band des Kursbuches eine Audio-CD zum *Fokus Sprechen* und zum jeweiligen Übungstest zur Verfügung.
Im Internet-Service unter http://www.hueber.de/lagune finden Sie Tests, weiteres Material und methodische Tipps für Ihre Unterrichtsvorbereitung sowie Online-Übungen für die TN.

Der Gemeinsame Europäische Referenzrahmen

Lagune berücksichtigt die Vorgaben des Gemeinsamen Europäischen Referenzrahmens. Der Referenzrahmen definiert mehrere Kompetenzniveaus, die den Sprachstand der Lernenden zeigen:
A (A1, A2): elementare Sprachverwendung
B (B1, B2): selbstständige Sprachverwendung
C (C1, C2): kompetente Sprachverwendung

- *Lagune 1* → Niveau A1
- *Lagune 2* → Niveau A2
- *Lagune 3* → Niveau B1

Der Referenzrahmen vertritt einen handlungsorientierten Ansatz: Sprachlernende müssen kommunikative Aufgaben bewältigen. *Lagune* trägt dem Rechnung durch alltagsrelevante Themen und durch die Auswahl der Texte (z. B. Postkarten, Briefe, Telefongespräche, Lautsprecherdurchsagen, Reportagen aus der Zeitung).
Im Referenzrahmen wird die Selbstbeurteilung großgeschrieben. Mithilfe des *Ankers* im Arbeitsbuch können sich die TN ihre Lernfortschritte am Ende jedes Themenkreises bewusst machen. Auch die Fotodoppelseiten im Kursbuch dienen in spielerischer Weise diesem Ziel.

Am Ende eines Bandes können die Lernenden ihren Sprachstand mittels Übungstests der jeweiligen Prüfungen überprüfen:
Goethe-Zertifikat A1/*Start Deutsch 1* (nach *Lagune 1*),
Goethe-Zertifikat A2/*Start Deutsch 2* (nach *Lagune 2*)
und Goethe-Zertifikat B1/*Zertifikat Deutsch* (nach *Lagune 3*).

Aufbau

Aufbau des Kursbuches

Lagune 1 enthält 6 Themenkreise, *Lagune 2* und *Lagune 3* enthalten jeweils 7 Themenkreise.
Ein Themenkreis bildet die thematische Klammer um jeweils 5 Lerneinheiten, die *Fokus* genannt werden und immer genau 4 Seiten umfassen. Jeder Themenkreis besteht also aus *Fokus Strukturen*, *Fokus Lesen*, *Fokus Hören*, *Fokus Sprechen* und *Fokus Schreiben*. Zwar hat jeder *Fokus* eine Fertigkeit – z. B. Lesen – als Schwerpunkt, trotzdem werden auch die übrigen Fertigkeiten, z. B. Sprechen oder Schreiben, berücksichtigt. Alle Lerneinheiten sind miteinander verzahnt. Jeder Themenkreis wird mit einer Fotocollage eröffnet und mit einer Doppelseite mit landeskundlichen Fotos abgeschlossen. Die Seite *Augenzwinkern* beendet einen Themenkreis auf humorvolle Weise.

Am Ende des Kursbuches finden Sie eine Grammatik-Übersicht und eine alphabetische Wortliste.

Aufbau eines Themenkreises und didaktische Tipps

Einstiegsseite
Mit einer landeskundlichen Fotocollage wird der Lerner auf das Thema des jeweiligen Themenkreises eingestimmt und sein Vorwissen wird aktiviert.

Als Hinführung zum Thema eignet sich folgende Übung:
Kopieren Sie die Einstiegsseite und schneiden Sie die einzelnen Fotos aus. Die Bücher sind geschlossen. Verteilen Sie die Fotos an Kleingruppen. Jede Gruppe beschreibt kurz ihr Foto. Die TN raten im Kurs, um welches Thema es geht.

Die Fotocollage eignet sich sehr gut dafür, den Kernwortschatz eines Themenkreises vorzuentlasten:
- Geben Sie den TN eine Liste mit Wörtern. Die TN ordnen die Wörter den Fotos der Collage zu.
- Die TN suchen in Gruppenarbeit mithilfe eines Wörterbuchs wichtige Wörter, die zu den Fotos und somit auch zum Thema passen.

- Zeichnen Sie einen Wortigel an die Tafel und schreiben Sie das Thema der Lerneinheit in die Mitte. Die TN rufen Ihnen zum Thema passende Wörter zu. Notieren Sie diese an der Tafel.

Weitere Didaktisierungen finden Sie im Lehrerhandbuch bei den Hinweisen zu den einzelnen Lerneinheiten.

Am Ende eines Themenkreises können Sie auch kurz auf die Einstiegsseite zurückkommen, um den Lernern gezielt ihren Lernfortschritt vor Augen zu führen. Tipps im Einzelnen dazu finden Sie im Lehrerhandbuch jeweils bei der Didaktisierung der Einstiegsseiten unter *Der Themenkreis schließt sich.*

Fokus Strukturen
Hier werden die inhaltlichen, lexikalischen und grammatischen Strukturen eingeführt, die im Laufe eines Themenkreises immer wieder auftauchen, ergänzt und erweitert werden.

Fokus Lesen
Im *Fokus Lesen* werden verschiedene Textsorten wie Brief, Gedicht und Reportage angeboten. Die TN lösen/bearbeiten vor, nach und während des Lesens Aufgaben zu den Texten. Das Lesetraining wird mit verschiedenen Fertigkeiten kombiniert.

Fokus Hören
Den Lernenden werden alltagsrelevante Texte wie Durchsagen, Radiosendungen, Telefongespräche, Ansagen und Interviews als Hörverstehen angeboten. Das Hörtraining wird mit verschiedenen Fertigkeiten kombiniert.

Fokus Sprechen
Sowohl phonetische Übungen als auch Dialoge als Gesprächsmuster für den Alltag bilden hier den Schwerpunkt. Das Sprechtraining wird mit verschiedenen Fertigkeiten kombiniert.

Fokus Schreiben
Die TN schreiben ein Lückendiktat, das Strukturen und Wortschatz aus dem entsprechenden Themenkreis enthält. Sie üben das Schreiben verschiedener alltagsrelevanter Textsorten wie Postkarten, persönliche Briefe, Notizen oder Faxe. Das Schreibtraining wird mit verschiedenen Fertigkeiten kombiniert.

Fotodoppelseite
Diese Seiten mit landeskundlichen Fotos bilden zusammen mit der Einstiegscollage die visuell-thematische Klammer um einen Themenkreis. Hier können die TN Wortschatz und Strukturen des Themenkreises auf kommunikative Weise vertiefen.

Die Alltagsszenen auf den Fotos laden durch ihre landeskundlichen Inhalte zum Vergleich mit den Herkunftsländern der TN ein. Dazu kann auch auf die Collage auf der Einstiegsseite zurückgegriffen werden. Durch einen Rückgriff auf die Einstiegsseite wird den TN umso mehr bewusst, was sie im Laufe des Themenkreises gelernt haben. (❖ Einstiegsseite 5)
Diese Seiten sind auch eine hervorragende Möglichkeit für die Binnendifferenzierung. Teilen Sie die TN in Kleingruppen ein und bieten Sie zu den Fotos verschiedene Aufgaben an. Nicht jeder muss alles machen. Wichtig ist, dass die TN am Ende ihre Ergebnisse präsentieren können, z.B. werden Texte aufgehängt oder Szenen dem Kurs vorgespielt. Zahlreiche Tipps zur Arbeit mit den Fotodoppelseiten finden Sie im Lehrerhandbuch bei den Hinweisen zu den Lerneinheiten und im Internet unter http://www.hueber.de/lagune.

Anker
Die Kann-Beschreibungen im Kursbuch geben vor allem dem Kursleiter einen Überblick über die zu lernenden Schwerpunkte. Sie befinden sich immer im rechten Foto der Fotodoppelseite (*Anker*).
Somit werden die abstrakten Begriffe der Kann-Beschreibungen direkt „zum Leben erweckt".
Für die TN eignen sich die *Anker*-Seiten im Arbeitsbuch zur Selbstkontrolle. (❖ Anker S. 7)

Augenzwinkern
Das *Augenzwinkern* schließt einen Themenkreis ab. Mit einer Zeichnung und einem dazugehörenden amüsanten Dialog werden verschiedene Aspekte des Gelernten in humorvoller Weise wieder aufgegriffen. Im Unterricht können Sie mit den *Augenzwinkern*-Seiten folgendermaßen arbeiten:
Sprechen Sie mit den TN über die Zeichnung. Die TN hören den Dialog, ohne den Text zu lesen. Danach hören Sie den Text noch einmal und lesen still mit. Klären Sie wenn nötig Wörter. Die TN lesen den Dialog in Partnerarbeit laut mit wechselnden Rollen. Wenn die TN Spaß daran haben, können die Rollen auch in verschiedenen Stimmungen gelesen werden, z.B. traurig, müde, nervös ....

In spielfreudigen Gruppen erfinden die TN selbst kleine Szenen und spielen sie im Kurs vor.
Weitere Tipps finden Sie bei den Didaktisierungsvorschlägen zu *Augenzwinkern*.

Aufbau des Arbeitsbuchs und didaktische Tipps

Übungen

Im Arbeitsbuch finden Sie vielfältige Übungen zu den einzelnen Lerneinheiten für die Still- oder Partnerarbeit im Kurs oder als Hausaufgabe. Die Nummern in den farbigen Feldern hinter den Übungstiteln verweisen auf die Übung im Kursbuch, zu der die jeweilige Arbeitsbuchübung passt.

Grammatik und Lernwortschatz

Auf den letzten Seiten einer Lerneinheit werden die Grammatik und der Lernwortschatz der Lerneinheit zusammengefasst. Der Lernwortschatz enthält bestimmte Wörter dort, wo sie aktiv beherrscht werden müssen; daher wird ein Wort manchmal erst an späterer Stelle, auch wenn es schon häufiger vorgekommen ist, in den Lernwortschatz aufgenommen. Zum Schluss sind ggf. schweizerische und österreichische Entsprechungen zu einzelnen Lernwörtern aufgeführt. Im Internet finden Sie unter http://www.hueber.de/lagune den Lernwortschatz mit Phonetikzeichen.

Anker

Am Ende eines Themenkreises finden Sie die zwei *Anker*-Seiten. Hier können die TN ihre Lernfortschritte selbst einschätzen.
Zumindest den ersten *Anker* sollten Sie mit den TN gemeinsam im Kurs behandeln.
Kopieren Sie die Bilder mit den dazugehörenden Sätzen und schneiden Sie jeweils die Sätze und die Bilder auseinander. In Kleingruppen ordnen die TN die passenden Sätze den Bildern zu. Die TN vergleichen ihre Zuordnung mit dem Arbeitsbuch. So wiederholen Sie auf spielerische Art die Strukturen der Lerneinheit.
Wenn Sie zu wenig Zeit haben, lassen Sie die Bildzuordnung weg und beginnen mit dem folgenden Schritt: Gehen Sie mit den TN die *Anker*-Seiten im Arbeitsbuch durch. Geben Sie für jede Kann-Bestimmung zusätzliche Beispiele und fragen Sie die TN nach weiteren Beispielen. Nach den Beispielen für eine Kann-Bestimmung beurteilt jeder TN für sich, wie gut er oder sie sich einschätzt. Achten Sie darauf, dass sich die TN nicht auf das Verstehen der Kann-Beschreibungen konzentrieren. Es genügt, wenn Sie weitere Beispiele für die Beschreibung realisieren können.
Wenn die TN ihre Selbstevaluation abgeschlossen haben, sollten Sie mit jedem TN darüber sprechen. Geben Sie den TN Tipps, welche Teile sie im Buch und im Arbeitsbuch wiederholen sollen. Vergessen Sie nicht, die TN zu ermuntern und für ihre Fortschritte zu loben.
Zur Besprechung eignen sich die Stillarbeitsphasen. Wenn Sie über einen Computerraum verfügen, könnten die TN auch als Wiederholung die Online-Übungen zum abgeschlossenen Themenkreis durchführen, während Sie mit den einzelnen Lernern die Selbstevaluation besprechen.

Lösungsschlüssel

Mithilfe des Lösungsschlüssels können die TN ihre Übungen selbst korrigieren. Klären Sie mit den TN, ob es Schwierigkeiten gab.
Sie können aber auch, wenn Sie es für wichtig halten, Übungen im Plenum korrigieren, um die Fortschritte Ihrer Lernergruppe besser einschätzen zu können.

Methodisch-didaktische Überlegungen

Grammatik

Die Grammatikprogression in *Lagune* folgt den Vorgaben des Referenzrahmens.
Die Grammatik in *Lagune* wird in der Regel induktiv präsentiert, d.h. eine Aufgabe, in der die neue Struktur vorkommt, wird gelöst, ohne dass diese schon besprochen wird. Oft wenden die TN die Struktur schon aktiv an. Nach und nach entdecken sie die Regeln. Der Grammatikzettel stellt das neue Phänomen in Kurzform dar und hilft bei der Bearbeitung/Lösung der entsprechenden Aufgabe. Dabei wird auf grammatische Terminologie weitgehend verzichtet. Im Arbeitsbuch wird die Grammatik, die in einer Lerneinheit eingeführt wird, systematisch und detailliert dargestellt. Während der Bearbeitung von Übungen im Arbeitsbuch dienen die Darstellungen als Hilfestellung und als Rekapitulation der neu erworbenen Kenntnisse. Jede Grammatik-Tabelle im Arbeitsbuch verweist auf den entsprechenden Paragrafen der Grammatik-Gesamtübersicht im Kursbuch, wo das jeweilige Thema im Gesamtzusammenhang dargestellt wird.

Wortschatz

Beim Wortschatzlernen muss das Gehirn nicht nur die Buchstabenfolge, Aussprache und die grammatische Form eines Wortes speichern, sondern auch dessen Bedeutung im Kontext. Wenn die Bedeutung eines Wortes isoliert gelernt wird, vergisst man es schnell wieder. Der Lernende weiß dann z. B. vielleicht noch, wo ein Wort in einer Vokabelliste stand, aber nicht mehr, was es bedeutet.
Folgende Strategien bewirken, dass sich die Wörter besser im Langzeitgedächtnis verankern können:

- Wörter im Kontext lernen.
- Wörter sollen mit einer bildlichen Vorstellung assoziiert werden. Deshalb werden in *Lagune* Wörter häufig mit bildlichen Darstellungen eingeführt. Auch Geschichten (z. B. Traumgeschichten, Kursbuch Seite 136), in denen die neuen Wörter vorkommen, helfen beim Memorisieren.
- Neuer Wortschatz sollte, soweit es geht, in thematischen Zusammenhängen (Wortfelder, -familien, Wortbildung) eingeführt und wiederholt werden. Die Wortbildung ist insbesondere beim Erschließen des passiven Wortschatzes wichtig.
- Der Lernwortschatz im Arbeitsbuch am Ende jeder Lerneinheit zeigt, welcher Wortschatz aktiv beherrscht werden soll. Der rezeptive Wortschatz v.a. aus Lesetexten soll nur wiedererkannt werden. In den Übungen in *Lagune* wird vor allem der aktive Wortschatz verwendet.
- Der Wortschatz wird in Kurs- und Arbeitsbuch immer wieder in unterschiedlichen Zusammenhängen angeboten. Durch diese Wiederholung mit Variationen festigen die TN ihren Wortschatz.

Wie Sie Wortschatz im Sinne der Überlegungen oben semantisieren können, lesen Sie bei den praktischen Hinweisen (❖ S. 11).

Wenn Sie in der Schweiz oder in Österreich unterrichten, ist es für die TN wichtig, die dort gebräuchlichen Varianten zu kennen. Helvetismen und Austriazismen finden Sie jeweils am Ende des Lernwortschatzes.

Lesetexte

Die Lesetexte in *Lagune* sind in Übungen eingebettet. Die Übungen vor dem Lesen dienen der Vorentlastung des Wortschatzes, der Grammatik und der Thematik, ohne dass die Pointe des Textes vorweggenommen wird. Oft stellen die TN Hypothesen zum Lesetext an. Die Neugier auf den Lesetext wird geweckt.
Die Übungen nach dem Lesen lenken die Aufmerksamkeit der Lerner zunächst auf die Kernaussagen des Textes. Die TN konzentrieren sich auf Schlüsselstellen. Es geht also um das globale Verstehen. Danach kann es Aufgaben zum selektiven/detaillierten Verstehen wichtiger Passagen geben. Weitere Übungen, um sich intensiver mit dem Lesetext zu beschäftigen, befinden sich im Arbeitsbuch.
Die Abfolge der Übungen im Kursbuch ist bewusst gewählt und sollte nicht verändert werden. Der Lesetext wird üblicherweise erst am Ende der Lerneinheit gelesen.
Es ist sehr wichtig, die TN von Anfang an daran zu gewöhnen, einen Text nicht Wort für Wort verstehen zu wollen. Ein Lesetext muss nur so weit verstanden werden, dass die Übungen zum Text durchgeführt werden können.

Hörtexte

Um die TN beim Hörverstehen vor allem im Anfangsunterricht nicht zu frustrieren, muss man sie behutsam an die Hörtexte heranführen. Zu fast jeder Übung gehören Fotos, die vor dem Hören betrachtet und besprochen werden sollten, um die TN auf die Situation und die beteiligten Personen einzustimmen. Grundsätzlich sollte vor dem Hören des Hörtextes die dazugehörende Übung gelesen und verstanden werden. In den Übungen und auch auf den Fotos werden die für das Verständnis notwendigen Wörter eingeführt.
Die Hörtexte und Übungen sind so angelegt, dass die Neugier auf den Fortgang oder Schluss einer Situation geweckt wird.
Ermuntern Sie die TN dazu, sich auf die gefragten Inhalte zu konzentrieren. Dabei trainieren die TN je nach Aufgabenstellung automatisch unterschiedliche Hörstrategien (kursorisch, selektiv und detailliert). Strategisch uneffektiv und für den Lerner frustrierend ist der Versuch, jedes einzelne Wort aus der Aufnahme heraushören zu wollen.
Die Hörtexte bieten auch einen Anlass für eine weiterführende Diskussion. Die TN können auch selbst kreativ werden und eigene Dialoge in Anlehnung an das gehörte Muster entwickeln und später einüben.
Die Transkriptionen zu den Hörtexten befinden sich am Ende des Lehrerhandbuches und im CD-Booklet.

Sprechtexte

Phonetik

Eine korrekte Aussprache ist die Voraussetzung dafür, dass Zuhörer überhaupt verstehen, was Sprecher sagen. Deshalb wird in *Lagune* die Aussprache jeweils im thematischen Zusammenhang jeder Lerneinheit geübt.
Grundsätzlich gilt: Man kann nur das korrekt aussprechen, was man vorher auch gehört hat. Deshalb wird zunächst die Vorlage gehört, eine Aufgabe dazu gelöst und dann erst nachgesprochen.
Die Phonetik-Teile in *Lagune* enthalten Einzelwörter, Einzelsätze und Kurztexte zum Nachsprechen. Dabei werden schwierige Lautkombinationen, verwechselbare Laute, lange und kurze Vokale, bestimmte morphologische Formen und Betonungen im Satz geübt.
Die Vorlagen sind meistens assoziativ und oftmals witzig. Manchmal sind Texte und Wörter gereimt, was für viele TN das Nachsprechen erleichtert. Durch ihren eingängigen Charakter dienen die Sprechtexte auch als Merkhilfen für die Aussprache oder die Intonation.
Weiterführende Übungen:
Die Wörter oder Texte werden in Partnerarbeit diktiert. Dabei sitzen die TN nebeneinander und sehen sich nicht an. Dies bietet sich vor allem bei kontrastierenden Übungen an.
„Stille Post“: Die Wörter oder Texte werden auszugsweise dem Nachbarn ins Ohr geflüstert. Dieser gibt das Gehörte weiter usw. Der Fünfte sagt laut, was er gehört hat.

Gesprächsmuster

Fokus Sprechen enthält Gesprächsmodelle aus verschiedenen Alltagbereichen. Sie greifen die wesentlichen Elemente der jeweiligen Lerneinheit wieder auf. Die TN wiederholen das vorgegebene Gesprächsmodell, bis sie sich dabei sicher fühlen. In den Hinweisen zu den Lerneinheiten finden Sie als Hilfe zum Einüben häufig Dialoggerüste. Dann verwenden die TN die im Modell gelernten Elemente in immer freieren Zusammenhängen. Nach und nach entwickeln sie die Kompetenz, Redemittel situationsgerecht zu verwenden und auf den Gesprächspartner einzugehen. Das Ziel ist, dass die Lerner nach eigenen Intentionen weitgehend frei sprechen können.

Alle Texte des *Fokus Sprechen* befinden sich auf der dem Kursbuch beiliegenden „grünen“ CD. So können die TN unabhängig vom Unterricht individuell üben.

Schreibtexte

Diktate

In jedem *Fokus Schreiben* wird ein Lückendiktat angeboten, in dem der Wortschatz und die Strukturen des jeweiligen Themenkreises wiederholt werden. Zudem sind die Diktate auf die vorher eingeübten phonetischen Besonderheiten aus dem *Fokus Sprechen* abgestimmt. Dabei geht es nicht so sehr um die orthografische Richtigkeit als vielmehr um die Fähigkeit, einen gehörten Ausdruck in seinem Kontext richtig zu verstehen und schriftlich so umzusetzen, dass eine andere Person das Geschriebene problemlos verstehen kann. Deshalb bestehen die Diktate nicht aus Einzelsätzen, sondern es handelt sich um kleine Geschichten, in denen Personen, Tätigkeiten oder Themen aus der jeweiligen Lerneinheit wieder aufgenommen werden.
Bei der Durchführung haben Sie verschiedene Möglichkeiten:

- Sie können das Diktat von der CD vorspielen.
- Sie können den Text selbst vorlesen (wie auf der CD: zunächst ganz, dann langsam in Sinnabschnitten).
- Partnerdiktate: Jeder TN diktiert seinem Partner.
- In Kursen mit sehr großen Schwierigkeiten lesen die TN den Text zuerst und schreiben ihn dann als Diktat.

Textsortenorientiertes Schreiben

In *Lagune* üben die Lernenden das Schreiben von verschiedenen Textsorten und lernen deren spezifische Merkmale kennen.
Die Lernenden schreiben – wie in der Realität – oft als Reaktion auf eine Vorgabe, z. B. eine Bewerbung auf eine Anzeige. Normalerweise wird ein Textmodell angeboten, an dem sich die Lernenden orientieren können. Ganz behutsam werden die TN an das freie Schreiben herangeführt. So setzen Sie zum Beispiel zunächst nur Wörter ein, um dann einen stark an der Vorlage orientierten Text zu schreiben. In den Didaktisierungsvorschlägen zu den Lerneinheiten finden Sie weitere Hinweise zum freien Schreiben. Im Arbeitsbuch finden Sie weitere Übungen zum Schreiben und auch speziell zur Orthografie.

Praktische Hinweise

Duzen und Siezen

In Kursen, in denen es unnatürlich wäre, sich zu siezen (z.B. in Schulen), können Sie die TN natürlich von Anfang an duzen.
Um die Verwendung von *du* und *Sie* zu üben, hat es sich auch bewährt, dass sich in den ersten Wochen Kursleiter und TN siezen, während sich die TN untereinander duzen.

Arbeit mit dem Overheadprojektor

Wenn Sie Folien projizieren, können Sie die Aufmerksamkeit der TN besser lenken. Sie haben die Möglichkeit, Teile abzudecken und dadurch die Phantasie der TN anzuregen. Wenn die TN z.B. noch nicht den Text zu einem Foto sehen, aktivieren sie zunächst ihr eigenes Vorwissen, ohne sich sofort auf den Text zu fixieren.
Wenn Ihnen kein Overheadprojektor zur Verfügung steht, gewöhnen sie die TN von Anfang an daran, Teile im Buch abzudecken.
Sie können aber auch mit Kopien arbeiten, auf denen bestimmte Teile abgeschnitten sind.

Stillarbeit

Die Stillarbeit kann zu Hause oder im Kurs durchgeführt werden.
Bei der Stillarbeit im Kurs können Sie Übungen festlegen, die jeder TN machen sollte, und darüber hinaus Übungen für TN, die besonders schnell arbeiten. Stillarbeitsphasen im Kurs eignen sich hervorragend dafür, auf die Schwierigkeiten einzelner einzugehen. Gehen Sie herum und helfen Sie TN mit Schwierigkeiten.

Dialoge präsentieren

Bei einer normalen Kursstärke von ca. 15 TN können nicht immer alle einen Dialog vorspielen. Ein Dialog wird zwei- bis dreimal vorgespielt, je nachdem, ob es Varianten gibt oder nicht. Achten Sie darauf, dass alle – auch zurückhaltende TN – die Chance haben, vor der Klasse etwas zu spielen. Da das Kursbuch viele Gelegenheiten bietet, dürfte es kein Problem sein, dass jeder einmal drankommt.

Gruppenbildung

Der Unterricht wird abwechslungsreicher, wenn die Sozialformen abgewechselt werden.
Achten Sie darauf, dass bei Gruppenarbeit und besonders bei der Partnerarbeit nicht immer die gleichen Partner zusammenarbeiten. Kombinieren Sie gelegentlich auch bewusst starke und schwache Partner.
Es gibt verschiedene Möglichkeiten, Gruppen zu bilden:

Zerschnittene Sätze, Wörter oder Bilder

Schreiben Sie Sätze oder lange Wörter aus der aktuellen Lerneinheit jeweils auf ein Blatt. Zerschneiden Sie den Satz/das Wort in so viele Teile, wie die Gruppe Mitglieder haben soll. Verteilen Sie die Satz- bzw. Wortstücke an die TN. Die TN suchen TN mit einem passenden Teil. Zur Kontrolle liest jede Gruppe ihren Satz oder ihr Wort vor. Mit Bildern können Sie genauso verfahren.

Fragen und Antworten

Für die Partnerarbeit eignen sich sehr gut Fragen und dazu passende Antworten auf verschiedenen Kärtchen, mittels derer sich die Partner finden.

Verschiedene Süßigkeiten

Sie brauchen für jeden TN eine Süßigkeit, für jede Kleingruppe eine andere Art von Süßigkeit, z.B. vier Zitronenbonbons, vier Schokoriegel etc., und Klebeband. Kleben Sie die Süßigkeiten vor Unterrichtsbeginn mit Klebeband unsichtbar unter die Stühle der TN. Die TN finden unter ihrem Stuhl die Süßigkeit und suchen vor dem Naschen ihre Partner mit den gleichen Süßigkeiten.

Abzählen

Eine Möglichkeit ohne Vorbereitung ist das Abzählen. Die TN zählen der Reihe nach laut, z.B. bis fünf, wenn Sie fünf Kleingruppen bilden möchten. Der nächste TN beginnt wieder mit eins. Machen Sie die TN darauf aufmerksam, dass sich die TN ihre Zahl merken müssen. Alle TN mit der gleichen Zahl bilden eine Gruppe. Für die Partnerarbeit wird z.B. bei 16 TN bis acht gezählt.

Nationalitäten

In national heterogenen Gruppen bietet es sich an, bei kontrastiven Vergleichen Ländergruppen zu bilden.

Plakate im Kursraum

Wenn Sie Redemittel und Grammatikstrukturen, z.B. Verbkonjugationen, im Kursraum aufhängen, lernen die TN diese beiläufig. Die TN können die Plakate auch selbst schreiben.
Ein weiterer Vorteil von Plakaten ist, dass Sie bei auftretenden Fehlern nur auf das entsprechende Plakat deuten müssen und die TN sich dann selbst korrigieren können.

Kopiervorlagen und andere Materialien

Kärtchenübungen für Kleingruppen

Wenn Sie jeden Satz Kärtchen auf andersfarbiges festes Papier oder Karton kopieren, können Sie die Gruppensätze leichter auseinanderhalten. Durch Laminieren werden die Kärtchen noch haltbarer. Meistens empfiehlt es sich, die Kärtchen beim Kopieren zu vergrößern, um sie leichter handhabbar zu machen.
Stecken Sie die Kärtchen in etwas größere Briefumschläge, schreiben Sie auf den Umschlag, wozu die Übung passt und aus wie vielen Kärtchen ein Gruppensatz besteht. Legen Sie eine Kopie der unzerschnittenen Kopiervorlage dazu. Vergessen Sie nicht, den TN vor der Durchführung der Übung zu sagen, dass Sie die Kärtchen wieder zurückhaben möchten.

Zerschnittene Teile kombinieren

Manche TN achten bei der Kombination von zerschnittenen Teilen nicht auf den Inhalt, sondern nur auf die zusammenpassenden Schnittkanten.
Schneiden Sie die Teile nicht nur auseinander, sondern schneiden sie an einem Teil zusätzlich einen sehr kleinen Streifen ab, so passen die Schnittkanten nicht mehr genau aufeinander.

Wörter semantisieren

Bei der Einführung von neuem Wortschatz empfiehlt es sich, dass die TN das neue Wort zunächst nur hören und nachsprechen, um sich an das Lautbild zu gewöhnen. Erst danach wird die Verschriftlichung präsentiert.

Es gibt verschiedene Wege, Wörter zu semantisieren:

- Bilder: Nutzen Sie die Zeichnungen und Fotos im Buch. Zeichnen Sie selbst an die Tafel oder lassen Sie einen TN zeichnen.
- Gestik/Pantomime: Durch Gestik und Pantomime können Tätigkeiten oder Gefühle sehr gut ausgedrückt werden. Auch hier können die TN aktiv werden.
- bekannte Wörter (Synonyme, Gegenteile, Definitionen, Umschreibungen): Sie nennen das schon bekannte Gegenteil von einem Wort, z.B. *jung* von *alt*, und setzten die Wörter durch einen Pfeil mit zwei Spitzen in Beziehung. So wird die Bedeutung klar und verankert sich besser im Gedächtnis.
- reale Gegenstände zeigen: Eine einfache und sehr anschauliche Methode ist es, reale Gegenstände zu zeigen.
- Kontext: Schon von Anfang an sollten die TN daran gewöhnt werden, Wortschatz aus dem Kontext zu erschließen. Die TN lesen z.B.: „Möchtest du etwas essen?" – „Ja, gern. Ich habe Hunger." Das Wort *Hunger* ist hier leicht erschließbar.
- Wortbildung: Das Wort *Telefonkarte* kann dadurch erschlossen werden, dass man es in seine Bestandteile *Telefon* und *Karte* zerlegt.
  Die Bedeutung des Nomens *Zeichnung* erschließt sich aus dem schon bekannten Verb *zeichnen.*
- Beispiele: Geben Sie für einen Oberbegriff Beispiele, z.B. *Obst = Banane, Apfel …*

Versuchen Sie, bei der Semantisierung nicht nur selbst zu agieren, sondern so oft wie möglich auch die TN mit einzubeziehen.

Binnendifferenzierung

In Kursen sitzen oft TN mit unterschiedlichen Voraussetzungen oder verschiedenem Lerntempo zusammen. Um auch den Bedürfnissen der schnell lernenden TN gerecht zu werden, ohne die langsameren TN durch zu viel Zeitdruck zu frustrieren, bieten sich folgende Möglichkeiten an:

Übungen ergänzen

TN, die mit einer Übung schon fertig sind, können eine Übung ergänzen. Sie erfinden einen Satz oder mehrere Sätze im Stil der Übung dazu. Bei der Besprechung der Ergebnisse werden die neu erfundenen Aufgabensätze vorgelesen oder angeschrieben. Die anderen TN finden die Lösung.

Hörtexte
TN, die einen Hörtext beim ersten Mal schon gut verstanden haben, achten auf weitere Details, z. B. bestimmte Redemittel oder weitere inhaltliche Aspekte.

Lesetexte
TN, die mit dem Lesen eines Textes schon fertig sind, finden Überschriften zu den einzelnen Absätzen. Diese werden später präsentiert. Die schnellen TN schreiben Fragen zum Text auf, die im Anschluss in der Klasse besprochen werden.

Gruppenarbeit
Schneller lernende Gruppen bekommen mehr oder komplexere Aufgaben als langsamere Gruppen.

Weitere Tipps zur Binnendifferenzierung finden Sie im Lehrerhandbuch bei den Didaktisierungsvorschlägen zu den einzelnen Lerneinheiten.

Verwendung der Muttersprache

Gerade am Anfang und in national homogenen Gruppen ist es von Vorteil, die Muttersprache der TN zu nutzen. Die TN können ohne Sprachbarriere auf ihr Weltwissen zurückgreifen, eigene Erfahrungen einbringen und sich über kulturelle Unterschiede austauschen. Vor allem empfiehlt es sich, über die Einstiegsseiten und die Fotodoppelseiten am Ende eines Themenkreises auch in der Muttersprache zu sprechen.
Grammatische Strukturen sollten ebenfalls mit den muttersprachlichen Strukturen verglichen werden.

Nachsprechen

Das Nachsprechen im Chor von neuen Wörtern oder Sätzen hat eine wichtige Funktion. Die TN können ihre ersten Versuche im Schutz der Gruppe machen, ohne sich zur Schau stellen zu müssen.
Jeder TN hat die Möglichkeit, laut zu sprechen. Ganz nebenbei werden dadurch im Kurs neue Energien freigesetzt. Die Lernenden spüren die Kraft ihrer Stimmen, die in der Gruppe weniger kontrolliert werden. Das Zusammengehörigkeitsgefühl wird gestärkt.

Tests

Um Lernfortschritte messen zu können, finden Sie im Lehrerhandbuch zu jedem Themenkreis einen Test. Die Lösungen und den Bewertungsschlüssel finden Sie im Lösungsteil des Lehrerhandbuchs.
Im Internet unter http://www.hueber.de/lagune gibt es weitere Tests zu den einzelnen Lerneinheiten.
Für Tests empfehlen sich folgende Vorgehensweisen: Die TN schreiben einen Test und kontrollieren ihn im Anschluss mithilfe des Lösungsschlüssels selbst. Fragen Sie nach Schwierigkeiten. Besprechen Sie mit den einzelnen TN, was sie gut gemacht haben und was sie wiederholen sollen.
Sie können die Tests auch selbst korrigieren. Hierzu eignen sich vor allem die Tests aus dem Lehrerhandbuch. Auch nach diesen Lernzielkontrollen – genau wie bei den *Anker*-Seiten im Arbeitsbuch – sollten Sie den einzelnen TN Tipps geben, wie sie sich verbessern können.

Themenkreis **Wünsche und Wirklichkeit**

Fotocollage

Material

- Folie der Fotocollage

1. Die Bücher sind geschlossen. Projizieren Sie die Folie. Decken Sie die Fotos bis auf das Foto mit dem UFO ab. Zeigen Sie nur einen kleinen Ausschnitt des Fotos mit dem UFO. Die TN stellen Vermutungen an, was auf dem Foto zu sehen ist. Regen Sie die TN dazu an, für Vermutungen typische Redemittel wie *vielleicht, wahrscheinlich, Das ist bestimmt* … zu benutzen. Decken Sie immer mehr von dem UFO auf. Fragen Sie die TN, wenn das UFO erkannt wurde, ob es so etwas wirklich gibt. Schreiben Sie das Wort *Wirklichkeit* an die Tafel und sagen Sie den TN, dass sie sich in diesem Themenkreis damit beschäftigen.
2. Decken Sie die Fotos rechts oben und links oben auf. Die TN schätzen, wie alt die Frau und der Mann sind. Regen Sie die TN dazu an, wieder Redemittel für Vermutungen zu benutzen. Fragen Sie die TN, wie alt sie selbst werden möchten. Schreiben Sie das Wort *Wünsche* an die Tafel. Erklären Sie den TN, dass es in diesem Themenkreis nicht nur um die Wirklichkeit, sondern auch um Wünsche geht.
3. Decken Sie alle Fotos auf. Fragen Sie die TN, welche Probleme auf einigen der Fotos dargestellt sind (überlaufende Badewanne, unpassender Stecker, überladenes Auto, Kinderwagen und Treppe). Fragen Sie die TN, was diese Probleme mit dem Titel des Themenkreises *Wünsche und Wirklichkeit* zu tun haben. Sprechen Sie im Kurs darüber, was vermutlich passiert ist (überlaufende Badewanne) oder was sich die Personen wünschen.
4. Die TN entwerfen einen Minidialog zum Foto mit dem Kinderwagen. Eine Frau bittet in diesem Dialog die andere um Hilfe.
5. Sprechen Sie mit den TN darüber, was sich der Mann auf dem Bild mit dem Flachbildschirm möglicherweise wünscht.
6. Die TN öffnen das Buch und sprechen zu zweit über ihre Urlaubswünsche. Die zwei Fotos in der Mitte dienen als Anregung.

Der Themenkreis schließt sich

Ideen

- Die TN machen Vorschläge, wie man die auf den Fotos dargestellten Probleme lösen könnte.
- Die TN spielen ein fiktives Interview mit dem alten Mann oder der alten Frau von den Fotos oben. Sie sprechen über ihre Biografie, ihre momentane Lebenssituation und ihre Zukunftswünsche.
- Der Mann mit dem überladenen Auto auf dem Foto links unten, muss aus beruflichen Gründen umziehen. Er schreibt einen Brief an einen Freund, in dem er schildert, was er alles erledigen und vorbereiten musste (vgl. → KB | LE 5).
- Die TN schreiben zu einem Foto ihrer Wahl 10 Sätze (vgl. → KB | LE 4 | **4** | Variante 3).
- Die TN überlegen sich zu den Fotos passende Fragen für ein Partnerinterview, z. B.: „Was würdest du tun, wenn deine Badewanne überlaufen würde?", „Was wäre, wenn es UFOs gäbe?", „Welche Geräte würdest du kaufen, wenn du sehr viel Geld hättest?" etc. Die TN machen das Interview und stellen die Antworten ihrer Partnerin/ihres Partners im Kurs vor.

1 Fokus Strukturen

Lernziel Ratschläge erteilen, Wünsche äußern, Hypothesen aufstellen

Wünsche und Probleme

Material

- ggf. leeres Plakat

0. In den Übungen **1–3** geht es um Wünsche.

a.

1. Betrachten Sie mit den TN die Bilder und sprechen Sie über die dargestellten Situationen.

b.

2. Die TN kombinieren die Satzteile.

3. Besprechen Sie die Zuordnungen im Plenum.

4. Verweisen Sie auf das Bild 1. Schreiben Sie die erste Zeile des Tafelbildes an. Fragen Sie die TN nach dem Wunsch der Frau auf dem ersten Bild und schreiben Sie die zweite Zeile des Tafelbildes an. Markieren Sie die Verben. Erklären Sie, dass man Wünsche mit dem Konjunktiv (hier *würde* mit Infinitiv) und dem Adverb *gern* ausdrückt. Da man die meisten Formen mit *würde* und dem Infinitiv bilden kann, empfiehlt es sich, die TN zunächst nur mit dieser Form vertraut zu machen.

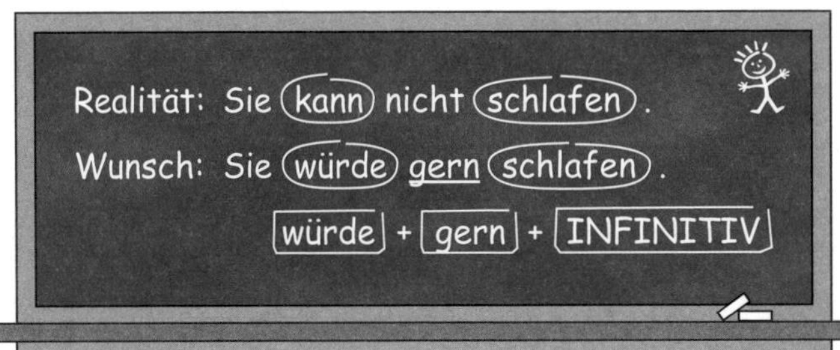

5. Verweisen Sie auf die Konjugation von *würde* im blauen Kasten, oder schreiben Sie die einzelnen Formen des Paradigmas auf Zuruf der TN auf ein Plakat. Markieren Sie die Endungen farbig. Die TN erkennen, dass in Singular und Plural jeweils die Formen für die 1. und 3. Person gleich sind.

c.

6. Fragen Sie die TN, was sie in der Situation von Bild 1 tun würden. Als Antwort lesen zwei TN den Beispieldialog. Regen Sie die TN zu weiteren Vorschlägen an. Verweisen Sie darauf, dass man auch hier den Konjunktiv benutzt, weil die Situation irreal ist. In diesem Fall werden die Sätze ohne das Adverb *gern* formuliert, denn es handelt sich nicht um einen Wunsch.

Reagieren Sie auf die Vorschläge der TN mit Einwänden oder Gegenvorschlägen. Benutzen Sie dafür die Redemittel links unten.

7. Besprechen Sie mit den TN den Wortschatz unten im Kasten. Verweisen Sie auf die Redemittel links unten.

8. Die TN notieren in Partnerarbeit, wie man auf die Situationen auf den Fotos reagieren könnte.

9. Die TN diskutieren zu viert über ihre Vorschläge.

Stillarbeit → AB S. 6 | **1** | **2** | **3** und S. 7 | **4**

Zusatzübung

Material

- Papierstreifen

Teilen Sie die Papierstreifen aus. Bitten Sie die TN – ohne Angabe ihres Namens – darauf zu schreiben, was sie noch nie gemacht haben, aber gerne machen würden. Geben Sie dazu den Satzanfang *Ich würde gern einmal …* an die Tafel. Gehen Sie herum und helfen Sie bei Schwierigkeiten. TN, die früher fertig sind, können mehr als einen Wunsch notieren.

Sammeln Sie die Streifen ein, vermischen Sie diese und verteilen Sie sie wieder neu. Achten Sie darauf, dass kein TN seinen eigenen Streifen bekommt. Die TN gehen herum und versuchen durch Fragen herauszufinden, wessen Wunsch auf dem Papierstreifen steht. Geben Sie als Hilfestellung den Anfang der Frage an der Tafel vor: *Würdest du/Würden Sie gern einmal …* Der befragte TN bejaht die Frage nur, wenn er nach dem Wunsch gefragt wurde, den er selbst geschrieben hat.

Am Ende präsentiert jeder TN den Wunsch der Person, deren Papierstreifen er bekommen hat im Plenum, z. B. *Neil würde gerne einmal Fallschirm springen.*

Sie hätte lieber… / Er wäre lieber …

a.

1. Sprechen Sie mit den TN über die Zeichnungen. Fragen Sie dabei die TN, ob die Personen mit ihrer Situation zufrieden sind.

b.

2. Die TN ordnen in Partnerarbeit die Sätze einander zu.

3. Besprechen Sie die Lösung. Klären Sie dabei unbekannten Wortschatz.

4. Schreiben Sie Satz 1 und Satz D an die Tafel. Fragen Sie die TN, was irreal oder ein Wunsch ist und unterstreichen Sie die Verben im Konjunktiv.

5. Die TN unterstreichen die Konjunktivformen im Buch.

6. Machen Sie an der Tafel zwei Spalten. Schreiben Sie über die linke Spalte *Präteritum* und über die rechte Spalte *Konjunktiv Präsens*. Schreiben Sie die Konjunktivformen mit Personalpronomen auf Zuruf der TN in die Konjunktivspalte. Fragen Sie die TN nach der Präteritumform des jeweiligen Verbes. Die TN erkennen, dass die Konjunktivformen einen Umlaut haben und die Endungen wie bei schwachen Verben im Präteritum sind.

Erklären Sie den TN, dass man für die Verben *haben, sein* und *können* eigene Konjunktivformen benutzt und nicht die Konstruktion mit *würde* und Infinitiv. Verweisen Sie auf die konjugierten Verben im Kasten oder machen Sie ein Lernplakat wie es in Übung **1**, Schritt 5 beschrieben wird. In den Beispielsätzen dieser Übung wird für die Wünsche das Adverb *lieber* benutzt wird, weil mit der realen Situation verglichen wird.

c.

7. Fragen Sie die TN nach weiteren Argumenten für einen Garten. Verweisen Sie auf den Beispieldialog.

8. Die TN lesen still die Vorschläge im Kasten und fragen ggf. nach unbekannten Wörtern.

9. Die TN suchen zu zweit für jede Situation weitere Argumente.

10. Diskutieren Sie im Kurs über die verschiedenen Vorschläge der TN.

Stillarbeit → AB S. 7 | **5**

Zusatzübung 1

Üben Sie die Konjugation der bisher im Konjunktiv bekannten Verben mit einem Ball. Sie sagen die Form für die 1. Person Singular Konjunktiv und werfen einem TN den Ball zu. Dieser nennt die Du-Form und wirft den Ball weiter. Der TN, der den Ball fängt nennt die 3. Person usw.

Zusatzübung 2

Material

- Fotos von berühmten Personen wie z. B. Angela Merkel, Heidi Klum, Alberto Alonso usw.

Heften Sie die Bilder an die Tafel oder an eine Pinnwand. Die TN wählen eine berühmte Persönlichkeit, die sie gern wären, und schreiben dazu einen Text. Natürlich können auch Personen gewählt werden, von denen Sie kein Foto haben. Machen Sie zuvor ein Beispiel an der Tafel, wie z.B. *Ich wäre gern Madonna. Dann hätte ich viel Geld. Ich könnte gut singen und würde sehr viel Yoga machen.* Die TN schreiben ihre Wünsche auf ein Blatt. Die Blätter werden eingesammelt. Lesen Sie die Wünsche der TN vor. Die anderen TN raten, wer welchen Wunsch geschrieben hat. Das Vorlesen können auch die TN übernehmen, wichtig ist dabei, dass kein TN sein eigenes Blatt bekommt.

3 Hättest du gern ...? Wärst du gern ...?

1. Fragen Sie einzelne TN wie in der Übung vorgegeben.
2. Zwei TN lesen die Beispieldialoge vor und ergänzen sie. Weisen Sie darauf hin, dass nach *Das wäre mir ... zu ...* ein Adjektiv wie z. B. *anstrengend, langweilig* folgt.
3. Die TN lesen still die vorgegebenen Ideen und Berufe und fragen ggf. nach unbekannten Wörtern. Geben Sie den Hinweis, dass man mit dem Dialogmuster rechts nach Berufen fragen kann.
4. Die TN machen zu zweit ein Interview.
5. Anschließend nennt jeder TN im Plenum den ungewöhnlichsten Wunsch seines Partners und was dieser machen könnte, wenn der Wunsch in Erfüllung ginge. Achten Sie darauf, dass die einzelnen TN nicht mehrere Wünsche aufzählen, damit die Phase im Plenum nicht zu lange dauert.

4 Wenn er ein Vogel wäre, ...

Material

- Blätter mit Wörtern beschriftet, die einen irrealen Konditionalsatz ergeben. Die Verben werden möglichst auf farbiges Papier geschrieben.

1. Fragen Sie die TN, welche Wünsche oder Probleme die Personen auf den Fotos haben.
2. Die TN ergänzen zu zweit die Sätze mit den Angaben unten.
3. Zur Korrektur werden die Sätze von den TN vorgelesen.

4. Um die Bedeutung der irrealen Konditionalsätze klar zu machen, schreiben Sie ein Beispiel aus der Übung wie auf dem Grammatikzettel an die Tafel. Fragen Sie die TN, was real und was irreal ist.

5. Die Struktur von *wenn*-Sätzen ist den TN aus der Niveaustufe A2 bekannt. Es empfiehlt sich dennoch, die Verbstellung mithilfe eines Satzpuzzles zu wiederholen. Dazu werden die einzelnen Blätter an verschiedene TN verteilt. Diese stellen sich in beliebiger Reihenfolge z. B. vor der Tafel so auf, dass die Blätter lesbar sind. Dann stellen sich die TN so um, dass ein korrekter Satz entsteht. Also entweder *Wenn ich Geld hätte, würde ich eine Weltreise machen.* oder *Ich würde eine Weltreise machen, wenn ich Geld hätte.* Die TN, die kein Blatt bekommen haben, helfen den anderen, die richtige Position zu finden. Wenn eine richtige Satzversion gebildet wurde, animieren Sie die TN, die zweite Variante zu bilden.

Sie können das Satzpuzzle aber auch an der Tafel machen. Heften Sie die Blätter möglichst durcheinander mit Magneten an die Tafel. Einige TN kommen zur Tafel und versuchen, aus den beschrifteten Blättern einen Satz zu bilden.

Stillarbeit → AB S. 8 | **6** | **7** | **8**

Zusatzübungen

Satzpuzzle

Material

- kleine Zettelchen oder Kärtchen

Die TN schreiben zu zweit irreale Konditionalsätze Wort für Wort auf kleine Kärtchen. Sie tauschen ihre Sätze mit einem anderen Paar. Die TN versuchen, das Puzzle wieder zusammenzusetzen.

Meine schrecklich nette Familie

Die TN schreiben kurze Texte über ihre Familienmitglieder wie in Übung **7** im Arbeitsbuch. Zum Beispiel: *Ich wäre froh, wenn mein Sohn sein Zimmer aufräumen würde. Es wäre schön, wenn mein Mann auch mal das Frühstück machen würde.* Geben Sie dazu ein paar Satzanfänge wie *Ich würde mich freuen, …, Es wäre gut, …* an der Tafel vor. Die Texte werden vorgelesen oder an eine Pinnwand geheftet.

5 Die Kommode passt nicht ins Auto.

0. In den Übungen **5** und **6** lernen die TN, Ratschläge zu geben.

a.

1. Verfahren Sie wie auf ❖ S. 209 bei „Hörverstehen“ in den Schritten 1–7 beschrieben. Sagen Sie den TN, dass die Reihenfolge der Angaben nicht mit der Reihenfolge der Vorschläge im Hörtext übereinstimmt.

b.

2. Die TN lesen still die Redemittel. Spielen Sie den Dialog noch einmal vor. Die TN achten darauf, welche Redemittel sie hören. Es werden allerdings nicht alle Formulierungen benutzt.

3. Die TN spielen zu zweit den Dialog mithilfe von Aufgabe a und der Redemittel nach.

4. Ein oder zwei Varianten werden im Plenum vorgespielt.

6 So ein Pech!

a.

1. Sprechen Sie mit den TN über die Probleme, die auf den Fotos dargestellt sind. Führen Sie dazu notwendigen Wortschatz ein.

b.

2. Besprechen Sie mit den TN den Wortschatz in den Kästen in der Mitte.
3. Regen Sie die TN dazu an, sich in Partnerarbeit zu jeder Situation mindestens einen Vorschlag zu notieren.
4. Besprechen Sie mit den TN die Redemittel für die Vorschläge links und die Reaktionen rechts. Geben Sie jeweils Beispiele. Da die Formulierung *Meiner Meinung nach* erfahrungsgemäß oft Schwierigkeiten bereitet, schreiben Sie zwei Sätze wie z. B. *Man kann das Feuer selbst löschen.* und *Meiner Meinung nach kann man das Feuer selbst löschen.* an die Tafel. Weisen Sie darauf hin, dass nach *Meiner Meinung nach* das Verb der Aussage steht, die man machen möchte, und nicht zwangsläufig das Verb *sein*.
5. Die TN diskutieren ihre Vorschläge mithilfe der Redemittel.

c.

6. Verfahren Sie wie auf ❖ S. 211 bei „Gespräch über ein Thema" in den Schritten 1, 4, 5 und 6 beschrieben.

Zusatzübung

Die TN arbeiten in Kleingruppen. Jede Gruppe überlegt sich eine problematische Situation und notiert diese kurz, z. B.: Jemand möchte eine Party mit 20 Personen geben, hat aber nur ein kleines Zimmer. / Jemand möchte in den Urlaub fliegen, hat aber einen Hund, den er nicht mitnehmen kann usw.

Das Problem wird einer anderen Gruppe erläutert. Diese macht Vorschläge zur Lösung des Problems. Beide Gruppen diskutieren darüber mit den Redemitteln aus Übung **6**. Danach wird das Problem der Partnergruppe diskutiert.

2 Fokus Lesen

Lernziel Stellungnahme: Pro und Contra

1 Lebenspläne, Lebensträume

a.

1. Fragen Sie die TN nach dem Alter einer der befragten Personen auf den Fotos. Regen Sie die TN dazu an, für ihre Vermutungen *ich glaube*, *vielleicht* und den neuen Ausdruck *ich nehme an* zu benutzen.
2. Die TN überlegen sich zu zweit, wie alt die Personen sind und welche Träume und Pläne sie haben.
3. Sammeln Sie ein paar Ideen der TN an der Tafel.

b.

4. Verfahren Sie wie auf ❖ S. 209 bei „Hörverstehen" in den Schritten 2–7 beschrieben.
5. Die TN unterstreichen die Konjunktivformen und vergleichen die unterstrichenen Verben mit ihrem Nachbarn.
6. Fragen Sie die TN, welche Verben den Konjunktiv mit *würden* bilden und welche eigene Konjunktivformen haben. Weisen Sie darauf hin, dass nicht nur *können* (Lerneinheit 1), sondern auch alle anderen Modalverben in der ihnen eigenen Konjunktivform verwendet werden. Zeigen Sie den TN die Konjunktivformen der übrigen Modalverben im Grammatikkasten unten links. Verweisen Sie darauf, dass auch das Verb *wissen*

häufig in der eigenen Konjunktivform steht. Erklären Sie den TN mithilfe des Grammatikkastens rechts, dass von einigen starken Verben entweder die eigene Konjunktivform oder die Konstruktion mit *würden* und dem Infinitiv benutzt wird. Bei schwachen Verben steht üblicherweise die Umschreibung mit *würde*, da es sonst zu Verwechslungen mit dem Präteritum kommen kann.

Sehen Sie sich mit den TN die Grammatikübersicht im → AB S. 15 | **10** an. Für TN auf dieser Stufe ist es nur wichtig, die Formen einiger starker Verben zu erkennen. Aktiv beherrschen müssen die TN nur die Originalkonjunktivformen von *haben*, *sein* und den Modalverben.

Stillarbeit → AB S. 11 | **1**

Welche Pläne oder Träume haben Sie?

1. Fragen Sie die TN zur Anregung nach ihren Träumen und Plänen.
2. Besprechen Sie mit den TN die Redemittel. Geben Sie Beispiele.
3. Geben Sie den TN ungefähr 5 Minuten Zeit, mithilfe der Redemittel einen Text über ihre Pläne und Träume zu schreiben.
4. Die TN setzen sich in Kleingruppen zusammen und tauschen sich über ihre Träume und Pläne aus. Sie versuchen, sich dabei von ihren Texten zu lösen und frei zu sprechen.

Wie alt werden die Menschen?

0. Die Übungen **3** und **4** führen auf das Thema des Lesetextes hin.
1. Fragen Sie die TN, wie alt sie werden möchten und wie alt ein Mensch normalerweise wird. Führen Sie dabei die Wörter *Lebenserwartung* und *durchschnittlich* ein.
2. Die TN sehen sich die Statistik an und vergleichen mit ihren Vermutungen.
3. Die TN ergänzen die Sätze mit den vorgegebenen Wörtern in Partnerarbeit.
4. Besprechen Sie die Lösung im Plenum und klären Sie dabei unbekannte Wörter.

Stillarbeit → AB S. 11 | **2**

Ein langes Leben – was sollte man dafür tun?

0. In dieser Übung wird das Formulieren von Ratschlägen mit verschiedenen Modalverben geübt. Ratschläge mit dem Modalverb *können* sind schon aus Lerneinheit 1 bekannt
1. Fragen Sie die TN, was man tun muss, um besonders alt zu werden. Regen Sie die TN dazu an, spontan Vorschläge in Form von Ratschlägen, also im Konjunktiv zu formulieren. Schreiben Sie ein paar Ratschläge wie z. B. *Man sollte/dürfte nicht …* an die Tafel.
2. Klären Sie mit den TN unbekannte Wörter aus dem grünen Kasten.
3. Die TN schreiben in Kleingruppen eine Prioritätenliste mit eigenen Vorschlägen.
4. Besprechen Sie die Redemittel.
5. Ein paar Gruppen stellen ihre Ratschläge vor. Die Klasse diskutiert mithilfe der Redemittel darüber.

5 Ein alter Traum der Menschheit

0. Die Übungen **5–7** beziehen sich auf den Lesetext.

Zusatzübung als Vorentlastung

Schreiben Sie die folgenden Wörter bzw. Ausdrücke aus der Einleitung zum Lesetext an die Tafel: *altern, Forschung, Erfolg, Lebenszeit verlängern* und *Wunderpille*. Klären Sie die Begriffe. Bitten Sie die TN, in Kleingruppen kurze Zeitungsmeldungen zu schreiben, in denen diese Wörter vorkommen. Die Meldungen werden vorgelesen und miteinander verglichen.

1. Fragen Sie die TN nach den Vor- und Nachteilen des Alterns und notieren Sie diese stichpunktartig an der Tafel. Erarbeiten Sie dazu relevanten Wortschatz als weitere Vorentlastung für den Lesetext.

2. Verfahren Sie wie auf ❖ S. 209 bei „Leseverstehen" in den Schritten 2–5 beschrieben.

6 Zwei Meinungen zur Wunderpille

1. Verfahren Sie wie auf ❖ S. 209 bei „Leseverstehen" in den Schritten 2–5 beschrieben. Die TN lesen zunächst den Text und erst dann die Aufgaben.

Binnendifferenzierung Ungeübtere TN lesen nur eine der beiden Positionen zur Wunderpille. Sie suchen dann die zu ihrem Text passenden Argumente. Durch die Aufgabe lernen sie auch die Gegenargumente kennen. Geübtere TN, die schon früher mit der Aufgabe fertig sind, machen im ➔ AB S. 13 | **6**.

2. Schreiben Sie den ersten Satz des Tafelbildes an. Fragen Sie die TN, was genau statt des unterstrichenen Teils in der Übung steht. Vervollständigen Sie das Tafelbild.

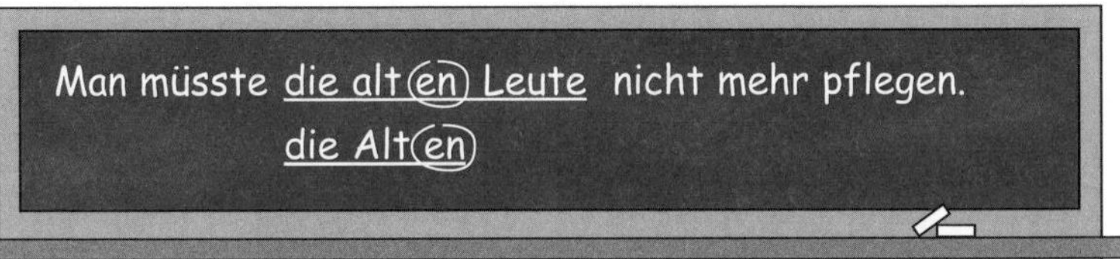

Erklären Sie den TN, dass es Nomen gibt, die von Adjektiven kommen. Das bedeutet, sie sind – wie alle Nomen – großgeschrieben. Aber die Endungen folgen den Regeln der Adjektivdeklination. Verweisen Sie auf das Beispiel im Grammatikkasten ganz unten. Erarbeiten Sie mit den TN ein weiteres Beispiel (z. B. ein jugendlicher Mensch: ein Jugendlicher / der deutsche Mann: der Deutsche) und schreiben Sie es wie im Grammatikkasten an die Tafel. Verweisen Sie auf die Grammatikübersicht im ➔ KB S. 193 | **§1a**.

Stillarbeit ➔ AB S. 14 | **9** und S. 12 | **3** | **4** und S. 13 | **5** | **6** | **7** und S. 14 | **8**

7 Wie würde unsere Welt sich verändern, wenn es die Wunderpille gäbe?

1. Fragen Sie die TN, wie sich die Welt mit der Wunderpille verändern würde. Die TN äußern sich kurz spontan.

2. Besprechen Sie die Redemittel und die Wortschatzhilfen.

3. Die TN bereiten schriftlich ihre Aussagen vor.

4. Regen Sie die TN durch provokante Aussagen zur Diskussion im Kurs an, wie z. B. *Mit der Wunderpille gäbe es viel zu viele Menschen auf der Welt. Das Leben wäre viel langweiliger, weil alle jung wären. Die Menschen müssten viel zu lange arbeiten.*

Zusatzübung

Die TN schreiben, wie sie sich ihr Leben mit z.B. 80 Jahren vorstellen. Erarbeiten Sie mit den TN, welche Aspekte interessant wären (z.B. Aussehen, Gesundheit, Wohnen, Freizeit). Die TN beginnen ihre Texte mit der Formulierung *Wenn ich 80 wäre, ...* . Einzelne Texte werden vorgelesen und/oder alle Texte an einer Pinnwand präsentiert.

3 Fokus Hören

Lernziel höfliche Bitten, Wünsche und Ratschläge äußern

Immer höflich

0. In den Übungen **1** und **2** üben die TN höfliche Bitten.

a.

1. Die TN betrachten die Fotos und lesen die Sätze still.

2. Sprechen Sie mit den TN über die dargestellten Situationen. Diskutieren Sie darüber, wie höflich oder unhöflich die Sätze wirken. Regen Sie die TN dazu an, die Sätze laut in dem entsprechendem Duktus vorzulesen, indem Sie selbst ein paar Beispiele etwas übertrieben lesen. Lesen Sie bei Unsicherheiten die Sätze selbst vor.

b.

3. Verfahren Sie wie auf ❖ S. 209 bei „Hörverstehen" in den Schritten 3–7 beschrieben.

Stillarbeit → AB S. 17 | **1**

„Könnte ich bitte ...?" „Würden Sie bitte ...?"

Material

- Kopiervorlage **LE 3-1** für je 2 TN kopiert und auseinandergeschnitten

a.

1. Jede Zweiergruppe bekommt einen Satz Redemittel für höfliche Bitten (Kopiervorlage). Bei sehr großen Kursen können die TN auch in Kleingruppen arbeiten, sodass Sie weniger Redemittelsätze brauchen. Die TN suchen die Überschriften zu vier Kategorien (*höflich bitten, auf eine Bitte reagieren, sich bedanken, auf den Dank reagieren*) aus den Kärtchen heraus und legen die Überschriftenkärtchen nebeneinander auf den Tisch.

2. Die TN legen die Redemittel jeweils zum passenden Überschriftenkärtchen.

3. Zur Korrektur werden die Redemittel jeder Kategorie vorgelesen.

4. Die TN lesen sich die Situationen im Buch still durch. Klären Sie Verständnisfragen. Fragen Sie die TN, welche Situationen formell und welche informell sind.

5. Die TN üben zu zweit die Situationen. Sie wechseln dabei die Rollen des Bittenden und des Helfenden.

Binnendifferenzierung Ungeübtere TN benutzen die Redemittelstreifen von Schritt 1–3. Sie wählen für eine Situation und ihre Rolle als Bittender bzw. Helfender passende Redemittel aus und legen sie vor sich auf den Tisch. Die TN üben den Dialog und benutzen dabei die Redemittelstreifen als Gedächtnisstütze. Bei den anderen Situationen verfahren die TN ebenso.

b.

6. Ein paar Gespräche werden im Kurs vorgespielt. Regen Sie die TN in spielfreudigen Kursen dazu an, kleine Szenen zu spielen, z. B. auch pantomimisch darzustellen, etwa dass man die Suppe (Szene B) probiert und sie schmeckt nicht.

3 Kleine Alltagsklagen

1. Bitten Sie die TN, sich vorzustellen, im Deutschkurs sehr müde und hungrig zu sein. Fragen Sie die TN, was sie sich in dieser Situation wünschen würden. Formulieren Sie die Aussagen der TN zu Wunschsätzen um. Sagen Sie z. B. *Irina sagt zu ihrem Nachbarn* oder *Irina denkt sich: Wenn ich doch (nur) schlafen dürfte!* oder *Wenn nur Pause wäre!* Sprechen Sie die Wunschsätze besonders betont. Schreiben Sie die Beispiele an die Tafel. Unterstreichen Sie die Modalpartikeln *doch* und *nur*. Weisen Sie die TN darauf hin, dass die Modalpartikeln notwendig sind, um den Wunsch von einem irrealen Bedingungssatz abzugrenzen. Erklären Sie den TN, dass man *doch*, *nur* oder *doch nur* zusammen benutzen kann.

a. und b.

2. Verfahren Sie wie auf ❖ S. 209 bei „Hörverstehen" in den Schritten 1–7 beschrieben. Bei Schritt 2 suchen die TN die zwei Wunschsätze mit *wenn*.

3. Schreiben Sie an die Tafel: *Die Suppe ist nicht scharf genug.* Fragen Sie die TN, wie der Wunsch im Hörtext formuliert wurde, und schreiben Sie *Die Suppe dürfte schärfer sein.* an. Unterstreichen Sie die Komparativform. Weisen Sie darauf hin, dass diese Form des Wunsches weniger emotional ist als die Wunschsätze mit *wenn*.

c.

4. Die TN überlegen sich im Plenum weitere Wünsche zu Situation A.

5. Die TN erarbeiten in Partnerarbeit weitere Wünsche zu den übrigen Situationen.

6. Sammeln Sie in der Klasse zu jeder Situation ein paar Wünsche.

Stillarbeit → AB S. 17 | **2** und S. 18 | **3**

4 Frau Dr. Remmer weiß Rat.

a.

1. Die TN betrachten das Foto und hören gleichzeitig von der CD die Anmoderation bis zum Satz „Und da haben wir schon den ersten Anrufer ..." Die TN stellen Vermutungen zur Situation im Hörtext auf.

2. Verfahren Sie wie auf ❖ S. 209 bei „Hörverstehen" in den Schritten 3–7 beschrieben. Die TN lesen den Lückentext erst nach dem Hören. Klären Sie nach Schritt 3 unbekannten Wortschatz.

b.

3. Die TN diskutieren im Kurs.

c.

4. Verfahren Sie wie auf ❖ S. 209 bei „Hörverstehen" in den Schritten 2–7 beschrieben.

d.

5. Die TN diskutieren im Kurs.

e.

6. Die TN unterstreichen in a und c typische Satzanfänge für Ratschläge. Sammeln Sie diese an der Tafel. *(An Ihrer Stelle würde ich .... Es wäre sicher die beste Lösung, wenn .... Sie könnten/sollten .... Ich würde Ihnen raten, ... Wäre es nicht die einfachste Lösung, wenn ...?)*
7. Die TN lesen die Probleme und Redemittel im Buch. Sagen Sie z.B. *Ich habe ein Problem. Ich kann abends nicht einschlafen. Was soll ich Ihrer Meinung nach tun?* Schreiben Sie die Formulierung, mit der Sie nach Rat gefragt haben an die Tafel. Die TN geben Ratschläge mit den Redemitteln aus dem Buch und an der Tafel.
8. Die TN arbeiten zu zweit. Ein TN sagt, dass er eins der angegebenen Probleme hat, der andere TN ist der Psychologe und gibt Ratschläge. Die TN wechseln die Rollen.
9. Die TN arbeiten in zwei Großgruppen. Sie erfinden für jeden TN aus der eigenen Gruppe ein Problem und schreiben es auf.
10. Aus einer Gruppe fragt ein TN nach Rat. Die TN aus der anderen Gruppe sind die Psychologen und geben möglichst mehrere Ratschläge. Nach jedem vorgetragenen Problem und den dazu gehörenden Ratschlägen werden die Rollen gewechselt.

Stillarbeit → AB S. 18 | **4**

Zusatzübung

Material

- pro TN einen Zettel, auf dem ein Problem steht
- Klebeband

Sagen Sie den TN, dass Sie ein Problem haben (z.B. dass Ihr Auto kaputt ist). Die TN geben Ihnen Ratschläge. Sammeln Sie die Redemittel für die Ratschläge an der Tafel, z.B. *An Ihrer/deiner Stelle ... Wenn ich Sie/du wäre, ... Sie sollten/könnten ... Du solltest/könntest ... Versuchen Sie/Versuch doch mal ... Ich würde Ihnen/dir raten ...*

Kündigen Sie an, dass jeder TN einen Zettel mit einem Problem auf den Rücken bekommen wird. Kleben Sie anschließend den TN die Zettel auf den Rücken, z.B. *Ich habe kein Geld. Ich bin sehr eifersüchtig. Ich habe keine Freunde. Mein Computer ist kaputt. Ich verstehe die Grammatik nicht. Ich habe mich in meinen Chef/meine Chefin verliebt. Mein Auto ist kaputt. Ich rauche zu viel. Ich mag kein Obst und Gemüse. Ich bin egoistisch. Mein Hund ist weggelaufen. Meine Mäuse bekommen immer mehr Kinder. Ich vergesse immer alle neuen Vokabeln.*

Die TN gehen herum, lesen still die Probleme der anderen und geben Ratschläge. Anhand der Ratschläge versucht jeder TN herauszufinden, welches Problem auf seinem Zettel steht. Wenn ein TN sein Problem erraten hat, darf der Zettel vom Rücken abgenommen werden. Der TN gibt aber anderen TN weiter Ratschläge. TN, die ihr Problem nicht erraten, wird geholfen.

5 Eine Frage an Silvester

a. und b.

1. Verfahren Sie wie auf ❖ S. 209 bei „Hörverstehen" in den Schritten 1–7 beschrieben. Nach Schritt 2, noch vor dem Hören, überlegen die Partner, welche Sätze zusammenpassen.

Stillarbeit → AB S. 19 | **5**

6 Was würden Sie heute anders machen?

Material

- pro TN eine Kopie der Vorlage **LE 3-2**
- 1 Folie von der Kopiervorlage **LE 3-2**
- Folienstift

1. Die TN lesen still die Angaben. Ein paar TN lesen die Beispielsätze laut vor.
2. Machen Sie durch das Tafelbild auf die attributive Verwendung von Adjektiven im Komparativ und Superlativ aufmerksam. Schreiben Sie *billigeres* (2. Satz) und *teuerste* (4. Satz) zunächst ohne Endung an die Tafel. Fragen Sie die TN nach der fehlenden Endung und ergänzen Sie diese.

   Erklären Sie den TN, dass Adjektive immer – also auch im Komparativ und Superlativ – eine Endung bekommen, wenn sie links vom Nomen stehen. Weisen Sie darauf hin, dass vor einem attributiv verwendeten Superlativ nicht der Indefinitartikel *ein* stehen kann.
3. Die TN füllen in Einzelarbeit zur Wiederholung der Adjektivendungen die Kopie aus. Ein oder zwei TN ergänzen die Endungen auf der Folie.
4. Besprechen Sie die Lösung mithilfe der Folie. Achten Sie darauf, dass ggf. Fehler auf der Folie verbessert werden.
5. Zum Einüben machen die TN eine Reihenübung, bei der sie die anderen übertrumpfen sollen. Ein TN sagt z. B. *Ich kaufe ein schönes Auto.* Der nächste sagt: *Ich kaufe ein schöneres Auto.* Der dritte hält dagegen: *Ich kaufe das schönste Auto.* Danach beginnt eine neue Runde mit einem anderen Beispiel, mit dem ebenso verfahren wird.
6. Klären Sie unbekannte Wörter aus den Vorgaben im rosa Kasten.
7. Fragen Sie die TN, was Sie heute anders machen würden. Verfahren Sie wie auf ❖ S. 211 bei „Gespräch über ein Thema" in den Schritten 4–6 beschrieben. Dabei orientieren sich die TN an den Angaben im Buch.

Stillarbeit → AB S. 19 | **6** | **7**

Zusatzübung

Radiosendung

Die TN spielen eine Radiosendung, bei der ein Psychologe Rat gibt.

Als Vorbereitung erfinden die TN in Kleingruppen eine steckbriefartige Biografie einer Person und deren Problem. Aus jeder Kleingruppe wird ein TN gewählt, der in der Radiosendung anruft. Ein TN aus einer anderen Kleingruppe nimmt jeweils als Radiopsychologe den Anruf entgegen. Legen Sie die Reihenfolge der Anrufe fest.

Inszenieren Sie die Sendung. Moderieren Sie die Sendung an. Noch authentischer wird es, wenn Sie die Sendung in Audio- oder Videoform aufzeichnen.

4 Fokus Sprechen

Lernziel Gespräche über Möglichkeiten

Gedanken an der Lagune

a.

1. Verfahren Sie wie auf ❖ S. 210 bei „Nachsprechen" in den Schritten 2–5 beschrieben.

b.

2. Die TN schreiben in Partnerarbeit Texte wie in den Beispielen. Gehen Sie dabei herum und helfen Sie.
3. Die TN lesen ihre Text in der Klasse vor.

Stillarbeit → AB S. 21 | **1**

Liebesqualen

a.

1. Verfahren Sie wie auf ❖ S. 210 bei „Nachsprechen" in den Schritten 1–6 beschrieben.
2. Je zwei TN sagen sich den Text gegenseitig vor.
3. Fragen Sie die TN nach Ratschlägen für die Frau auf der Zeichnung.

b.

4. Tragen Sie den TN den Beispieltext (mit anderen Verben) vor. Fragen Sie die TN, was sich geändert hat (z. B. das Verb *sprechen* in Verbindung mit *mit mir*).
5. Die TN lesen die Verben. Klären Sie Verständnisfragen. Weisen Sie darauf hin, dass *küssen* und *verstehen* transitive Verben sind, in diesem Text also mit dem Personalpronomen *mich* stehen.
6. Die TN probieren zu zweit Variationen.
7. Ein paar TN tragen ihre Variationen im Kurs vor.

Binnendifferenzierung Ungeübtere TN schreiben zunächst eine Variante auf und unterstreichen die geänderten Verben, z. B. Gestern konnte er mich nicht verstehen. Heute könnte er mich verstehen, aber er versteht mich trotzdem nicht. Danach üben sie mündlich weiter.

Stillarbeit → AB S. 21 | **2** und S. 22 | **3** | **4**

3 Wem könnte der Hund gehören?

a.

1. Verfahren Sie wie auf ❖ S. 211 bei „Gespräche hören und nachspielen" in den Schritten 1–9 beschrieben. Fragen Sie die TN nach Schritt 3 nach ihren Vermutungen, wem der Hund gehört. Schreiben Sie die Antworten mit den auf dem Tafelbild benutzen Strukturen an. Unterstreichen Sie die Strukturen, die eine Möglichkeit ausdrücken. Erklären Sie, dass alle drei Formulierungen synonym benutzt werden können.

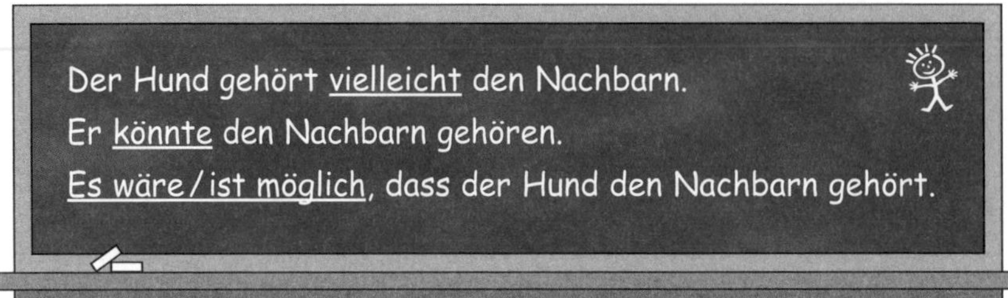

Entwickeln Sie mit den TN bei Schritt 6 folgendes Tafelbild: Geben Sie die erste Zeile des Tafelbilds mit Stichpunkten für die Frage und die Antwort vor. Fragen Sie die TN, was Sie jeweils als Gedächtnisstütze für die übrigen Repliken schreiben könnten.

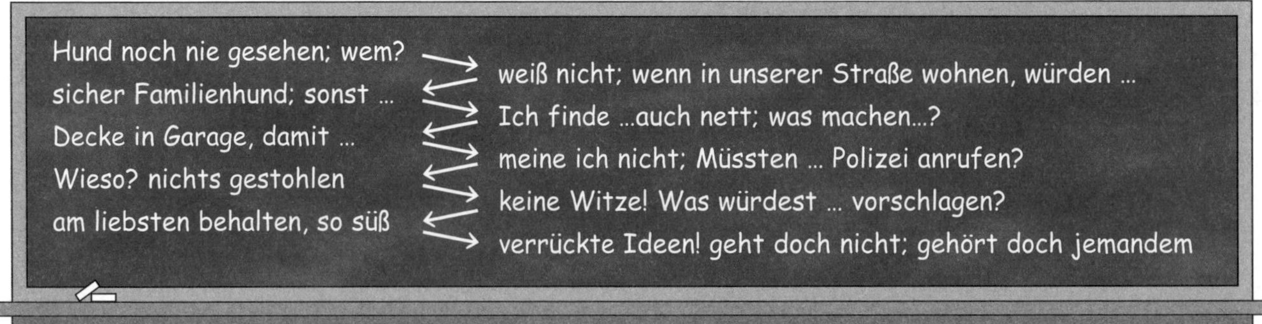

b.

2. Die TN rekonstruieren das Gespräch in Partnerarbeit.

3. Die Partner lesen die Lösung als Dialog vor.

c.

4. Verfahren Sie wie auf ❖ S. 211 bei „Gespräche variieren" in den Schritten 1–3 beschrieben.

d.

5. Verfahren Sie wie auf ❖ S. 211 bei „Gespräche variieren" in den Schritten 2–3 beschrieben.

6. Sprechen Sie mit den TN über Haustiere. Welches Haustier haben die TN oder hätten sie gern? Welche Rolle spielen Hunde als Haustier in Deutschland und im eigenen Land?

Stillarbeit → AB S. 23 | **5** | **6** | **7**

„Stell dir vor, ..."

Material

- → KB S. 23 auf Folie kopiert

1. Projizieren Sie die Folie. Decken Sie die Bildunterschriften ab. Die TN erzählen, was sie sehen. Decken Sie jeweils die Bildunterschrift auf, nachdem die TN sich zur Zeichnung geäußert haben.
2. Erklären Sie den TN die erste Variante. Die TN lesen den Beispieldialog vor und ergänzen gemeinsam die letzte Antwort sowie evtl. noch eine weitere Frage. Erklären Sie gegebenenfalls unbekannte Wörter. Verfahren Sie mit Variante 2 und 3 ebenso.
3. Die TN entscheiden sich für eine Variante.
4. Besprechen Sie die Ausdrücke im grünen Kasten rechts unten. Fragen Sie die TN, zu welchem Bild die Ausdrücke jeweils passen.
5. Die TN machen die Übung wie in der gewählten Variante beschrieben.

Zusatzübung

Material

- wenn möglich Farbstifte

Jeder TN zeichnet ein Bild, das seinen eigenen Wunsch darstellt. Die Zeichnungen im Buch dienen als Beispiel. Eine Hälfte der Klasse hängt ihre Zeichnungen auf oder legt sie auf den Boden. Von der anderen Hälfte wählt jeder TN ein Bild und sucht dessen Zeichner. Jeder TN fragt den TN, dessen Bild er gewählt hat, was er in dieser Situation tun würde oder tun könnte. Die TN sprechen ausführlich über ihre Vorstellungen. Danach werden die Rollen der beiden Gruppen getauscht.

5 Fokus Schreiben

Lernziel persönlicher Brief mit Ratschlägen

Hören Sie zu und schreiben Sie.

Verfahren Sie wie auf ❖ S. 212 bei „Diktat" in den Schritten 1–5 beschrieben.

Ein fantastisches Angebot

0. Die Übungen **2–6** beschäftigen sich mit dem Problem, das Hannes in dieser Übung schildert.

a. und b.

1. Bitten Sie die TN, sich vorzustellen sie bekämen das Angebot, fünf Jahre in einem anderen Land zu arbeiten. Fragen Sie die TN, welche Konsequenzen das hätte und ob sie das Angebot annehmen würden.
2. Verfahren Sie wie auf ❖ S. 209 bei „Leseverstehen" in den Schritten 2–5 beschrieben. Die TN lesen die Punkte unter b. erst nach der E-Mail.

Stillarbeit → AB S. 25 | **1** | **2** (Aufgabe 1 kann nach der Übung im Kursbuch auch zur Binnendifferenzierung für geübtere Lerner angeboten werden.)

3 Lösungen für Hannes' Probleme

1. Die TN äußern sich spontan, wie man Hannes' Probleme lösen könnte. Regen Sie die TN an, Redemittel für Ratschläge und zur Meinungsäußerung zu benutzen. Schreiben Sie z. B. *Er könnte/sollte… An seiner Stelle würde ich … Meiner Meinung/Ansicht nach …* an die Tafel.
2. Drei TN lesen den Beispieldialog vor.
3. Besprechen Sie die im Kasten vorgegebenen Verben.
4. Die TN erarbeiten in Kleingruppen schriftlich in Stichpunkten Lösungsmöglichkeiten.
5. Die TN präsentieren ihre Ideen im Kurs. Wenn ein Problem nach dem anderen diskutiert wird, hören sich die TN gegenseitig besser zu. Ermuntern Sie die TN dazu, die Redemittel von der Tafel zu benutzen.

4 Schwierigkeiten bei einem Auslandsaufenthalt

a.

1. Fragen Sie die TN, wie man sich auf einen Auslandsaufenthalt vorbereiten kann.
2. Die TN lesen die Themen und die Fragen still. Semantisieren Sie unbekannten Wortschatz. Fragen Sie die TN welche Frage zu welchem Thema passt.
3. Die TN schreiben in Partnerarbeit Fragen zu den angegebenen Themen. Ggf. ergänzen Sie weitere Themen und Fragen.
4. Die TN vergleichen ihre Frageliste mit der Liste einer anderen Zweiergruppe.
5. Aus jeder Vierergruppe werden je nach Kursstärke die 2–4 wichtigsten Fragen vorgelesen.

b.

6. Die TN erzählen im Kurs über ihre Erfahrungen auf Reisen oder bei längeren Auslandsaufenthalten.

5 Marc schreibt an Hannes.

Material
- → KB S. 26 auf Folie kopiert
- Folienstift

für die Binnendifferenzierung
- 8 leere Folien, auf denen jeweils eins der folgenden Wörter als Überschrift steht: *Wohnung, Möbel, Hund, Musik, Freunde, Klima, Sprache* und *Freundin*
- Folienstifte

1. Die TN lesen die E-Mail und ergänzen die fehlenden Ausdrücke. Eine geübtere Zweiergruppe schreibt ihre Lösung auf die Folie von → KB S. 26.
2. Besprechen Sie die Lösung anhand der projizierten Folie. Klären Sie unbekannten Wortschatz.

Binnendifferenzierung Geübtere TN bekommen, wenn sie mit der Aufgabe fertig sind, eine Folie mit einer Überschrift. Sie schreiben in Stichpunkten auf die Folie, welchen Ratschlag Marc zum jeweiligen Problem gibt. Wenn einzelne TN sehr schnell sind können sie auch eine zweite Folie beschriften. Die Folien dienen als Hilfe für die Diskussion in Übung **6**.

Stillarbeit → AB S. 26| **3** | **4** und S. 27 | **5**

Wie finden Sie Marcs Ratschläge?

Material

- Folien von Binnendifferenzierung zu Übung **5**

1. Die einzelnen Folien werden aufgelegt. Die TN sagen, was Marc rät und vergleichen es mit ihren eigenen Vorschlägen aus Übung **3**.

So ein Zufall!

Material

- unbeschriftete Folien je nach Kleingruppenanzahl
- Folienstifte

a.

1. Erklären Sie den TN die in der Einleitung zur Übung stehende Ausgangsituation.
2. Die TN lesen still den Brief.
3. Klären Sie unbekannten Wortschatz. Stellen Sie Fragen zum Textverständnis wie z. B.: *Wo möchte Jana studieren? Wann kommt sie? Wie lange bleibt sie?*
4. Fragen Sie die TN auch, was Jana wissen möchte und notieren Sie die Fragen stichpunktartig an der Tafel: *Welche Schwierigkeiten? Wetter um diese Jahreszeit? Zimmer? Bei Dir übernachten? Was mitbringen?*

b.

5. Fragen Sie die TN, wie man einen informellen Brief beginnt und beendet *(Liebe(r) ...; Hallo ...; Herzliche Grüße Dein(e) ... ; In alter Freundschaft Dein(e) ...; Dein(e) Freund(in) ...)*. Erinnern Sie an das Datum. Verweisen Sie auf den Anfang der E-Mail von Marc in Übung **5**, um den TN ein Beispiel für eine passende Einleitung zu geben.
6. Die TN arbeiten in national heterogenen Klassen – wenn möglich – in Ländergruppen zusammen. Sie schreiben zusammen einen Brief auf Folie. Sie orientieren sich dabei an den Punkten an der Tafel. Die TN legen eine Jahreszeit und das Datum für den Brief selbst fest.
7. Die Texte werden projiziert und zusammen korrigiert.

Variante Die TN schreiben die Texte auf Papier und tauschen sie aus. Jede Gruppe korrigiert die sprachlichen Fehler eines Briefes von einer anderen Gruppe. Gleichzeitig kontrollieren die TN auch, ob die Schreiber auf alle Fragen geantwortet haben und ob der Brief der Textsorte (Datum, Anrede, Einleitung, Schlusssatz, Grußformel) entspricht.

Zusatzübung Die TN schreiben in Kleingruppen einen informellen Brief, in dem sie einen Freund um Rat bitten. Wenn den TN kein eigenes Problem einfällt, können Sie z. B. aus der Perspektive einer der beiden Personen schreiben, die in → KB | LE 3 | **4** bei Frau Dr. Remmer anrufen. Allerdings schreiben diese Personen hier nicht an Frau Dr. Remmer, sondern suchen Rat bei einem Freund. Die andere Gruppe schreibt in der Rolle des Freundes einen Antwortbrief und gibt darin Ratschläge zur Lösung des Problems.
Die Briefe und die Antworten werden nach der Korrektur durch den Kursleiter laut vorgelesen.

Fotodoppelseite

Zum Foto „Natur – Träume“

Sprechen Die TN erarbeiten in Kleingruppen Ratschläge für Gestresste, wie sie sich in der Freizeit oder im Urlaub am besten erholen können.

Die TN suchen im Internet http://www.germanplaces.com/de oder in Reiseprospekten nach idealen Landschaften zur Erholung. Die TN präsentieren ihre Vorschläge mit Bildern.

Schreiben Die TN schreiben einen Text über ihren Traumurlaub. Die Texte werden mit Zeichnungen oder Fotos illustriert.

Zum Foto „Motorrad-Träume“

Sprechen Die TN sprechen über das Foto und stellen Vermutungen an, warum sich die Frau das Motorrad so genau ansieht. Sprechen Sie über die Wünsche der Frau.

Die TN sprechen darüber, wie ältere Menschen in ihrem Herkunftsland leben. TN, die schon öfter ein deutschsprachiges Land besucht haben, berichten über ihre Erfahrungen. Berichten Sie kurz über die Lebenssituation von älteren Menschen in den deutschsprachigen Ländern. Informationen finden Sie unter http://www.tatsachen-ueber-deutschland.de/de/gesellschaft ➔ ältere Menschen.

Dialog Der Motorrad-Besitzer taucht auf und wundert sich über das Interesse der älteren Dame an seinem Motorrad. Die TN entwickeln einen Dialog zwischen den Personen und spielen ihn vor. Vielleicht bittet die Dame, eine Probefahrt machen zu dürfen.

Schreiben Die Frau bittet in einem Brief einen Freund / eine Freundin um Rat. Sie möchte sich einen lang gehegten Wunsch erfüllen und ein Motorrad kaufen. Als sie jung war, konnte sie sich kein Motorrad leisten.
Der Freund / die Freundin schreibt eine Antwort.

Gedicht „Wenn ich mein Leben noch einmal leben könnte ...“

Material

- pro TN eine Kopie der Vorlage **LE 5-1**

Lesen Sie den TN das Gedicht vor. Die TN lesen still mit.
Die TN schreiben selbst einen Teil des Gedichts. Die Gedichte werden schön gestaltet und an einer Pinnwand präsentiert.
Weitere Spiele zu den Fotodoppelseiten unter www.hueber.de/lagune ➔ Lehren.

Augenzwinkern

Die TN spielen den Dialog nach. Die Geschenke lassen sich auch variieren, z. B. mit Autos, Schuhen oder Kleidung.

Themenkreis **Sport und Gesundheit**

Fotocollage

Material

- Kopie der Fotocollage, in Einzelfotos zerschnitten

1. Die Bücher sind geschlossen. Die TN bekommen zu zweit jeweils ein Bild. Sie bereiten kurz eine Bildbeschreibung vor. Geben Sie Redemittel wie z. B. *Auf dem Bild sieht man … Wir vermuten …* vor.
2. Sagen Sie den TN, dass alle Bilder zu einem Thema passen. Jede Gruppe beschreibt ihr Bild. Die TN raten, welches gemeinsame Thema auf den Bildern dargestellt ist.
3. Die TN öffnen die Bücher. Sie sprechen zu zweit darüber, welches Bild sie am meisten anspricht.
4. Die TN äußern Vermutungen, warum die Männer auf dem Bild rechts unten im Anzug im Wasser sind.
5. Geben Sie eine Tabelle an der Tafel vor. Fragen Sie die TN, was von den auf der Collage abgebildeten Dingen oder Verhaltensweisen gesund und was ungesund ist. Tragen Sie zwei Beispiele an der Tafel ein.

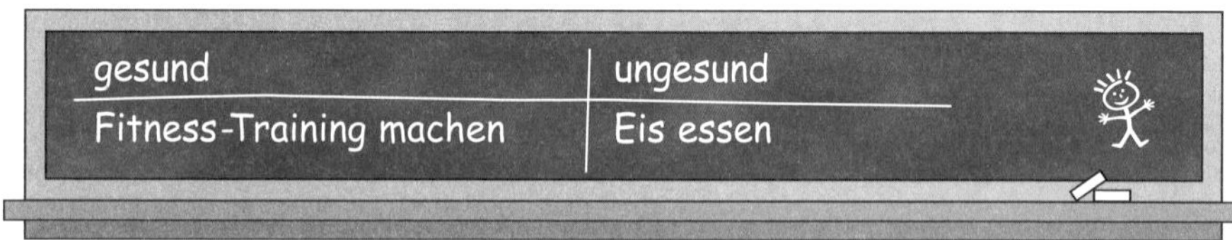

gesund	ungesund
Fitness-Training machen	Eis essen

   Die TN zeichnen die Tabelle ab und ergänzen sie in Partnerarbeit. Die Eintragungen der TN werden im Kurs diskutiert. Möglicherweise entspinnt sich eine Diskussion darüber, ob z. B. ein Marathon-Lauf wirklich so gesund ist. Die TN finden weitere Beispiele.
6. Die TN arbeiten in Kleingruppen. Sie notieren eine Minute lang alle Sportarten, die ihnen einfallen. Nach einer Minute lesen die Gruppen nacheinander ihre Listen vor. Die Sportarten werden an der Tafel notiert. Sagen Sie den Kleingruppen, dass sie für jedes Wort, das keine andere Gruppe hat, einen Punkt bekommen.
7. Sprechen Sie mit den TN darüber, was für ein gesundes Leben wichtig ist. Fragen Sie auch, wie wichtig Sport und Ernährung für die TN sind.

Der Themenkreis schließt sich

Ideen

- Die TN überlegen sich eine Biografie (Beruf, Alter, Familienstand, Hobbys) sowie einen Speiseplan für einen Tag für die Frau mit dem Erdbeertörtchen (Foto links in der Mitte) und für die Person, deren Gemüseteller man auf dem Foto in der Mitte sieht.
- Warum sitzt die Frau (Foto unten in der Mitte) nachts vor dem Kühlschrank und isst Eis? Die TN schreiben ein paar Tage eines Diät-Tagebuchs für die Frau. In dem Tagebuch steht, was sie gegessen hat, welchen Sport sie gemacht hat und wie sie sich gefühlt hat.
- Die TN sammeln Tipps zum Abnehmen aus dem Internet (http://www.abnehmen-mit-genuss.de/rd/89.php oder www.brigitte.de unter dem Link → Diät & Ernährung), aus Frauenzeitschriften oder eigenen Erfahrungen und stellen sie im Kurs vor.
- Ein Freund (ein TN) hat die kranke Frau auf dem Foto links unten besucht. Ein anderer TN erkundigt sich bei ihm nach deren Befinden (vgl. → KB S. 45 | LE 9 | 6).

6 Fokus Strukturen

Lernziel Fragen stellen

Ein Sportfest

0. Der Schauplatz der Übungen **1–4** ist ein Sportfest.

1. Verfahren Sie wie auf ❖ S. 209 bei „Hörverstehen" in den Schritten 1–6 beschrieben.

Was fragen die Leute?

1. Sprechen Sie mit den TN über die Zeichnung.

2. Die TN kombinieren die Satzteile.

3. Zur Korrektur werden die indirekten Fragesätze vorgelesen.

4. Fragen Sie die TN, was Nummer 3 sagt. Schreiben Sie die direkte Frage wie auf dem Grammatikzettel unten auf der Kursbuchseite an die Tafel. Fragen Sie nach einer passenden Antwort und schreiben Sie diese in Kurzform (z. B. *gut*) daneben. Schreiben Sie die indirekte Frage darunter.

Verfahren Sie ebenso mit der Frage von Nummer 5. Weisen Sie, bevor Sie die indirekte Frage auf die Tafel übertragen, ausdrücklich darauf hin, dass diese Frage nur mit *ja* oder *nein* beantwortet werden kann und dass sie mit einem Verb beginnt. Lassen Sie aber bei der indirekten Frage an der Stelle von *ob* eine Lücke. Ergänzen Sie nach Möglichkeit auf Zuruf der TN *ob*.

Markieren Sie die Verben sowie das Fragewort *wie* und *ob*. Fragen Sie die TN nach den Regeln. Erklären Sie den TN, dass man die indirekte Frage bei einer Satzfrage mit *ob* einleitet. Bei Wortfragen benutzt man das entsprechende Fragewort.

Fragen Sie die TN nach typischen Hauptsätzen für die Einleitung von indirekten Fragesätzen aus Übung **1** und **2** (*jemand fragt/möchte wissen/erkundigt sich*).

Ergänzen Sie die Sätze.

1. Die TN ergänzen die Sätze.

2. Zur Korrektur werden die indirekten Fragen vorgelesen.

Stillarbeit → AB S. 31 | **1** | **2** | **3**

Noch mehr Fragen ...

1. Regen Sie die TN dazu an, im Plenum spontan direkte Fragen für die drei Personen zu erfinden.

2. Besprechen Sie die Wörter im Kasten.

3. Die TN schreiben zu zweit direkte Fragen der drei Personen auf.

4. Die TN formen ihre direkten Fragen im Kurs mündlich zu indirekten Fragen um. Regen Sie die TN dazu an, verschiedene Einleitungen zu benutzen.

Zusatzübung Ein TN stellt dem TN, der zwei Plätze weiter sitzt eine Frage. Der befragte TN tut so, als ob er die Frage nicht verstanden hätte. Der TN, der zwischen den beiden TN sitzt, wiederholt die Frage in indirekter Form. Z.B. fragt TN 1 TN 3: *(Name von TN 3), warum warst du gestern nicht im Deutschkurs?* TN 3 fragt: *Wie bitte?* TN 2 wiederholt: *(Name von TN 1) möchte wissen, warum du gestern nicht im Deutschkurs warst.* TN 3 beantwortet die Frage.

5 Anzeigen zu Sport und Gesundheit

a.

1. Fragen Sie die TN, ob sie gerne einmal einen Kurs aus dem Bereich Sport und Gesundheit (z.B. Yoga) machen würden, oder ob sie schon einmal so einen Kurs gemacht haben bzw. zurzeit machen. Sprechen Sie über die (Wunsch-)Kurse der TN.
2. Die TN lesen still die Anzeigen. Stellen Sie nacheinander zu jeder Anzeige ein paar Verständnisfragen, z.B. *Was kann man lernen/machen?* (Anzeigen 1, 2, 3, 4), *Wo und wann ist der Kurs?* (Anzeigen 1, 3, 4), *Muss man sich anmelden?* (Anzeige 3), *Kostet das Probetraining etwas?* (Anzeige 2), *Muss man sich zum Probtraining anmelden?* (Anzeige 2), *Muss man schon ein bisschen reiten können?* (Anzeige 4).

b.

3. Sprechen Sie mit den TN über die auf dem Foto dargestellte Situation. Die Frau interessiert sich für eines der Angebote aus den Anzeigen und ruft bei dem Anbieter an. Sie möchte Näheres dazu wissen und stellt Fragen.
4. Die TN ordnen in Stillarbeit die Fragen den Anzeigen zu.
5. Die Zuordnung wird im Plenum verglichen.

c.

6. Besprechen Sie die Themen im Kasten. Die TN bilden als Beispiel ein paar Fragen, die sich ebenfalls auf die Anzeigen beziehen.
7. Die TN schreiben in Partnerarbeit weitere Fragen.
8. Ein paar Gruppen lesen ihre Fragen vor. Die anderen TN ermitteln die passende Anzeige.

6 Zum ersten Mal im Fitness-Studio

1. Sprechen Sie mit den TN über das Foto und den Übungstitel. TN, die ins Fitness-Studio gehen, erzählen über einen Besuch in ihrem Studio.
2. Besprechen Sie die Bedeutung der Schilder rechts.
3. Die TN schreiben in Kleingruppen indirekte Fragen auf.
4. Die Fragen zu jeweils einem „Schild" (z.B. Sauna) werden von den verschiedenen Gruppen vorgelesen. Wenn es keine neuen Fragen mehr zu einem Thema gibt, wird ein neues Thema besprochen.

Stillarbeit → AB S. 32 | **4** | **5**

Zusatzübung Die TN wählen eine der folgenden zwei Situationen aus und üben zu zweit ein Gespräch ein. Das Gespräch kann zunächst auch als Dialog aufgeschrieben werden. Ein paar Situationen werden im Plenum vorgespielt. Geben Sie den TN zu Beginn die Anweisung, höflich zu sein und viele indirekte Fragen zu benutzen. Weisen Sie auf die passenden Einleitungen in Übung **6** hin.

A Die TN spielen ein Auskunftsgespräch am Telefon zu den Anzeigen in Übung **5**. Erarbeiten Sie mit den TN geeignete Redemittel für den Beginn des Telefonats (z.B. *Guten Tag, mein Name ist … Ich rufe wegen Ihrer Anzeige an.*) und für den Schluss (z.B. *Vielen Dank für die Information. Auf Wiederhören.*).

B Die TN spielen in Partnerarbeit die Situation am Empfang des Fitness-Studios (Übung **6**). Erarbeiten Sie auch hier passende Sätze für den Beginn und das Ende des Gesprächs (z.B. *Guten Tag. Was kann ich für Sie tun?; Viel Spaß!*).

Zusatzübung Die TN suchen interessante Anzeigen zu Sport und Gesundheit, z.B. aus kostenlosen Veranstaltungsmagazinen oder dem Volkshochschulprogramm einer Stadt (http://www.vhs.de). Die TN suchen sich einen für sie interessanten Kurs aus. Sie formulieren Fragen, was sie noch wissen wollen. Ggf. rufen die TN bei einem Veranstalter an oder schicken eine Mail mit ihren Fragen.

Jeder TN berichtet im Kurs über die gefundene Anzeige und die Informationen, die er/sie ggf. herausgefunden hat.

7 Was passiert?

1. Fragen Sie die TN, in welchen Kursen oder an welchen Orten die Personen auf den Zeichnungen sind. Sprechen Sie mit den TN darüber, was passiert.
2. Die TN kombinieren die Satzteile.
3. Zur Korrektur werden die Sätze vorgelesen.
4. Veranschaulichen Sie die Struktur von *etwas klingeln hören* durch das Tafelbild. Schreiben Sie zunächst nur die erste Zeile an. Fragen Sie dann die TN, was der Trainer eigentlich genau hört (das Klingeln). Schreiben Sie die zweite Zeile des Tafelbilds an. Markieren Sie die Verben. Weisen Sie die TN darauf hin, dass das Verb *hören* mit einem zweiten Infinitiv ohne *zu* benutzt wird.

5. Erweitern Sie das Tafelbild um das Verb *sehen*. Zeigen Sie den TN, dass *sehen* genauso wie *hören* mit einem zweiten Infinitiv benutzt wird.

Stillarbeit → AB S. 33 | **6**

6. Erklären sie nun den Ausdruck *etwas fallen lassen* mithilfe des Tafelbilds. Weisen Sie darauf hin, dass durch *lassen* ausgedrückt wird, dass etwas unabsichtlich passiert. Die TN analysieren die Nominativ- und Akkusativergänzungen im Satz.

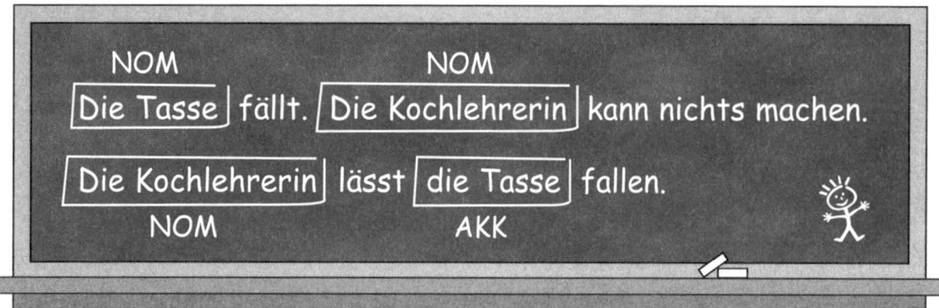

7. Semantisieren Sie die Bedeutung von *lassen* im Sinne von *erlauben*. Geben Sie einen Satz wie z. B. *Der Vater lässt die Kinder Schokolade essen.* als Beispiel. Erklären Sie, dass die Kinder Schokolade essen dürfen.

Im Allgemeinen bedeutetet *lassen*, dass etwas passiert, ohne dass das Subjekt eingreift: Die Tasse fällt, ohne dass die Kochlehrerin etwas dagegen tun kann; die Kinder essen Schokolade, ohne dass es der Vater verbietet.

Stillarbeit → AB S. 31 | **7**

8 Der Badegast hat sein Badetuch liegen lassen.

a.

1. Tun Sie so, als würden Sie etwas suchen. Sagen Sie dann z. B. *Ich habe mein Buch vergessen. Ich habe es im Lehrerzimmer liegen lassen.* Schreiben Sie die Sätze an die Tafel. In Verbindung mit einem Positionsverb wie z. B. *liegen* und *stehen* bedeutet *lassen*, dass etwas nicht mitgenommen wird.

2. Die TN betrachten die Zeichnungen im Buch und lesen die Sätze. Gehen Sie anhand des Tafelbildes auf die Struktur von Verbativergänzungen in der Vergangenheit ein.

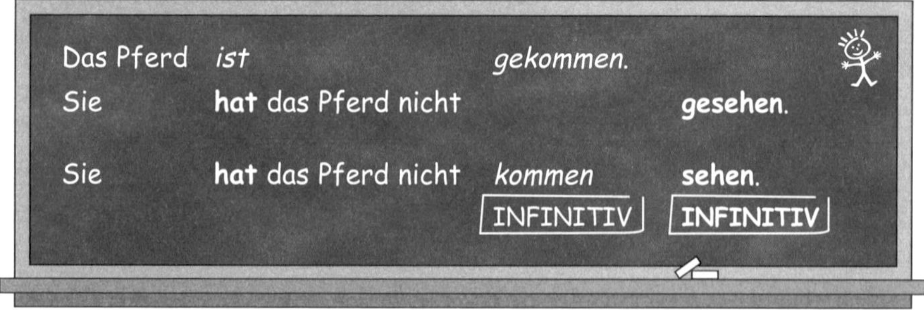

Verweisen Sie auf das Beispiel auf dem Grammatikzettel.

Stillarbeit → AB S. 33 | **8**

b.

3. Die TN sagen, wo die jeweilige Situation spielt und was jemand auf den Zeichnungen stehen/liegen/hängen oder fallen lassen hat.

4. Verfahren Sie wie auf ❖ S. 211 bei „Gespräch über ein Thema" in den Schritten 1, 4, 5 und 6 beschrieben. Geben Sie den TN als Hilfe für die Vorbereitung (zu Schritt 4) folgende Fragen vor: *Was? Wann? Wo? Was ist dann passiert?*

7 Fokus Lesen

Lernziel über Diäterfahrungen sprechen, über gesunde Ernährung diskutieren

Zusatzübung

Material

- pro TN eine Kopie der Vorlage **LE 7-1**

Gehen Sie die Fragen des Arbeitsblatts durch und erklären Sie unbekannte Wörter.

Die TN interviewen sich zu zweit wechselweise. Dabei sprechen sie über ihre persönlichen Erfahrungen mit Diäten. Sprechen Sie im Anschluss kurz im Plenum über die Interviewfragen.

1 Diät-Tipps von Lesern

a.

1. Verfahren Sie wie auf ❖ S. 209 bei „Leseverstehen" in den Schritten 1–5 beschrieben.

Binnendifferenzierung Geübtere TN suchen aus den Texten typische Wörter zum Thema „Diät" wie z. B. *Magen, abnehmen, Figur*. Diese Wörter werden bei Leseverstehen, Schritt 5 besprochen.

b.

2. Verfahren Sie wie auf ❖ S. 211 bei „Gespräch über ein Thema" in den Schritten 2–4 beschrieben. Sprechen Sie im Kurs mit den TN über die einzelnen Diätvorschläge.
3. Fragen Sie die TN, ob sie noch andere Diäten kennen und wie erfolgreich diese sind.
4. Schreiben Sie *Das Joggen ist* … und *Durch Joggen kann man* … an die Tafel. Die TN ergänzen die Sätze. Fragen Sie die TN, um welche Wortart es sich bei *Joggen* handelt. Lenken Sie die Aufmerksamkeit der TN auf die Großschreibung. Fragen Sie nach dem Genus von *Joggen*. Weisen Sie die TN darauf hin, dass das Genus der Nomen, die dieselbe Form haben wie der Infinitiv des Verbs, immer Neutrum ist. Zeigen Sie den TN das Beispiel *Abnehmen* im Grammatikkasten im Buch.

Stillarbeit → AB S. 36 | **1**

5. Schreiben Sie die Frage *Was braucht man zum Abnehmen?* an die Tafel. Die TN antworten z. B. *Zum Abnehmen braucht man eine Waage/viel Mineralwasser* etc. Schreiben Sie eine Antwort an und formen Sie diese an der Tafel in finale Nebensätze mit *damit* und *um … zu* um: *Um abzunehmen braucht man …* und *Damit man abnehmen kann, braucht man …*

Stillarbeit → AB S. 36 | **2** und S. 37 | **3**

Zusatzübung Die TN arbeiten in Kleingruppen. Schreiben Sie eine Frage an die Tafel, z. B. *Wozu macht man eine Diät? Wozu geht man ins Fitness-Studio?* oder *Wozu braucht man Grammatik/Männer/Frauen/…* Die TN notieren in Kurzform Antworten. Dazu haben sie zwei Minuten Zeit. Jede Gruppe liest ihre Antworten vor, dabei werden die finalen Konnektoren *um … zu* und *damit* oder die Präposition *zum* mit Infinitiv benutzt. Für jede inhaltlich neue Antwort gibt es einen Punkt. Die Gruppe mit den meisten Punkten hat gewonnen. Sie können auch mehrere Durchläufe mit mehreren Fragen machen. Nach jeder Frage werden die Antworten verglichen.

2 Gesunde Ernährung statt Diät

0. Den in Übung **1** vorgestellten Wunderdiäten wird in Übung **2** und **3** das Thema „Gesunde Ernährung" gegenübergestellt.

Zusatzübung als Einstieg

Material

- mitgebrachte Lebensmittel, z. B. Öl, Schokolade, Apfel, Mineralwasser, Brötchen, Ei, Milch, Nudeln

Geben Sie einzelnen TN je eins der mitgebrachten Lebensmittel. Die TN stellen sich mit den Lebensmitteln an die Tafel. Die übrigen TN geben den TN an der Tafel Anweisungen, sich so aufzustellen, dass das Lebensmittel, das man am meisten essen oder trinken soll, ganz links positioniert ist und das, was man am sparsamsten zu sich nehmen soll, ganz rechts. Regen Sie zur Diskussion an.

a.

Material

- pro TN eine Kopie der Vorlage **LE 7-2**

1. Sprechen Sie bei geschlossenen Büchern im Kurs darüber, was eine Ernährungspyramide ist.

2. Die TN ergänzen in Partnerarbeit die auf dem Arbeitsblatt abgebildete Ernährungspyramide.

3. Die TN beschreiben auf dem Arbeitsblatt, wo sich welche Lebensmittel auf der Ernährungspyramide befinden. Besprechen Sie dabei neuen Wortschatz.

b.

4. Die TN öffnen die Bücher und sprechen im Kurs über die Pyramide. Fragen Sie, wie viel man trinken oder wie oft man manche Dinge essen soll. Halten Sie die Vermutungen der TN stichpunktartig an der Tafel fest. In Übung **4** werden die Vermutungen mit den Ernährungsregeln der DGE verglichen.

Variante für a.

Material für die Variante

- pro Kleingruppe eine Kopie der Vorlage **LE 7-3** ggf. vergrößert; einzelne Lebensmittel bzw. Lebensmittelgruppen ausgeschnitten
- Kleber

Sprechen Sie mit den TN, was man unter einer Ernährungspyramide versteht. Erklären Sie, dass von Nahrungsmitteln, die ganz oben stehen, nur sehr wenig gegessen werden sollte. Wiederholen Sie die Bezeichnungen für die Nahrungsmittel(-gruppen) auf der Kopiervorlage (vgl. Bezeichnungen im Kursbuch).

Die TN erstellen in Kleingruppen eine Ernährungspyramide. Weisen Sie darauf hin, dass die Größe der Pyramidenfelder nichts darüber aussagt, wie viele Nahrungsmittelgruppen in diesem Feld vertreten sind. Die TN diskutieren, wo ihrer Meinung nach welche Lebensmittel hingehören, und kleben diese an die entsprechende Stelle.

Jede Gruppe vergleicht ihre Pyramide mit dem Kursbuch. Diskutieren Sie im Kurs die Unterschiede.

Wenn Sie wenig Zeit haben, werden die Lebensmittel nicht ausgeschnitten und aufgeklebt, sondern die TN schreiben nur die Bezeichnungen an die entsprechende Stelle der Pyramide.

3 Ernährungsregeln der DGE

Material

- Ernährungspyramide → KB S. 37 oder Kopiervorlage **LE 7-2** auf Folie kopiert
- Folienstreifen mit *mehrmals am Tag; fünfmal am Tag; täglich; mindestens einmal pro Woche; nur wenig; wenig* und *selten; viel*

a.

1. Die TN lesen den Text.
2. Einzelne TN bekommen jeweils einen Folienstreifen und legen ihn an die entsprechende Stelle der projizierten Folie von der Ernährungspyramide.
3. Klären Sie unbekannte Wörter.
4. Die TN vergleichen die Empfehlungen des Textes mit den von ihnen in Übung **2** (Schritt 4) geäußerten Vermutungen.

b.

5. Die TN äußern ihre Meinung zur Ernährungspyramide.

c.

6. Die TN skizzieren ihre persönliche Ernährungspyramide.
7. Die TN sprechen in Kleingruppen über ihre Essgewohnheiten.
8. Fragen Sie im Kurs, wer sich eher an die Empfehlungen der DGE hält und wer eher nicht.

Stillarbeit → AB S. 37 | **4** | **5** (Diese Übungen können für geübtere TN als Binnendifferenzierung angeboten werden.)

4 Elke beschließt abzunehmen.

0. Die Übungen **4–6** beziehen sich auf den Lesetext auf Seite 39.
1. Sprechen Sie über die Frau auf dem Foto von → KB S. 39. Fragen Sie die TN, ob sie ihrer Meinung nach abnehmen sollte oder nicht.
2. Die TN lesen die Einleitung. Fragen Sie die TN, wo man so einen Text finden kann (z. B. in Frauenzeitschriften).
3. Verfahren Sie wie auf ❖ S. 209 bei „Leseverstehen" in den Schritten 1, 2 und 4 beschrieben.

5 Elkes Erfahrungen mit dem Abnehmen

1. Verfahren Sie wie auf ❖ S. 209 bei „Leseverstehen" in den Schritten 1–5 beschrieben.

Binnendifferenzierung Ungeübtere TN lassen den 4. und 5. Abschnitt des Lesetexts, in dem es um den Tipp der Nachbarin geht, aus. Sie bearbeiten nur die Fragen a–d.

Stillarbeit → AB S. 38 | **6** | **7** (TN, für die oben die Binnendifferenzierung durchgeführt wurde, lassen bei Übung **6** | g, h und i weg.)

Jeder weiß, was für Elke gut ist.

Material
- 3 unbeschriftete Folien
- 3 Folienstifte
- für jeden TN eine Kopie der Vorlage **LE 7-4**
- Kopiervorlage **LE 7-4** auf Folie

a.

1. Fragen Sie die TN, wo die Informationen aus der Tabelle im Text stehen.
2. Die TN schreiben in Partnerarbeit Stichpunkte über die Personen auf. Drei geübtere Zweiergruppen übertragen ihre Ergebnisse auf Folie.

Binnendifferenzierung Ungeübtere TN beschränken sich – je nach Geschwindigkeit – auf die Beschreibung von einer oder zwei Personen. Wenn die TN bei Übung **5** nicht den ganzen Text gelesen haben (Binnendifferenzierung), lassen sie hier auf jeden Fall die Beschreibung der Nachbarin weg.

3. Die TN vergleichen ihre Notizen mit der Folie. Sie nennen ggf. passende Textstellen.

b.

4. Die TN diskutieren über Elkes Geschichte. Regen Sie die Diskussion durch Fragen wie z. B. *Warum hat es Elke nicht geschafft abzunehmen? Was halten Sie von den Tipps der Mutter und der Nachbarin?* an.
5. Machen Sie ein Tafelbild zur Einführung der Adjektivendungen nach Nullartikel.

   Schreiben Sie zunächst nur den Satz *Elke trinkt nur dünn___ Tee.* ohne Adjektivendung an. Schreiben Sie dann *den Tee* über das Nomen mit dem attributiven Adjektiv. Fragen Sie die TN, wie die Adjektivendung heißt. Erklären Sie den TN, dass die Endungen der Adjektive nach Nullartikel den Endungen des definiten Artikels (Signalendungen) entsprechen. Allgemein gilt: Wenn beim Nomen kein Artikel vorhanden ist, um den Kasus zu signalisieren, übernimmt das Adjektiv diese Funktion.

   Verfahren Sie mit dem zweiten Satz des Tafelbilds wie oben beschrieben. Weisen Sie beim Genitiv auf die Ausnahme hin. Denn: Im Genitiv maskulin und neutrum steht schon am Ende des Nomens das Genitivsignal *-(e)s*. Aus diesem Grund ist die Signalendung für Genitiv für diese beiden Formen beim Adjektiv nicht erforderlich. Dort steht daher die Endung *-en*.

6. Die TN füllen die Kopie aus. Ein TN schreibt die Endungen auf die Folie.
7. Die TN vergleichen ihre Lösung mit der projizierten Folie.

Stillarbeit → AB S. 38 | **8**

Zusatzübungen

Adjektivdeklination

Material

- Kopiervorlage **LE 7-4** auf Folie (vgl. Übung **6**)

Bitten Sie die TN sich vorzustellen, dass sie jetzt in der Kantine sind. Schreiben Sie den Satzanfang *Heute gibt es …* an die Tafel. Geben Sie einen Beispielsatz, z. B. *Heute gibt es frischen Salat.* Bitten Sie einen TN, den Satz zu wiederholen und ein Lebensmittel mit Adjektiv zu ergänzen, z. B. *Heute gibt es frischen Salat und kaltes Wasser.* Bitten Sie die TN, gut zuzuhören und sich alles zu merken. In Reihenübung wiederholt jeder TN alles, was zuvor genannt wurde, und ergänzt ein Nahrungsmittel. Wenn ein TN etwas vergessen hat, wird geholfen. Legen Sie als Hilfe die Folie von der Kopiervorlage **LE 7-4** auf.

Sie können auch eine zweite Runde mit Genitiv durchführen. Dazu geben Sie z. B. den Satz *Ich liebe den Geschmack frischen Fisches/ …* vor.

Ernährungstipps lesen

- Text mit 10 Ernährungsregeln der DGE als PDF unter http://www.dge.de/pdf/10-Regeln-der-DGE.pdf oder als Poster gegen Gebühr bestellen (http://www.dge.de/modules.php?name=News&file=article&sid=493).

Die TN arbeiten in Gruppen. Jede Gruppe liest zwei Ernährungsregeln und stellt sie im Kurs vor.

8 Fokus Hören

Lernziel über (un-)gesunde Lebensweisen sprechen; gesundheitliche Probleme beschreiben; Fußball

1 „Was tun Sie für Ihren Körper?"

0. In dieser Übung hören die TN Interviews zum Thema „Gesundheitsvorsorge". In Übung **2** führen die TN dazu eine Umfrage im Kurs durch.

a.

1. Die TN stellen Vermutungen über die Lebensweisen der Personen an.

b. und c.

2. Verfahren Sie wie auf ❖ S. 209 bei „Hörverstehen" in den Schritten 2–7 beschrieben.

d. und e.

3. Verfahren Sie wie auf ❖ S. 209 bei „Hörverstehen" in den Schritten 2–6 beschrieben.

f.

4. Erklären Sie die Bedeutung von *hinter seinem Rücken über ihn reden.*

5. Die TN notieren in Partnerarbeit, was sie noch verstanden haben.

6. Die TN berichten im Kurs mithilfe ihrer Notizen.

g.

7. Diskutieren Sie mit den TN über die Lebensweisen und Einstellungen der interviewten Personen.

Stillarbeit → AB S. 41 | **1** | **2**

 2 Und was tun Sie selbst für Ihre Gesundheit?

Material
- unbeschriftete Folie
- Folienstift

a.

1. Erläutern Sie das Vorhaben, eine Kursumfrage zu machen.

2. Die TN lesen still den Fragebogen. Klären Sie unbekannte Wörter. Gehen Sie auf die Bedeutung von *lassen* im Sinne von jemand macht etwas nicht selbst ein. Geben Sie weitere Beispiele wie *Ich bin kein Mechaniker. Ich kann mein Auto nicht reparieren. Ich lasse mein Auto reparieren.*

3. Die TN notieren in Kleingruppen Fragen. Weisen Sie die TN darauf hin, dass die Fragen mit *ja* bzw. *nein* oder mit Zahlenangaben zu beantworten sein sollen.

b.

4. Die Fragen werden gesammelt und auf eine Folie geschrieben.

5. Kopieren Sie die Folie in Kursstärke und verteilen Sie die Kopien im Kurs.

c.

6. Jeder TN beantwortet die Fragen anonym auf seiner Kopie.

7. Die Antworten werden ausgezählt und mit Strichen oder Zahlenangaben auf der Folie festgehalten.

8. Wiederholen Sie Mengenangaben wie *ein Viertel, ein Drittel, die Hälfte, die wenigsten, die meisten*. Bitten Sie die TN, wo es sich anbietet, Prozentangaben auszurechnen.

9. Die TN sprechen über die Resultate im Kurs. Sie äußern sich darüber, welche Ergebnisse sie überrascht haben und was sie erwartet hatten.

Stillarbeit → AB S. 41 | **3**

 3 „Es ist bestimmt nur eine Erkältung."

0. In den Übungen **3–5** werden gesundheitliche Probleme thematisiert.

a.

1. Die TN stellen Vermutungen über die Krankheit und die Krankheitssymptome des jungen Mannes an. Sprechen Sie die Krankheiten *Erkältung* und *Grippe* an, falls sie nicht von den TN genannt werden.

b.

2. Verfahren Sie wie auf ❖ S. 209 bei „Hörverstehen" in den Schritten 2–7 beschrieben.

c.

3. Die TN lesen die vorgegebenen Ratschläge und die Satzanfänge.

4. Die TN sammeln in Kleingruppen Ratschläge und notieren diese stichpunktartig.

5. Diskutieren Sie die Vorschläge mit den TN im Kurs.

Stillarbeit → AB S. 42 | **4**

„Was fehlt Ihnen denn?“

a.

1. Verfahren Sie wie auf ❖ S. 209 bei „Hörverstehen“ in den Schritten 1–6 beschrieben.

Binnendifferenzierung Ungeübtere TN konzentrieren sich beim Hören nur auf die Lösung der Aufgaben 1–8.

b.

2. Verfahren Sie wie auf ❖ S. 209 bei „Hörverstehen“ in den Schritten 2–6 beschrieben.

Zusatzübung zur Wiederholung der Körperteile

Ein TN zeigt auf ein Körperteil, z. B. auf den Kopf. Der TN, der neben ihm sitzt, sagt: „Mein Kopf tut weh.“ Danach zeigt dieser TN auf einen anderen Körperteil. Der nächste TN bildet einen Satz mit *weh tun* und dem gezeigten Körperteil. Die Übung wird der Reihe nach fortgesetzt. Achten Sie auf die richtige Verwendung des Genus und darauf, dass *tun* z. B. bei *Ohren* im Plural steht.

Stillarbeit → AB S. 42 | **5** | **6**

Gesundheitliche Probleme beschreiben

1. Semantisieren Sie den unbekannten Wortschatz aus dem Kasten.
2. In Partnerarbeit denken sich die TN fünf gesundheitliche Probleme mit verschiedenen Symptomen aus.
3. Die TN vergleichen im Plenum die einzelnen Krankheiten und Symptome miteinander.

Zusatzübung Die TN spielen zu zweit eine Szene beim Arzt nach. Sie sammeln aus dem Hörtext Redemittel für den Arzt, indem sie die CD noch einmal hören. Die TN rufen nach einem geeigneten Satz Stopp. Schreiben Sie die Redemittel an die Tafel: *Nehmen Sie Platz. Was fehlt Ihnen denn? Haben Sie eine Erklärung dafür? Wann hat das denn angefangen? Haben Sie das schon lange? Ihre Lebensweise ist nicht sehr vernünftig. Kommen Sie in zwei Wochen wieder. Wenn es dann nicht besser ist, muss ich eine Untersuchung machen.*

Die TN üben einen Dialog ein. Ein paar Szenen werden im Kurs vorgespielt.

Wer wird Pokalsieger?

0. Die Übungen **6** und **7** beschäftigen sich mit verschiedenen Sportarten in Deutschland und insbesondere mit dem Fußball in Form einer authentischen Fußballreportage.
1. Verfahren Sie wie auf ❖ S. 209 bei „Hörverstehen“ in den Schritten 1–7 beschrieben. Weisen Sie darauf hin, dass man 2:2 *zwei zu zwei* spricht.

Binnendifferenzierung Der relativ lange Hörtext ist in vier Teile gegliedert. Geben Sie ungeübteren TN an der Tafel vor, welcher Satzanfang in welchem Abschnitt des Hörtextes vorkommt. Abschnitt 1: a, g; Abschnitt 2: b, e, f; Abschnitt 3: c, d; Abschnitt 4: h.

Stillarbeit → AB S. 43 | **7**

Zusatzübung zum Ausdrücken von Rangfolgen

Material

- aktuelle Bundesliga-Tabelle oder Tabelle eines anderen Turniers (z. B. aus einer deutschsprachigen Zeitung oder unter http://sport.ard.de/sp/fussball)
- Folie mit allen Vereinen z. B. der Bundesliga in alphabetischer Reihenfolge

Nehmen Sie eine Tabelle und fertigen Sie davon zwei Varianten (A und B) an, indem Sie bei jeder Variante unterschiedliche Namen von Vereinen löschen. Besonders eignen sich dafür die vorderen Plätze und das Tabellenende. Achten Sie darauf, dass Sie einen Verein nicht in beiden Varianten löschen. Kopieren Sie für eine Hälfte der TN Version A für die andere Hälfte Version B.

Einzelne TN lesen die Namen der Vereine auf der Folie laut vor, um sicher zu gehen, dass die Namen richtig ausgesprochen werden.

Sammeln Sie mit den TN an der Tafel Ausdrücke für Rangfolgen, z. B. *an erster/zweiter/dritter/vierter/ letzter … Stelle steht …; auf dem ersten/zweiten/dritten/letzten/… Platz steht … Danach folgt …*.

Die TN arbeiten zu zweit. Ein TN einer Zweiergruppe erhält die Version A, der andere Version B. Die TN fragen sich gegenseitig nach den fehlenden Informationen und tauschen sich darüber aus. Wiederholen Sie zu Beginn der Übung im Plenum passende Fragen, z. B. *Welcher Verein steht auf dem ersten Platz? Welcher Verein folgt dann? Wer steht an letzter Stelle?*

Fragen Sie im Kurs nach den Plätzen einiger Vereine, z. B. *Wo steht der FC Bayern München?*

7 Fußball und andere beliebte Sportarten

a.

1. Semantisieren Sie die Redemittel im Kasten neben der Statistik.

2. Die TN sprechen im Kurs mithilfe der Redemittel über die Statistik, dabei nennen sie, welche Vereine besonders viele und welche besonders wenig Mitglieder haben und welche Sportarten nicht auftauchen.

b.

3. Die TN arbeiten wenn möglich in Länder- oder in Kleingruppen. Besprechen Sie die Redemittel.

4. Die TN sprechen in Kleingruppen und machen sich Notizen.

5. Jede Gruppe fasst ihre Gesprächergebnisse im Kurs zusammen.

Stillarbeit → AB S. 43 | **8**

Zusatzübung

Über ein Fußballspiel berichten

Die fußballinteressierten TN informieren sich mithilfe eines Tickers über ein aktuelles Fußballspiel: Wer hat die Tore geschossen, eine gelbe Karte bekommen usw. Die TN berichten im Kurs darüber. Achten Sie darauf, wenn Sie diese Aktivität planen, dass ein interessantes Spiel ansteht, zu dem es einen Liveticker gibt.

www.dw-world.de (die Sprache Deutsch einstellen und folgende Links anklicken: *Themen* → *Kultur & Panorama* → *Fußballwelt*; oder Sie geben oben bei *Erweiterte Suche* den Begriff *Fußballwelt* ein)

http://sport.ard.de/sp/fussball/ → Liveticker

www.bundesliga.de

Mein Lieblingsfußballverein / Mein Lieblingssportler

Die TN recherchieren z. B. im Internet über ihren Lieblingsverein, ihren Lieblingsfußballer oder ihren Lieblingssportler und erstellen ein Poster mit Bild und Informationen (Alter, Nationalität, Sportart, Erfolge, Besonderheiten). Die Sportler und Sportlerinnen werden im Kurs präsentiert.

Szenen aus einem Fußballfilm

Material

- Das Wunder von Bern von Sönke Wortmann auf DVD

Erzählen Sie den TN kurz die Handlung des Films.

Die TN sehen die DVD-Kapitel 17 und 18, in denen das Weltmeisterschafts-Endspiel von 1954 gezeigt wird. Deutschland gewinnt gegen Ungarn.

Mehr Infos im Internet unter http://www.niess.info/unterricht/pdf/203799-STANDARD.pdf oder http://www.bpb.de/publikationen/59P3AK,0,Das_Wunder_von_Bern.html.

9 Fokus Sprechen

Lernziel sich nach jemandem erkundigen; nach den Details eines Ausflugs fragen

1 Vier Fischer

Material

- Folie von → KB S. 44

a.

1. Verfahren Sie wie auf ❖ S. 210 bei „Nachsprechen“ in den Schritten 1–5 beschrieben. Bei Schritt 1 betrachten die TN die Zeichnung zur Übung auf der Folie.

b.

2. Verfahren Sie wie auf ❖ S. 210 bei „Sätze erfinden“ in Schritt 1 beschrieben.
3. Die TN schreiben in Partnerarbeit Sätze.
4. Jede Zweiergruppe liest je nach Kursgröße zwei bis drei Sätze in der Klasse vor.

Stillarbeit → AB S. 45 | **1**

Tipps zur Fehlerkorrektur

Fehler: „v“ wird wie „w“ gesprochen

Dadurch, dass im Text das „v“ im Anlaut der Wörter und im Kontrast zu „w“ vorkommt, üben die TN den Unterschied.

Fehler: „w“ wird wie „ua“ gesprochen

Die TN üben die Aussprache von Wörtern mit „w“ im Anlaut vor langem „i“, z. B. wieder, Wien, Wiese, wiederholen.

2 Das Pferd und der Pfarrer

Material

- Folie von → KB S. 44 (vgl. Übung **1**)

1. Verfahren Sie wie auf ❖ S. 210 bei „Nachsprechen" in den Schritten 1–5 beschrieben. Bei Schritt 1 betrachten die TN die Zeichnung zur Übung auf der Folie.

Tipp zur Aussprache des Lautes „pf"

Die TN sprechen „aapp…", halten den Verschluss und schieben die Unterlippe an die oberen Schneidezähne zurück. Aus „ap…" wird „apff…". Dann sagen die TN folgende Wörter: Apfel, Äpfel, Apfelkuchen, Pflaume, Pflaumenkuchen.

Stillarbeit → AB S. 45 | **2**

3 Das Bild mit dem Bach

Material

- Folie von → KB S. 44 (vgl. Übung **1** und **2**)

1. Verfahren Sie wie auf ❖ S. 210 bei „Nachsprechen" in den Schritten 1–5 beschrieben. Bei Schritt 1 betrachten die TN die Zeichnung zur Übung auf der Folie.

Tipp zur Fehlerkorrektur

Fehler: „w" wird wie „b" gesprochen (oft von TN mit spanischer Ausgangssprache).

Regen Sie die TN ggf. dazu an, das „w" mit Tendenz zu „f" auszusprechen.

Stillarbeit → AB S. 45 | **3**

4 Wenn wir Bären wären …

1. Die TN ergänzen die Lücken. Weisen Sie darauf hin, dass – wie im Beispiel – die Reihenfolge der Wörter im Kasten nicht immer der Reihenfolge im Satz entspricht.
2. Die TN hören zur Korrektur die CD. Klären Sie ggf. unbekannte Wörter.
3. Verfahren Sie wie auf ❖ S. 210 bei „Nachsprechen" in den Schritten 4–5 beschrieben.

5 „Wie geht es Onkel Franz?"

Material für die Binnendiferenzierung

- Kopie der Vorlage **LE 9-1**

0. In den Übungen **5–7** werden indirekte Fragen wiederholt.

a.

1. Die TN betrachten das Foto. Erklären Sie, dass der Mann schon sehr alt ist und nicht mehr gut hört.

2. Die TN ergänzen die Fragewörter.

3. Zur Korrektur wird die CD gehört.

4. Die TN lesen das Gespräch in Partnerarbeit mit verteilten Rollen zweimal. Dabei werden nach dem ersten Mal die Rollen vertauscht.

b.

5. Erarbeiten Sie mit den TN als Gedächtnisstütze an der Tafel Stichpunkte zu den Fragen (vgl. Kopiervorlage **LE 9-1** Version B) und Anfänge für indirekte Fragen (*Sie hat gefragt, … / Sie hat sich erkundigt, … / Sie will wissen, …*).

6. Sammeln Sie mögliche Reaktionen des alten Herrn, z. B. *Was hast du gesagt? / Was willst du wissen? / Wie bitte? / Ich habe das nicht verstanden. / Kannst du das noch mal sagen? / Was meinst du? / Ich höre so schlecht. / Was?* Wenn der Herr reagiert, wird die Szene lustiger.

7. Die TN üben zu dritt Dialoge ein.

8. Einzelne Dialoge werden vorgespielt. Stellen Sie nach Möglichkeit ein paar Kaffeetassen auf den Tisch, an dem die TN ihre Szenen spielen, um die TN zum Schauspielen anzuregen.

Binnendifferenzierung Ungeübtere TN bekommen bei Schritt 5 das Arbeitsblatt (Kopiervorlage **LE 9-1**), je nach Kenntnisstand Version A (leicht) oder Version B. Wenn es nicht zu viel Aufwand ist, können Sie die einzelnen Sätze auch ausschneiden. Die Benutzung kleiner Streifen als Gedächtnisstütze ist dezenter.
Geübtere TN entfernen sich weiter von dem Dialog.

6 Erkundigungen

1. Bitten Sie die TN sich vorzustellen: Ein Freund hatte einen Sportunfall und liegt im Krankenhaus. Fragen Sie die TN nach den genaueren Umständen, z. B. *Welche Sportart hat der Freund gemacht? Was ist passiert? Welche Verletzungen hat der Freund?*

2. Besprechen Sie mit den TN die Satzanfänge und die Themen rechts im Kasten.

3. Die TN schreiben in Partnerarbeit direkte Fragen auf und überlegen sich in Stichpunkten Antworten dazu.

4. Die TN üben Gespräche ein. Regen Sie die TN dazu an, dem Gespräch einen Anfang und ein Ende zu geben, z. B. *Hallo, wie geht's? / Ich komme gerade aus dem Krankenhaus. Ich habe … (Name) besucht. / Oh ich muss los, ich muss noch schnell einkaufen.*

5. Ein paar Gruppen spielen ihre Dialoge vor.

Binnendifferenzierung Ungeübtere TN schreiben einen Dialog auf und lesen ihn vor oder sie lernen ihn auswendig und spielen ihn dann vor.

7 Eine Radtour mit Überraschungen

a

1. Verfahren Sie wie auf ❖ S. 211 bei „Gespräche hören und nachspielen" in den Schritten 1–9 beschrieben.

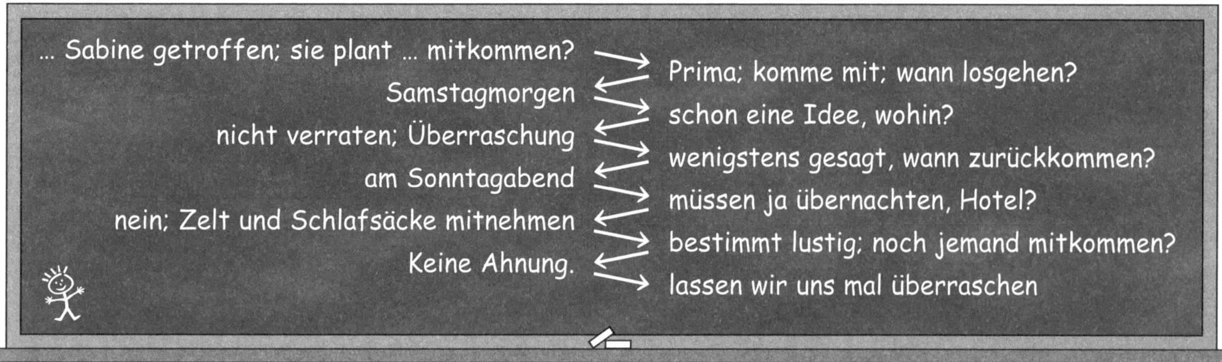

Das Tafelbild wird auch für Aufgabe b. benötigt.

b.

2. Die TN lesen die linke Spalte der Tabelle im Buch. Schreiben Sie währenddessen diese Spalte an die Tafel. Die TN nennen, welche Informationen für den Ausflug aus Dialog a in der Tabelle stehen müssten. Schreiben Sie die Informationen an.
3. Fragen Sie die TN, welche Teile des Dialoggerüsts sich bei einer Variante mit Informationen aus der Tabelle ändern. Unterstreichen Sie diese Wörter bzw. Teile, wie z. B. *Samstagmorgen* (Varianten: *Montagmorgen*, *Freitag früh* usw.) oder *Überraschung* (Varianten: *Schloss*, *Burg* usw.)
4. Jeder TN stellt einen Ausflug zusammen.
5. Die TN üben zu zweit zwei Telefongespräche mit zwei Ausflugsvarianten.
6. Ein paar TN spielen ihren Dialog vor.

Stillarbeit → AB S. 46 | **4** | **5** | **6** | **7** und S. 47 | **8**

8 „Können Sie mir bitte sagen, …?"

1. Besprechen Sie mit den TN, wo sich die Personen auf den einzelnen Bildern befinden. Die TN geben ein paar Beispiele für Fragen und dazu passende Antworten. Regen Sie die TN dazu an, bei diesen Beispielen die Redemittel unten im Buch zu benutzen.
2. Die TN arbeiten in Kleingruppen und notieren zu jedem Bild fünf direkte Fragen. Gehen Sie herum und helfen Sie bei Schwierigkeiten.
3. Jede Gruppe präsentiert ein paar ihrer Fragen als indirekte Fragen, dabei benutzen die TN die Redemittel. TN aus den anderen Gruppen beantworten die Fragen mittels der Redemittel rechts unten im Buch. Ziel ist es dabei, dass von jeder Gruppe alle Redemittel für Antworten benutzt werden. Ein TN aus jeder Kleingruppe führt darüber Buch.

Stillarbeit → AB S. 45 | **9** (Ungeübtere TN können sich bei Übung **8** im Kursbuch auch auf die zwei im Arbeitsbuch abgebildeten Zeichnungen beschränken und die Fragen mit den Hilfestellungen aus dem Arbeitsbuch bilden.)

10 Fokus Schreiben

Lernziel eine Unfallanzeige ausfüllen; einen Unfallbericht / eine Entschuldigung schreiben

Hören Sie zu und schreiben Sie.

1. Verfahren Sie wie auf ❖ S. 212 bei „Diktat“ in den Schritten 1–5 beschrieben.

Ein Freizeitunfall

Material

- Fotos von Übung **2** vergrößert kopiert und auseinandergeschnitten (pro Kleingruppe 1 Satz Fotos)
- → KB S. 49 auf Folie kopiert
- Folienstift

a.

1. Die TN arbeiten in Kleingruppen bei geschlossenen Büchern. Sie versuchen, die Reihenfolge der Bilder zu rekonstruieren.
2. Die Gruppen beschreiben und vergleichen ihre Geschichten. Führen Sie dazu notwendigen Wortschatz ein.

b.

2. Verfahren Sie wie auf ❖ S. 209 bei „Bild-Textzuordnung“ in den Schritten 1–2 beschrieben.
3. Schreiben Sie den Satz *Er konnte sein Bein nicht bewegen.* an die Tafel. Fragen Sie die TN, was stattdessen in der Übung steht und schreiben Sie den entsprechenden Satz darunter. Die Struktur mit einem Infinitiv anstelle eines Partizips ist den TN aus LE 6 bekannt. Schreiben Sie zum Vergleich den Beispielsatz mit *lassen* an. Weisen Sie die TN mit dem Beispiel rechts auf dem Tafelbild darauf hin, dass die Partizip-Perfekt-Form benutzt wird, wenn es kein Verb im Infinitiv gibt.

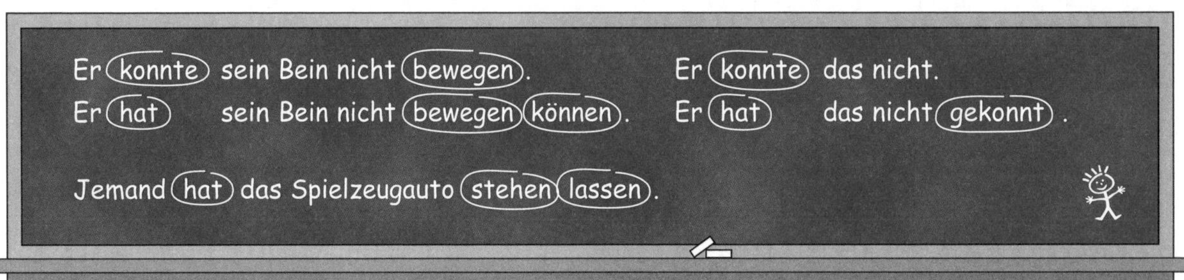

c.

4. Erklären Sie den TN, wozu eine Unfallanzeige dient. Gehen Sie auf die Angaben auf dem Formular ein. Fragen Sie nach den Unterschieden zwischen Satz 1 bei b und dem ersten Satz der Unfallanzeige (Perspektivenwechsel: ich; Präteritum).
5. Die TN schreiben in Partnerarbeit die Unfallanzeige im Präteritum. Zwei geübtere TN schreiben auf die Folie.
6. Die TN vergleichen ihre Lösung mit der Folie.

Stillarbeit → AB S. 49 | **1**

Es passierte am Spielfeldrand.

Material

- → KB S. 49 auf Folie kopiert (vgl. Übung **2**)
- Folienstift

1. Die TN äußern anhand des Titels und des Fotos ihre Vermutungen, was passiert sein könnte.
2. Die TN lesen still den Text.
3. Sichern Sie das Verständnis durch Fragen, z. B. *Wo war die Frau? Warum? Was ist passiert? Warum hat sie den Ball nicht gesehen? Was ist dann passiert?*
4. Die TN schreiben zu zweit den Unfallhergang in der ersten Person und im Präteritum auf. Zwei TN schreiben die Lösung auf die Folie.
5. Die TN vergleichen ihre Lösung mit der Folie.

Stillarbeit → AB S. 49 | **2** und S. 50 | **3** | **4**

Unfälle und Missgeschicke

Material

- Fotos von Seite 50 kopiert und auseinandergeschnitten

a.

1. Die TN wählen in Kleingruppen fünf Fotos aus und notieren ihre Einfälle dazu.

b.

2. Die TN lesen ihre Notizen zu den einzelnen Fotos vor und vergleichen sie miteinander. Führen Sie zum Thema passenden Wortschatz ein (vgl. Wortschatzkästen unter c).

c.

3. Die TN lesen still die Beispielgeschichte. Besprechen Sie die zur Orientierung gegebenen Fragen. Die TN nennen die Stellen, die auf die Fragen antworten.
4. Besprechen Sie den übrigen Wortschatz aus den Wortschatzkästen.
5. Legen Sie alle ausgeschnittenen Kopien der Fotos auf einen Tisch. Jede Kleingruppe wählt ein Foto aus.
6. Die TN schreiben in Kleingruppen eine Geschichte zu ihrem Bild.
7. Jede Gruppe erzählt ihre Geschichte. Die übrigen TN sagen, welches Foto von a zur Geschichte passt.

Stillarbeit → AB S. 51 | **5** | **6**

Ein Entschuldigungsschreiben

Material

- unbeschriftete Folien, Folienstifte

1. Verfahren Sie wie auf ❖ S. 212 bei „Texte schreiben“ in den Schritten 1–2 beschrieben. Ein paar TN schreiben ihre Texte auf Folie. Diese werden später im Plenum besprochen. Korrigieren Sie nach Möglichkeit die übrigen Texte.

Binnendifferenzierung Ungeübtere TN schreiben die Entschuldigung zum Missgeschick, das im Arbeitsbuch auf S. 49 | **6** beschrieben wurde.

Fotodoppelseite

Zum Foto „Freier Fall"

Sprechen Die TN überlegen sich indirekte Fragen der Zuschauer, die in den hinteren Reihen stehen und nicht gut sehen können, was passiert, z. B. *Können Sie mir sagen, was da passiert? Hast du gesehen, ob er schon gesprungen ist?* Sie notieren die Fragen in Stichpunkten und präsentieren Sie später.

Die TN spielen ein Interview mit dem Stuntman. Dazu überlegen und notieren sie sich vorher Fragen.

Schreiben Die TN schreiben eine Geschichte zum Foto (vgl. ➔ KB S. 51 | LE 10 | **4**) und tragen diese im Kurs vor.

Bei dem Fall eines Stuntmans ist ein Unfall passiert. Die TN schreiben eine Unfallanzeige. Kopieren Sie dazu die Vorlage aus ➔ KB S. 49 | LE 10 | **3** und löschen Sie die Eintragungen.

Recherche Geben Sie den TN den Hinweis, dass diese Säule in Berlin steht. Die TN recherchieren in einem Reiseführer oder im Internet (z. B. unter http://berlin.sehenswuerdigkeiten-online.de/sights/sehenswuerdigkeiten-berlin.html oder http://www.sehenswuerdigkeiten-berlin.de) nach mehr Informationen über diese Sehenswürdigkeit. Sie präsentieren ihre Ergebnisse.

Zum Foto „Entspannung im Garten"

Sprechen Zwei Freunde (TN) treffen sich und unterhalten sich über die Freundin (Foto), die aufs Land gezogen ist, um ein sehr gesundes Leben zu führen. Redemittel für Fragen und Antworten finden die TN im ➔ KB S. 45 | LE 9 | **6**.

Recherche Die TN recherchieren Gesundheitstipps, z. B. im Internet unter http://www.100-gesundheitstipps.de. Sie schreiben ein Poster mit den Tipps und stellen sie kurz im Kurs vor.

Projekt Die TN planen in Kleingruppen ein Wellness-Wochenende mithilfe des Internets (z. B. http://www.wellness.de/index.php) oder Prospekten und Katalogen von Reiseveranstaltern. Sie suchen ein Ziel, ein Hotel, verschiedene Aktivitäten, eine Anreisemöglichkeit und die Preise.
Die TN rufen eine Person aus einer anderen Gruppe an und versuchen, die Person zum Mitkommen zu überreden.

Allgemein Die TN stellen ihre Lieblingssportart vor.

Weitere Spiele zu den Fotodoppelseiten unter www.hueber.de/lagune ➔ Lehren.

Augenzwinkern

Die TN spielen den Dialog nach. Die TN können auch eine Variante spielen, in der sich zwei Männer bemühen, mehr Muskeln zu bekommen. Geben Sie dazu als Beginn des Dialogs folgenden Satz vor: *„Dieses Training ist furchtbar. Willst du wissen, was ich heute schon alles gemacht habe?" – „Wahrscheinlich weniger als ich. Ich habe schon zwei Stunden an allen Geräten trainiert und dann bin ich eine Stunde gejoggt."*

Sammeln Sie mit den TN, was man noch alles machen kann, um Muskeln zu bekommen, wie z. B. *Gewichte heben, Krafttraining machen, auf seine Ernährung achten, schwimmen, Proteine nehmen*. Die TN verwenden diese Ideen in ihrer Dialogvariante.

Die Bekannte aus dem Dialog wird zu einem Bekannten. Dieser ist sehr muskulös, treibt aber keinen Sport, sondern sitzt nur vor dem Fernseher und sieht sich Fußballspiele an.

Themenkreis **Wirtschaftswelt und Geschäftsideen**

Fotocollage

Material

- Fotocollage auf Folie kopiert
- sechs Folienstreifen mit folgenden Wörtern oder Ausdrücken beschriftet: *Sparen, Renovieren, Geschäftsidee, Erfindungen, Weiterbildung, Streik*

1. Verteilen Sie die Folienstreifen an mehrere TN. Projizieren Sie die Folie. Die TN legen ihre Streifen zu einem passenden Foto. Die TN äußern, wenn ein Streifen zu mehreren Bildern passt. Sprechen Sie mit den TN über die Zuordnung.
2. Stellen Sie den TN Fragen zu einzelnen Bildern. Zum Beispiel:
   Wie finden Sie ein Geschäft, in dem alles 1 Euro oder 50 Cent kostet? Haben Sie schon einmal in so einem Geschäft eingekauft? Warum streiken Mitarbeiter? Was für Geschäftsideen werden hier gezeigt? Was macht der Mann an der Tankstelle? Was ist das für eine Weiterbildung auf dem Foto unten links? Was lernen die Personen? Wie kann man mit einem Huhn Geld verdienen? Weisen Sie darauf hin, dass die TN in diesem Themenkreis jemanden kennenlernen werden, der mit diesem Huhn beruflich zu tun hat. Führen Sie dabei neuen Wortschatz ein.
3. Die TN wählen in Partnerarbeit fünf Bilder aus und erfinden dazu Schlagzeilen, die im Wirtschaftsteil der Zeitung stehen könnten.
4. Wiederholen Sie das Passiv (bekannt aus *Lagune* 2 LE 10). Decken Sie dazu beim Bild unten in der Mitte die beiden Handwerker ab, so dass man nur noch die Hände sieht. Fragen Sie die TN: *Was wird hier gemacht?* Schreiben Sie die Frage an die Tafel. Die TN antworten. Schreiben Sie die Antwort im Passiv an die Tafel. Unterstreichen Sie *werden* und die Partizipformen. Fragen Sie die TN, wann das Passiv benutzt wird (wenn nicht klar oder unwichtig ist, wer was macht).
5. Die TN schreiben in Partnerarbeit zu den Fotos Sätze im Passiv auf.

Der Themenkreis schließt sich

Ideen

- Was ist in diesem Haus schon alles gemacht worden, was muss noch gemacht werden? Die TN notieren Ideen zum Foto mit den Fußbodenverlegern.
- Welche Preise sind in der letzen Zeit gesunken oder gestiegen?
- Zum Foto mit dem Seminar: Kurz vor dem Seminar: Was liegt bereit? Was ist erledigt? (z. B. Die Unterlagen sind kopiert); Wer hat welche Aufgaben übernommen? (z. B. der Dozent, die Sekretärin, der Hausmeister); Was muss von den Seminarteilnehmern gemacht werden? (z. B. Es muss mitgeschrieben werden. Die Texte müssen gelesen werden.).
- Die TN schreiben zu einzelnen Fotos in Partnerarbeit Anzeigen oder Werbetexte.
- Die TN suchen interessante Anzeigen aus Zeitungen und stellen sie vor.
- Die TN entwickeln eine Geschäftsidee zu dem Foto mit dem Fahrrad.
- Die TN interpretieren das Bild mit dem lila Kopf. Was bedeutet es? Was hat es mit dem Thema Wirtschaftswelt und Geschäftsideen zu tun? Wofür könnte mit diesem Bild geworben werden?
- Die TN bereiten eine kurze Präsentation über eine interessante Dienstleistung vor, die jemand aus dem Bekanntenkreis der TN anbietet. Wenn es möglich ist, machen die TN ein Interview mit dem Anbieter.

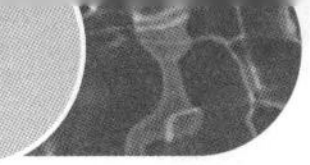

11 Fokus Strukturen

Lernziel sagen, was alles (nicht) gemacht werden kann / muss / darf

Was passiert im Gebäude?

Material

- → KB S. 56 und S. 57 auf Folie kopiert

0. In den Übungen **1–4** geht es um Tätigkeiten im Haus.

a.

1. Die TN ergänzen die vorgegebenen Satzanfänge. Fragen Sie die TN nach dem Kasus der Nomen nach den Präpositionen *vor*, *auf* und *an*. Wiederholen Sie kurz das Prinzip der Wechselpräpositionen (vgl. *Lagune* 1, LE 21).
2. Die TN arbeiten in fünf Kleingruppen zusammen. Jede Kleingruppe erarbeitet von jeweils einem Teil des Gebäudes eine Beschreibung: Erdgeschoss, 1. Stock des Haupthauses; Dachboden des Haupthauses; Werkstattteil des Gebäudes; Garten und Keller. Die TN machen sich Notizen.
3. Die Folie wird aufgelegt. Jede Gruppe beschreibt ihren Teil. Erklären Sie dazu nötige Wörter und schreiben Sie diese an die Tafel.

b.

4. Die TN kombinieren in Partnerarbeit die passenden Satzteile.
5. Zur Korrektur werden die Sätze vorgelesen. Klären Sie unbekannten Wortschatz. Fragen Sie die TN, wie in den Sätzen zum Ausdruck kommt, dass man die hier agierenden Personen nicht kennt (jemand, Passiv).

Stillarbeit → AB S. 55 | **1** | **2** und S. 56 | **3**

Zusatzübung Die TN fragen die anderen TN nach ausgewählten Gegenständen, von denen sie nur in etwa die Position und Farbe oder ein anderes Merkmal angeben, z. B. *Es hängt im ersten Stock und ist blau. Was ist das? (Duschvorhang).*

Vor dem Tor darf nicht geparkt werden.

1. Die TN kombinieren in Partnerarbeit die Satzteile.
2. Zur Korrektur werden die Sätze vorgelesen. Klären Sie ggf. unbekannten Wortschatz.
3. Veranschaulichen Sie anhand des Tafelbildes die Struktur der Passivsätze mit Modalverb. Weisen Sie darauf hin, dass beim Gebrauch eines Modalverbs das finite Verb von Position 2 immer in der Infinitivform an das Ende des Satzes gestellt wird. Im Falle eines Passiv-Satzes handelt es sich dabei um *werden*. Verweisen Sie auf das Beispiel im Grammatikkasten im Buch, wo dieses Phänomen auch anhand eines Aktivsatzes dargestellt wird.

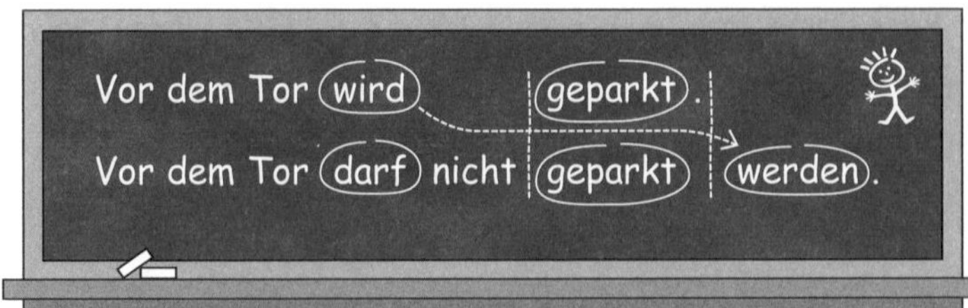

Stillarbeit → AB S. 56 | **4**

3 Ein trauriger Anblick!

a.

1. Die TN betrachten die Zeichnungen. Fragen Sie, was zuerst gemacht werden muss. Die TN lesen den Beispieldialog vor.
2. Gehen Sie mit den TN die Wörter im Kasten durch.
3. Die TN diskutieren zu zweit über eine Reihenfolge und notieren diese in Form von Passiv-Sätzen.

b.

4. Die Reihefolge wird im Kurs mit anderen diskutiert.
5. Sprechen Sie mit den TN darüber, was bei ihnen in der Wohnung oder im Haus bald gemacht werden muss.

Stillarbeit → AB S. 57 | **5**

Zusatzübung: Orte

Material

- jeweils mit einem Ort beschriftete Zettel, z. B. *Diskothek, Bibliothek, Kirche, Schwimmbad, Büro, Park, Museum, Hotel, Bauernhof, Zoo*

Beschreiben Sie zunächst mit Passivsätzen einen Ort wie z. B. ein Restaurant. Sagen Sie z. B.: *An diesem Ort wird gesprochen und gelacht. Hier darf nicht geraucht werden. Es kann etwas getrunken und gegessen werden.* Fragen Sie die TN, was das für ein Ort ist.

Geben Sie den TN die Anweisung, selbst in Kleingruppen einen Ort zu beschreiben. Jede Gruppe bekommt einen Zettel mit einem Ort. Die Gruppen schreiben Sätze, was an diesen Orten (nicht) gemacht werden kann / darf / muss. Jede Gruppe liest ihre Sätze vor. Regen Sie die TN davor dazu an, zuerst gewöhnliche Tätigkeiten zu nennen und erst später die speziellen wie z. B. *An diesem Ort wird gebetet.* Die anderen TN raten die beschriebenen Orte.

4 Fachleute

a.

1. Die TN lesen still die Sätze und korrigieren sie.
2. Die TN geben die Aussagen korrekt wieder.
3. Zeigen Sie den TN, dass man den Agens beim Passiv mit *von* + Dativ angibt. Machen Sie dazu mit einem Beispielsatz aus der Übung ein Tafelbild wie im Grammatikkasten dargestellt. Erklären Sie, dass in diesen Sätzen zwar die Person, die eine bestimmte Tätigkeit ausübt, immer noch unbekannt oder unwichtig ist, der Beruf jedoch eine Rolle spielt. Da es nicht primär um die Person geht, wurden hier Passiv-Sätze benutzt.

b.

4. Die TN schreiben falsche Sätze auf.
5. Die Sätze werden in Reihenübung wie im Buch beschrieben korrigiert. Fragen Sie hier gelegentlich nach, z. B. *Stimmt das? Von wem wird das Brot gebacken?*
6. Schreiben Sie eine Frage wie z. B. *Von wem wird das Brot gebacken?* und die dazu passende Antwort an die Tafel. Erklären Sie, dass man mit *von wem* nach dem Agens fragen kann.

Stillarbeit → AB S. 57 | **6**

5 Eine Zeitungsmeldung

Material

- ggf. ein großes unbeschriftetes Plakat

0. In den Übungen **5** und **6** beschäftigen sich die TN mit bedeutenden Gebäuden eines Landes.

a.

1. Sprechen Sie mit den TN über das Foto. Die TN stellen Vermutungen darüber an, wozu das Gebäude wohl dient.

2. Die TN lesen still den Text.

Binnendifferenzierung Geübtere TN schreiben aus dem Text die Partizipformen heraus und finden dazu den Infinitiv. Die Liste der Verben wird nach b an die Tafel geschrieben.

b.

3. Die TN beantworten zu zweit die Fragen in Stichpunkten.

4. Die Antworten werden im Plenum besprochen. Semantisieren Sie den Lernwortschatz aus dem Text.

c.

5. Veranschaulichen Sie die Vergangenheitsformen des Passivs an der Tafel. Verdeutlichen Sie, dass sich nur die Form von *werden* ändert, während das Partizip des Vollverbs gleich bleibt. Gehen Sie auch auf die Besonderheit der Partizipform von *werden (worden)* ein. Diese Partizipform wird nur dann benutzt, wenn es schon ein Partizip gibt.

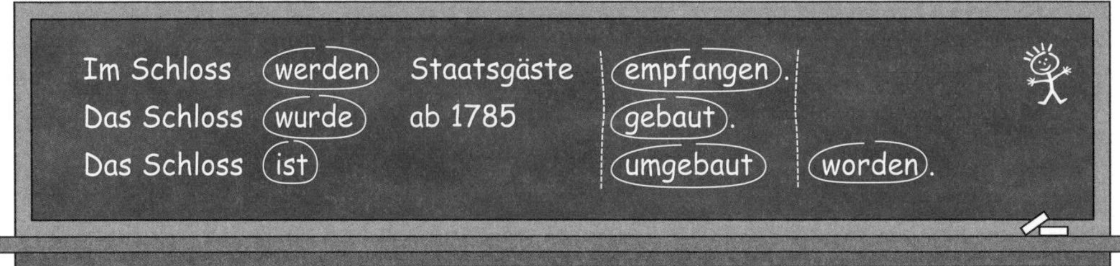

Schreiben Sie die Konjugation von *werden* im Präteritum an die Tafel oder auf ein Lernplakat. Verweisen Sie auf die Übersicht im Arbeitsbuch S. 59 | **10**.

Geben Sie den TN den Hinweis, dass das Präteritum und das Perfekt im Prinzip die gleiche Bedeutung haben. Manchmal wird das Perfekt benutzt, um auszudrücken, dass eine Handlung Auswirkung auf die Gegenwart hat. Außerdem wird in Süddeutschland generell eher das Perfekt für die Vergangenheit benutzt, während in Norddeutschland das Präteritum gebräuchlich ist.

6. Die TN schreiben die Sätze im Passiv Perfekt.

7. Zur Korrektur werden die Sätze vorgelesen.

Binnendifferenzierung Geübtere TN schreiben bei Schritt 7 weitere Sätze, was bei der Renovierung alles gemacht wurde, und lesen sie nach Schritt 8 vor.

Stillarbeit → AB S. 58 | **7** | **8**

Berühmte Gebäude in Ihrem Land

1. Fragen Sie die TN, welche der abgebildeten Gebäude sie kennen (von links nach rechts: Big Ben (London); Eiffel-Turm (Paris); Petersdom und Colosseum (Rom)) Besprechen Sie mit den TN die Fragen.
2. Die TN bereiten eine kurze Präsentation in Einzelarbeit oder in Ländergruppen vor. Dabei können auch Wandzeitungen mit Bildern und den wichtigsten Informationen erstellt werden. Informationen finden die TN in Lexika oder im Internet, z. B. unter http://reisen.aol.de/Reiseziele.
3. Die TN stellen die von ihnen gewählten Gebäude vor. Die Wandzeitungen werden zur Präsentation benutzt und danach im Kursraum aufgehängt.

Zusatzübung

Auf dem Dachboden

Die TN arbeiten in Kleingruppen. Sie überlegen sich einen Gegenstand, der früher viel genutzt wurde und jetzt auf dem Dachboden vergessen wurde, z. B. ein alter Schuh, ein alter Koffer, ein altes Fahrrad. Die TN schreiben passende Sätze im Passiv Präteritum oder Perfekt, z. B. *Ich wurde meistens auf der Straße benutzt. Ich wurde viel getragen. Manchmal wurde ich geputzt. Abends wurde ich ausgezogen.*

Die anderen TN erraten, um welchen Gegenstand es sich handelt.
Machen Sie zuerst Beispielsätze, bei denen die TN den von Ihnen beschriebenen Gegenstand erraten müssen.

12 Fokus Lesen

Lernziel Geschäftsideen entwickeln; eine Existenzgründung planen

Anzeigen aus dem Wirtschaftsteil

0. In den Übungen **1–3** geht es um berufliche Entwicklungen und Möglichkeiten.

a.

1. Die TN lesen die Anzeigen global.

2. Fragen Sie zu jeder Anzeige, was angeboten oder gesucht wird. Semantisieren Sie dazu notwendigen Wortschatz.

b.

3. Verfahren Sie wie auf ❖ S. 209 bei „Leseverstehen“ in den Schritten 1, 2, 4 und 5 beschrieben.

Binnendifferenzierung Geübtere TN suchen in den Anzeigen Nomen mit der Endung *-ung*. Im Anschluss an Übung **2** werden die Nomen an der Tafel gesammelt und die passenden Verben dazu genannt. Nomen, die dann schon in Übung **2** vorgekommen sind, müssen nicht mehr angeschrieben werden.

Man kann es auch anders ausdrücken.

1. Die TN ergänzen die die Verben.

2. Die Sätze werden von TN laut vorgelesen.

3. Veranschaulichen Sie an der Tafel wie im Grammatikkasten vorgegeben, dass zur Nominalisierung dieser Verben an den Verbstamm die Endung *-ung* angehängt wird. Fragen Sie die TN nach dem Genus. Sagen Sie den TN, dass das Genus bei Nomen mit der Endung *-ung* immer feminin ist.

Stillarbeit → AB S. 61 | **1**

Existenzgründung

Material

- pro Kleingruppe eine unbeschriftete Folie
- Folienstifte

0. Nachdem die TN verschiedene Geschäftsideen in Form von Anzeigen kennengelernt haben, entwickeln sie selbst eine.

a.

1. Erklären Sie die Aufgabenstellung.

2. Besprechen Sie mit den TN die im Kasten angegebenen Vorschläge. Die TN erklären kurz, was sie sich unter den einzelnen Ideen vorstellen und äußern spontan Ideen.

b.

3. Die TN arbeiten in Kleingruppen eine Geschäftsidee ihrer Wahl aus. Sie orientieren sich dabei an den vorgegebenen Punkten. Sie schreiben die wichtigsten Punkte auf eine Folie. Begrenzen Sie die Zeit auf ca. 15–20 Minuten. Gehen Sie herum und helfen Sie bei Schwierigkeiten.

c.

4. Jede Gruppe stellt ihr Konzept vor.

Existenzgründer

0. Die Übungen **4–8** beziehen sich auf den Lesetext auf Seite 63, in dem zwei Geschäftsideen vorgestellt werden.

a.

1. Die TN stellen Vermutungen über die Fotos an.

b.

2. Verfahren Sie wie auf ❖ S. 209 bei „Leseverstehen" in den Schritten 1, 2, 4 und 5 beschrieben.

Stillarbeit → AB S. 61 | **2**

5 Eine spontane Idee mit Folgen

1. Verfahren Sie wie auf ❖ S. 209 bei „Leseverstehen“ in den Schritten 1–5 beschrieben.

Binnendifferenzierung Ungeübte TN lesen nur den etwas einfacheren Text „Die Idee kam im Bett“. Diese TN lassen dann auch Übung **6** aus. Durch die Zusammenfassungen in Übung **7** erfahren sie dennoch den Inhalt vom Text „Es begann mit einem Huhn“.

6 Am Anfang war das Huhn

1. Verfahren Sie wie auf ❖ S. 209 bei „Leseverstehen“ in den Schritten 1–5 beschrieben.

Binnendifferenzierung

Material

- pro TN eine Kopie der Vorlage **LE 12-1**

Geübtere TN knicken die Lösung um, und suchen die passenden Definitionen. Danach vergleichen sie ihre Kombinationen mit der Lösung.

Ungeübtere TN benutzen die Kopie mit der Lösung als Hilfe zum Textverständnis.

Die Ausdrücke auf der Kopiervorlage sind in der Reihenfolge aufgelistet, wie sie im Text vorkommen.

Stillarbeit → AB S. 62 | **3** | **4** | **5** und S. 63 | **6** (TN, die nur Text 1 gelesen haben, machen bei Übung **3** nur den ersten Teil.)

7 Eine Zusammenfassung

1. Erarbeiten Sie mit den TN an der Tafel stichpunktartig, welche Punkte für eine Zusammenfassung der Texte wichtig sind.

   Text 1: *Wie kam die Idee? Vorbereitung, Angebot, Wie sieht die Arbeit aus? Entwicklung des Geschäfts*

   Text 2: *Geschichte des Huhns, Idee für das Geschäft, Entwicklung des Geschäfts, Woher hat Anita M. das Wissen? Wie sieht das Training aus?*
2. Die TN wählen zu zweit einen Text aus und schreiben eine Zusammenfassung.
3. Die TN tauschen ihren Text mit einer anderen Gruppe, die ihn korrigiert. Wenn die TN mit einer Gruppe tauschen, die den gleichen Text bearbeitet hat, haben sie sozusagen Experten zur Korrektur.

   Eine andere Möglichkeit ist aber auch, dass Gruppen mit unterschiedlichen Ausgangstexten tauschen. So beschäftigt sich jede Gruppe auch intensiver mit dem zweiten Text. Wenn nicht alle TN beide Texte gelesen haben, ist dieses Verfahren vorzuziehen.
4. Zwei Zusammenfassungen werden vorgelesen. Korrigieren Sie nach Möglichkeit die Übrigen.

Stillarbeit → AB S. 63 | **7**

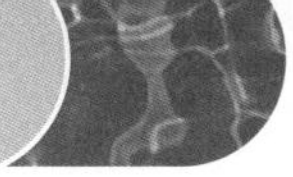

8 Ihre Meinung zu den Geschäftsideen

1. Verfahren Sie wie auf ❖ S. 211 bei „Gespräch über ein Thema“ in den Schritten 4–6 beschrieben. Wenn ihr Kurs nicht allzu groß ist, kann auch im Plenum diskutiert werden.

Zusatzübungen

Talkshow zum Thema Existenzgründung

Die TN spielen eine Talkshow, bei der Existenzgründer von Journalisten interviewt werden.

Dabei empfiehlt es sich, dass sich die Gruppen wie in Übung **3** (Existenzgründung) zusammenfinden. Die TN spielen Selbstständige, die ihre Geschäftsidee, die sie in Übung **3** entwickelt haben, umgesetzt haben. Jeweils zwei zusammenarbeitende Gruppen übernehmen wechselweise die Rolle der interviewenden Journalisten sowie die Rolle der Existenzgründer.

Die TN überlegen sich anhand der Lesetexte Fragen für die Existenzgründer wie z. B. *Wie kam es zur Idee? Wie haben Sie sich vorbereitet? Was genau bieten Sie an? Haben Sie viele Aufträge? Wie sieht die Arbeit aus? Haben Sie auch Fehler gemacht? Was sind Ihre Pläne für die Zukunft?* Die TN sammeln ihre Fragen auf einer Liste.

Bei wenig Zeit können Fragen vorgegeben werden. Die TN ergänzen dann nur ein paar eigene Fragen.

Die Existenzgründer bekommen die Frageliste und bereiten sich vor. Die TN proben die Interviews in den Kleingruppen.

Die Talkshow wird vorbereitet und gespielt. Legen Sie die Reihenfolge der Interviews fest und notieren Sie diese an der Tafel. Bauen Sie eine Art Studio auf, z. B. Stühle und Tische, an denen die Gäste und Journalisten sitzen, wenn sie an der Reihe sind. Die TN verlassen das Studio, wenn sie ihr Interview gespielt haben und fungieren als Publikum. Ein paar Mikrofone machen die Szenerie realistischer. Übernehmen Sie die Rolle des Moderators, der kurz in das Thema einführt, von einem Interview zum anderen überleitet und die Sendung mit einem Ausblick auf das folgende Programm oder die nächste Sendung beendet.

Nominalisierung und Genus

Material

- pro Kleingruppe eine vergrößerte Kopie der Vorlage **LE 12-2**, Kärtchen ausgeschnitten (Nomen und Verben können auf verschiedenfarbiges Papier kopiert werden)
- ggf. großes unbeschriftetes Plakat

Die TN ordnen in Kleingruppen den Nomen die passenden Verben zu. Die TN fragen bei Unsicherheiten nach. Die Kärtchen mit den Verben werden eingesammelt.

Die TN bekommen die Aufgabe, die Kärtchen nach Genus in drei Gruppen auf den Tisch zu legen. Die Gruppe mit den femininen Nomen wird wiederum je nach Endung in vier Untergruppen gelegt.

Die TN lesen zum Vergleich jeweils die Nomen einer Gruppe vor.

Machen Sie gleichzeitig an der Tafel oder auf einem Lernplakat eine Übersicht mit ein paar Beispielnomen. Verdeutlichen Sie dabei, dass nicht alle Regeln in jedem Fall gelten.

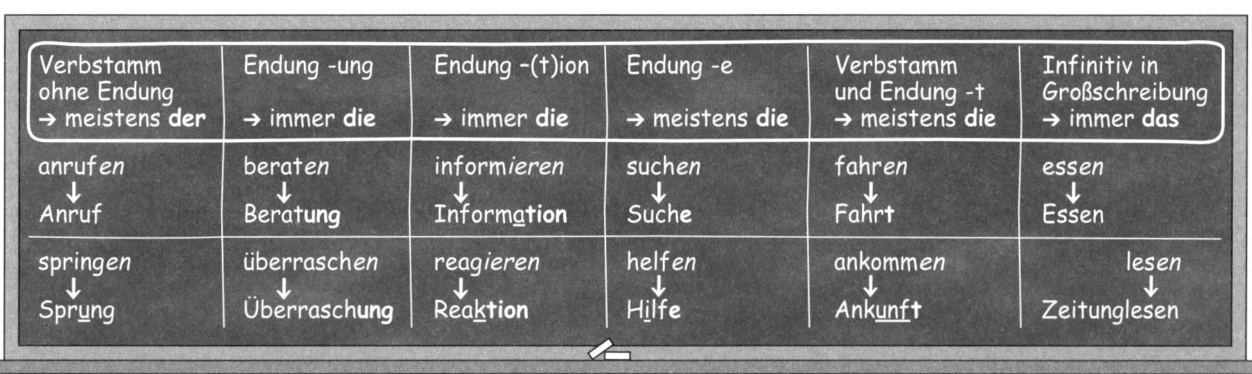

Verbstamm ohne Endung → meistens **der**	Endung -ung → immer **die**	Endung -(t)ion → immer **die**	Endung -e → meistens **die**	Verbstamm und Endung -t → meistens **die**	Infinitiv in Großschreibung → immer **das**
anrufen ↓ Anruf	beraten ↓ Beratung	informieren ↓ Information	suchen ↓ Suche	fahren ↓ Fahrt	essen ↓ Essen
springen ↓ Sprung	überraschen ↓ Überraschung	reagieren ↓ Reaktion	helfen ↓ Hilfe	ankommen ↓ Ankunft	lesen ↓ Zeitunglesen

Weisen Sie darauf hin, dass es für das Genus keine Rolle spielt, ob sich ein Nomen vom Verbstamm unterscheidet oder nicht. Erfahrungsgemäß haben TN Schwierigkeiten mit dem Genus von *Sprung*. Die Regel „*-ung* ist feminin" bezieht sich nur auf die Endung.

Verweisen Sie darauf, dass es keine festen Regeln gibt, auf welche Weise aus einem Verb ein Nomen gebildet wird. Zeigen Sie den TN die Übersicht im → AB S. 64.

13 Fokus Hören

Lernziel Nachrichten verstehen und zusammenfassen; über das Geldausgeben berichten und diskutieren; über eine Autostatistik sprechen; Schlagzeilen finden

1 Wirtschaftsnachrichten im Rundfunk

0. In dieser Übung geht es um Steuern und den durchschnittlichen Konsum in Deutschland. In den Übungen **2–4** kommen einzelne Bürger in einer Umfrage zu Wort. Schließlich äußern sich die TN in Übung **5** selbst zu ihren Einkaufsgewohnheiten.

a. und b.

1. Verfahren Sie wie auf ❖ S. 209 bei „Hörverstehen" in den Schritten 1–6 beschrieben. Die TN sammeln bei Schritt 2 Nomen und Verben für *steigen* und *sinken*. Schreiben Sie diese mit Stammformen an die Tafel.

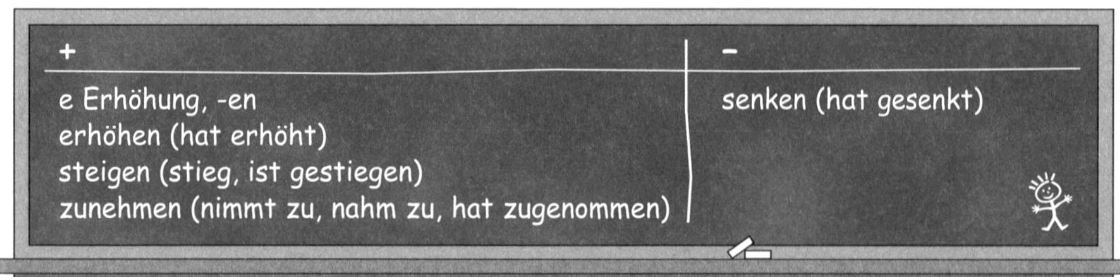

+	–
e Erhöhung, -en erhöhen (hat erhöht) steigen (stieg, ist gestiegen) zunehmen (nimmt zu, nahm zu, hat zugenommen)	senken (hat gesenkt)

c.

2. Die TN formulieren in Partnerarbeit mit eigenen Worten Nachricht C. TN, die früher fertig sind, schreiben ihre Varianten an die Tafel. Diese werden im Plenum besprochen. Bei genügend Zeit können noch ein paar weitere Beispiele vorgelesen werden.

Stillarbeit → AB S. 66 | 1

„Dafür gebe ich gern Geld aus."

a.

1. Verfahren Sie wie auf ❖ S. 209 bei „Hörverstehen" in den Schritten 1–7 beschrieben.

b.

2. Semantisieren Sie *geizig*, *sparsam* und *preisbewusst*. Diskutieren Sie mit den TN, wie sie die Person einschätzen.

„Bei manchen Dingen spare ich."

a.

1. Besprechen Sie mit den TN die Wörter im Kasten. Gehen Sie auch auf das Genus ein.
2. Die TN ergänzen in Partnerarbeit die Lücken. Klären Sie unbekannte Wörter.

b.

3. Die TN hören das Interview ein- oder zweimal und vergleichen ihre Lösung. Klären Sie Unsicherheiten mithilfe der Transkription.

„Das leiste ich mir."

a. und b.

1. Verfahren Sie wie auf ❖ S. 209 bei „Hörverstehen" in den Schritten 1–7 beschrieben.

Stillarbeit → AB S. 66 | **2** | **3** und S. 67 | **4**

Was kaufen Sie gern? Wo kaufen Sie gern?

1. Verfahren Sie wie auf ❖ S. 211 bei „Gespräch über ein Thema" in den Schritten 3–5 beschrieben.
2. Sprechen Sie im Anschluss im Kurs über das Thema. Fragen Sie die TN z. B., ob sie etwas sammeln, für etwas sparen, ob ihnen Marken wichtig sind, was sie nicht gern kaufen, wo sie Kleidung kaufen usw.

Weitere Wirtschaftsnachrichten

1. Verfahren Sie wie auf ❖ S. 209 bei „Hörverstehen" in den Schritten 1–6 beschrieben.

Stillarbeit → AB S. 67 | **5**

7 Automarkt in Deutschland

Material

- 2 unbeschriftete Folien
- Folienstifte

a.

1. Fragen Sie die TN, was in der Grafik dargestellt ist und was besonders auffällt.
2. Die TN lesen den Text und vergleichen ihn mit dem Schaubild.
3. Erklären Sie die Benutzung der Redemittel im Kasten. Verweisen Sie auf die Beispielsätze im Text. Fragen Sie nach den Präteritum- und Perfektformen der Verben im Kasten. Gehen Sie mit einem Tafelbild auf die Verwendung der Präpositionen *von … auf* und *um* ein.

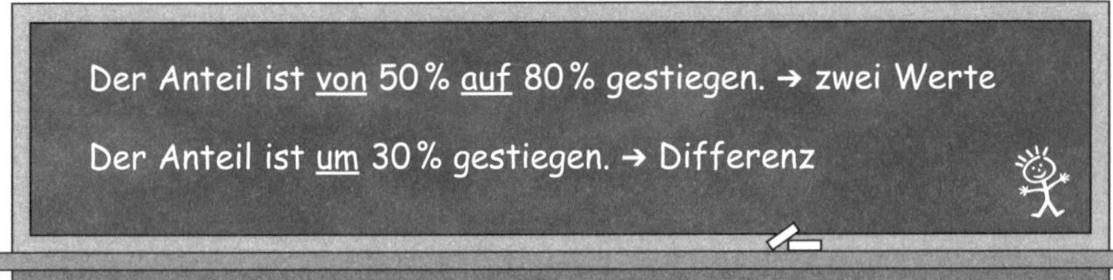

4. Die TN schreiben den Text in Partnerarbeit weiter. Sie gehen dabei auf die übrigen Länder ein. Regen Sie die TN dazu an, die Extrempositionen und die Entwicklung danach zu beachten.

b.

5. Die TN berichten aus ihren Ländern. Wenn es jeweils mehrere TN aus denselben Ländern gibt, können sich die TN auch zunächst in Ländergruppen absprechen, um danach im Plenum zu sprechen.

Zusatzübung 1

Material

- Kopiervorlage **LE 13-1A** (für die eine Hälfte der TN)
- Kopiervorlage **LE 13-1B** (für die andere Hälfte der TN)

Die TN arbeiten zu zweit. Ein TN der Zweiergruppe erhält Kopiervorlage A, der andere B. Die TN sitzen so, dass sie das Blatt des Partners nicht sehen können. Die TN knicken ihre Vorlage an der dafür vorgesehenen Stelle.

Der TN mit Blatt A beginnt, seine Grafik langsam und detailliert zu beschreiben. TN B hört zu und zeichnet mit. Zum Schluss vergleichen die TN die Originalgrafik mit der gezeichneten.
Danach werden Rollen getauscht.

Zusatzübung 2

Material

- Grafiken aus Zeitungen und Zeitschriften, die eine Entwicklung darstellen

Die TN wählen aus einer aktuellen Zeitung oder Zeitschrift eine Grafik aus. Sammeln Sie auch selbst ein paar Grafiken und stellen Sie diese den TN zur Verfügung. Die TN schreiben einen Text über die Grafik und stellen ihr Schaubild mithilfe ihres Textes im Kurs vor.

Geben Sie den TN vor dem Schreiben Anhaltspunkte, die in ihrer Beschreibung vorkommen sollen (Inhalt der Grafik, Extrempunkte, derzeitige Situation).

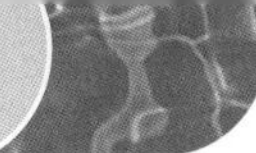

8 In Hannover wird gestreikt.

1. Verfahren Sie wie auf ❖ S. 209 bei „Hörverstehen“ in den Schritten 1–7 beschrieben.
2. Erklären Sie anhand des Tafelbilds, warum einige Passivsätze *es* als Platzhalter für das Subjekt haben und dass *es* wegfällt, wenn es nicht im Vorfeld steht.

   Weisen Sie besonders darauf hin, dass ein Akkusativ, der von einer Präposition regiert wird, im Passivsatz nicht Subjekt werden kann, sondern immer nur die Akkusativ-**Ergänzung** aus dem Aktivsatz die Funktion des Subjekts im Passivsatz übernehmen kann.

Der Konzern	entlässt	den Mitarbeiter Akk-Ergänzung
Subjekt Der Mitarbeiter	wird	(vom Konzern) entlassen.
Die Arbeitnehmer	verzichten	auf Lohnerhöhungen. (keine AKK-Ergänzung!)
Subjekt Es	wird	auf Lohnerhöhungen verzichtet.
Auf Lohnerhöhungen	wird	verzichtet.

Stillarbeit → AB S. 68 | **6** | **7**

9 Schlagzeilen zur Wirtschaft

1. Die TN lesen die Vorgaben. Klären Sie ggf. unbekannten Wortschatz. Sammeln Sie für ein oder zwei Beispiele an der Tafel Stichpunkte, was in der Nachricht stehen könnte.
2. Die TN schreiben zu zweit Texte.
3. Die TN tauschen ihre Texte mit einer anderen Gruppe.
4. Ein paar Texte werden vorgelesen.

Binnendifferenzierung

Material

- Kopie der Vorlage **LE 13-2**

Ungeübtere TN schreiben aus den Schüttelsätzen einen Text zur Schlagzeile *Preise für Butter wieder gesunken.*

Lösung: 1. Die Preise für Butter sind wieder gesunken. 2. Nach Mitteilung der Milchindustrie ist die Nachfrage nach Milchprodukten stark zurückgegangen. 3. Deshalb hat die Milchindustrie die Preise wieder gesenkt. 4. Im letzen Jahr mussten die Verbraucher für Milchprodukte ungefähr 15% mehr bezahlen.

Variante zur Binnendifferenzierung

Material

- Schlagzeilen zur Wirtschaft (aus einer aktuellen Tageszeitung oder im Internet, z.B. unter http://www.sueddeutsche.de/wirtschaft/ oder http://www.welt.de/wirtschaft/).

Sie können statt der Schlagzeilen aus dem Buch auch aktuelle Schlagzeilen ausschneiden oder abschreiben und auf Papier oder Folie kopieren. Fragen Sie die TN, was sie über die entsprechenden Schlagzeilen wissen. Die TN schreiben zu den Schlagzeilen passende Texte. Schließlich können die Texte auch mit dem Original verglichen werden.

14 Fokus Sprechen

Lernziel prüfen, ob etwas schon gemacht ist oder noch gemacht werden muss

Hören Sie „d" oder „t", „b" oder „p", „g" oder „k"?

a.

1. Die TN hören die Wörter und markieren dabei, welchen Laut sie hören.
2. Vergleichen Sie die Lösungen im Kurs. Machen Sie den TN anhand der Beispiele den Unterschied zwischen stimmlosen und stimmhaften Konsonanten klar. Fragen Sie die TN, in welchen Fällen die Konsonanten *d*, *b* und *g* stimmlos gesprochen werden, auch wenn sie ihrer Orthographie entsprechend stimmhaft gesprochen werden müssten. Die TN entdecken das Phänomen der Auslautverhärtung: Konsonanten am Wortende werden immer stimmlos gesprochen. Weisen Sie darauf hin, dass sich die Aussprache verändert, wenn der Endkonsonant (*d*, *b*, oder *g*) durch Wortbildung nicht mehr am Ende steht, z. B. Hund (*d* wird stimmlos gesprochen) – Hunde (*d* wird stimmhaft gesprochen).
3. Die TN sprechen nach.

b.

4. Verfahren Sie wie auf ❖ S. 210 bei „Sätze erfinden" in den Schritten 2–5 beschrieben.

Stillarbeit → AB S. 70 | **1** | **2** | **3** und S. 71 | **4**

Tipp Um den Unterschied zwischen einem stimmlosen und einem stimmhaften Laut zu veranschaulichen, halten die TN ein Blatt Papier vor den Mund und sprechen *p*. Das Blatt bewegt sich bei der Aussprache von *p*. Im Vergleich dazu wird *b* gesprochen. Das Blatt bewegt sich kaum.

Welche Silbe ist betont?

Material

- Folie von → KB S. 68
- Folienstift

a.

1. Schreiben Sie *aufschreiben* und *beschreiben* untereinander an die Tafel. Lesen Sie die Wörter. Fragen Sie die TN, welche Silbe betont ist und unterstreichen Sie die Akzentsilbe.
2. Die TN hören die Verben und unterstreichen. Ein TN unterstreicht die betonten Silben auf der Folie.
3. Die TN vergleichen ihre Lösung mit der Folie. Fragen Sie die TN, welcher Teil bei den trennbaren Verben (Präfix) und welcher bei den nicht trennbaren Verben (Stamm) betont ist. Wiederholen Sie mithilfe der Übersicht im → AB S. 73 | **11** welche Präfixe trennbar sind und welche nicht. Gehen Sie auch auf die Partizip-Perfekt-Bildung mit oder ohne das Präfix *ge-* ein.
4. Die TN hören die CD noch einmal und sprechen nach.

b.

5. Die TN hören die Sätze und unterstreichen die Akzentsilben. Ein TN arbeitet auf der Folie.
6. Die TN vergleichen ihre Lösung mit der Folie. Zeigen Sie mithilfe des Kastens im Kursbuch unten rechts, dass die Akzentsilbe immer den Akzent hat, auch wenn sich die Verbform ändert.
7. Die TN sprechen die Sätze nach.

Tipp Wenn TN Schwierigkeiten haben, die Akzentsilbe zu betonen, sprechen Sie die Verben langsam und klopfen bei jeder Silbe leicht und bei der Akzentsilbe stärker auf den Tisch, die TN machen es nach.

In bewegungsfreudigen Kursen sprechen die TN die Verben laut und stehen bei der Akzentsilbe auf.

Zusatzübung für trennbare/nicht trennbare Verben Geben Sie den TN ein trennbares bzw. nicht trennbares Verb vor, bei dem Ihre TN oft Fehler machen, z.B. *herstellen*. Fragen Sie einen TN: *Wer?* Der TN antwortet mit dem Verb, also z.B. *Die Firma stellt her*. Fragen Sie den nächsten TN: *Was?* Dieser ergänzt z.B. *Die Firma stellt Autos her.* Danach können Sie z.B. fragen: *Wie lange?, Welche Autos?, Seit wann?, Warum?* usw. Der TN, der an der Reihe ist, muss immer alles wiederholen, was seine Vorgänger gesagt haben und die gefragte Aussage ergänzen. Sie können die Übung der Reihe nach durchführen oder bestimmte TN aufrufen. Lassen Sie die Sätze so lange ergänzen, wie es Ihnen sinnvoll erscheint. Die Fragen können in weiteren Spielrunden auch von den TN gestellt werden. Die TN können sich dann auch gegenseitig aufrufen.

3 Was wird geöffnet? Was ist geöffnet?

1. Verfahren Sie wie auf ❖ S. 209 bei „Bild-Textzuordnung" in den Schritten 1–2 beschrieben.
2. Veranschaulichen Sie den Unterschied zwischen dem Zustandspassiv und dem Vorgangspassiv. Öffnen Sie das Fenster. Sagen Sie währenddessen: *Das Fenster wird von mir geöffnet.* Am Ende sagen Sie: *Das Fenster ist jetzt geöffnet.* Machen Sie das Tafelbild. Beim Vorgangspassiv wird eine Aktion dargestellt, während beim Zustandspassiv das Ergebnis einer Aktion betont wird. Wenn man von derselben Handlung ausgeht, ist das Vorgangspassiv in Bezug auf das Zustandspassiv vorzeitig. Das Partizip im Zustandspassiv hat eine ähnliche Funktion wie ein Adjektiv. Oft lässt sich das Partizip eines Satzes im Zustandspassiv auch durch ein Adjektiv ersetzen.

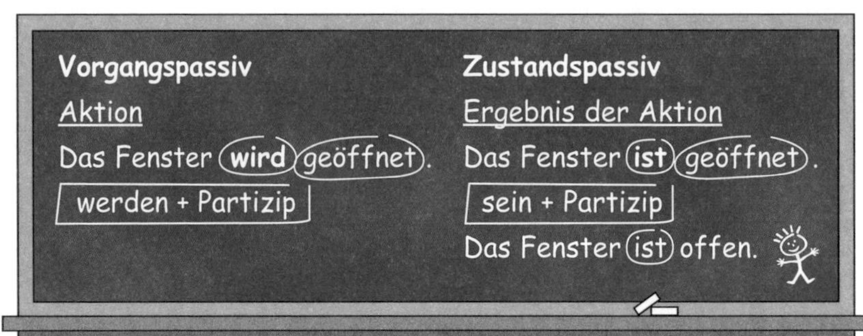

Zusatzübung Zwei oder drei TN sehen sich im Kursraum gut um und verlassen den Raum. Fragen Sie die übrigen TN, was verändert werden soll. Die TN einigen sich auf fünf Dinge, z.B. *Das Fenster soll geöffnet werden. Das Licht soll aus- oder angeschaltet werden. Die Tafel soll geputzt werden. Ein Poster soll aufgehängt/abgehängt werden. Der CD-Player soll eingeschaltet werden.* Schließen Sie die Verben *setzen, stellen* und *legen* aus, da bei diesen Verben das Zustandspassiv, das später gebildet werden soll, nicht üblich ist. Die TN nehmen die abgesprochenen Veränderungen vor.

Die TN kommen wieder in den Kursraum zurück. Sie raten, was jetzt anders ist. Nach Möglichkeit werden Sätze im Zustandspassiv gebildet, z.B. *Die Tafel ist geputzt.* Schreiben Sie die Sätze an die Tafel.

4 „Endlich Feierabend!"

0. In den Übungen **4–6** werden Vorbereitungen getroffen und es wird darüber gesprochen, was schon erledigt ist oder noch erledigt werden muss.

a. und b.

1. Verfahren Sie wie auf ❖ S. 211 bei „Gespräche hören und nachspielen" in den Schritten 1–9 beschrieben. Fragen Sie die TN bei Schritt 4, was schon alles gemacht ist.

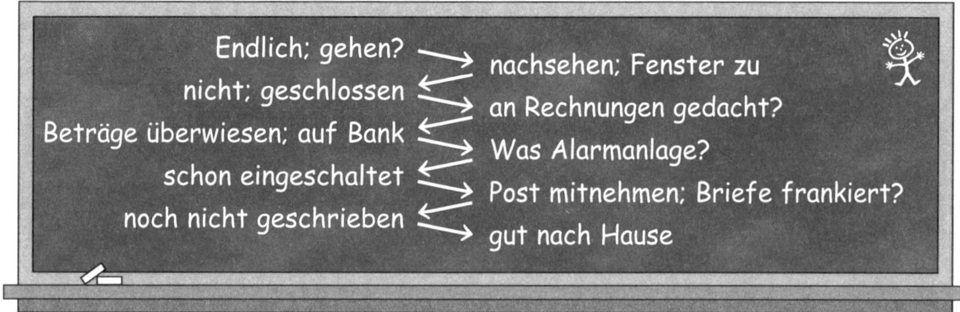

c.

2. Verfahren Sie wie auf ❖ S. 211 bei „Gespräche variieren" in den Schritten 1–3 beschrieben.

Stillarbeit → AB S. 71 | **5** | **6**

5 „Die Konferenz beginnt in einer Viertelstunde."

a.

1. Die TN stellen mithilfe des Titels und des Bilds Vermutungen darüber an, wer miteinander spricht und worüber gesprochen wird.

2. Die TN ordnen in Partnerarbeit die Sätze.

3. Der Dialog wird zur Korrektur von zwei TN vorgelesen.

b.

4. Verfahren Sie wie auf ❖ S. 211 bei „Gespräche hören und nachspielen" in den Schritten 4–9 beschrieben. Schritt 7 wird ausgelassen.

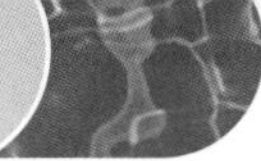

6 Vorbereitungen für ein Jubiläum

1. Um in die Situation einzuführen, stellen sich die TN vor, dass eine Arbeitskollegin/ein Arbeitskollege ein Jubiläum hat. Die TN äußern Ideen, wie man diesen Anlass feiern könnte.
2. Die TN lesen still die Liste mit den Aufgaben. Semantisieren Sie unbekannte Wörter. Gehen Sie mit den TN die Redemittel durch. Erklären Sie, dass das Zustandspassiv im Präsens und das Vorgangspassiv im Perfekt die gleiche Bedeutung haben. Denn wenn ein Vorgang ausgeführt wurde, hat dieser Vorgang schon zu einem Ergebnis geführt. Zwar ist die Bedeutung von Präteritum und Perfekt weitgehend gleich. Aber das Perfekt wird häufig dann verwendet, wenn eine Handlung Auswirkungen auf die Gegenwart hat.

Vorgangspassiv		**Zustandspassiv**
Die Blumen **werden** bestellt.		
Die Blumen **wurden** bestellt.		
Die Blumen **sind** bestellt **worden**.	=	Die Blumen **sind** bestellt.

3. Die TN sprechen sich in Dreiergruppen ab, welche Vorbereitungen von der Liste schon erledigt sind und welche zusätzlichen Aktivitäten noch durchgeführt werden sollen.

b.

4. Die TN üben in der Gruppe mithilfe der Redemittel ein Gespräch ein.
5. Ein paar Gespräche werden im Kurs vorgespielt.

Zusatzübung

Projekt planen

Die TN planen in Kleingruppen ein Projekt (z.B. eine Kursparty, eine Geburtstagsfeier, einen Kursausflug oder einen Länderabend, bei dem die Heimatländer der TN vorgestellt werden). Die TN überlegen gemeinsam, was für die jeweilige Aktion notwendig ist und wer welche Aufgaben erledigt. Die Ergebnisse werden in Form von Listen auf Plakaten festgehalten. Jede Gruppe stellt ihr Projekt vor. Am meisten Spaß macht es natürlich, wenn das Projekt anschließend tatsächlich realisiert wird.

7 „Der Beamer funktioniert nicht richtig."

a.

Variante als Einstieg

Geben Sie vor, ein Gerät im Kursraum (z.B. OHP, Fernseher, Handy) benutzen zu wollen, das nicht funktioniert. Ermuntern Sie die TN, Ihnen Tipps zu geben, warum es nicht funktioniert. Helfen Sie bei Wortschatzschwierigkeiten und schreiben Sie die neuen Wörter an.

1. Die TN stellen anhand des Fotos und des Übungstitels Vermutungen darüber an, was die Personen sagen könnten.
2. Die TN lesen das Gespräch still. Semantisieren Sie unbekannte Wörter.
3. Die TN lesen das Gespräch noch einmal mit verteilten Rollen in Partnerarbeit laut.

b.

4. Die TN lesen sich still den Wortschatz in den beiden Kästen durch und fragen nach unbekannten Wörtern. Erklären Sie diese mithilfe der dargestellten Geräte.

5. Die TN überlegen zu zweit, warum die Geräte nicht funktionieren.

6. Besprechen Sie die Möglichkeiten im Kurs.

c.

7. Die TN wählen zu zweit ein Gerät aus und bereiten einen Dialog vor. Regen Sie die TN dazu an, aus a. passende Formulierungen zu übernehmen. Die TN notieren ein Dialoggerüst.

8. Ein paar Dialoge werden im Kurs vorgespielt.

Binnendifferenzierung Ungeübtere TN formulieren den Dialog schriftlich aus und üben ihn anschließend ein.

Stillarbeit → AB S. 72 | **7** | **8** | **9**

15 Fokus Schreiben

Lernziel über Funktionen von Erfindungen sprechen; Werbetexte für Geräte schreiben

1 Hören Sie zu und schreiben Sie.

1. Verfahren Sie wie auf ❖ S. 212 bei „Diktat" in den Schritten 1–5 beschrieben.

2 Die Eibrot-Fabrik

Material

- → KB S. 73 auf Folie kopiert
- für die Variante: Bild von → KB S. 73; einzelne Produktionsschritte (soweit möglich) auseinandergeschnitten, Zahlen gelöscht; pro Kleingruppe ein Satz

a.

1. Zeigen Sie den TN die Folie und fragen Sie, was hier hergestellt wird.

2. Besprechen Sie mit den TN die einzelnen Schritte. Erarbeiten Sie den dazu notwendigen Wortschatz.

Variante Die Bücher sind geschlossen. Die TN rekonstruieren in Kleingruppen mit den auseinandergeschnittenen Zeichnungen die Herstellung der Eibrote. Die Lösung der TN wird im Kurs verglichen. Dabei wird der dazu notwendige Wortschatz erarbeitet.

b.

3. Die TN ergänzen in Partnerarbeit die Sätze.

4. Zur Korrektur werden die Sätze vorgelesen. Fragen Sie die TN, warum bei manchen Sätzen das Vorgangs- und bei anderen das Zustandspassiv benutzt wurde.

Stillarbeit → AB S. 75 | **1** | **2**

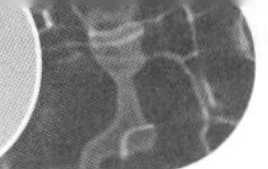

3 Neue Ideen für die Eibrot-Fabrik

Material

- Unbeschriftete Folien
- Folienstifte

1. Erzählen Sie den TN, dass die Eibrot-Fabrik wirtschaftliche Schwierigkeiten hat und daher ihre Produktion verbessern muss. Die TN sollen als Unternehmensberater fungieren und der Firma mit Verbesserungsvorschlägen helfen. Die TN lesen die Beispiele im Buch und äußern spontan erste Ideen.
2. Die TN arbeiten in Kleingruppen Verbesserungsvorschläge aus. Sie zeichnen ihre Verbesserungen auf Folien.
3. Jede Gruppe stellt ihre Vorschläge mithilfe der Folie vor. Die Ideen werden im Kurs diskutiert. Am Ende entscheiden die TN, welche Änderungen wirklich durchgeführt werden sollen und welche nicht.

4 Ein Fahrrad zum Umbauen

Material

- → KB S. 74 Grundmodell vergrößert und auf Folie kopiert
- mehrere Kopien der drei Fahrradmodelle von → KB S. 74 auseinandergeschnitten und ggf. vergrößert
- größere Blätter
- Klebstoff
- ggf. dickere Stifte

a.

1. Die Bücher sind geschlossen. Zeigen Sie den TN auf der Folie nur das Grundmodell des Fahrrads. Fragen Sie die TN, wozu man ein Fahrrad benutzten kann und was besonders praktisch daran ist.
2. Besprechen Sie mithilfe der Nummern die verschiedenen Teile des Fahrrads. Kündigen Sie den TN an, dass sie jetzt ein Multifunktionsfahrrad kennenlernen werden, das noch viel praktischer ist als ein normales Fahrrad.
3. Die TN betrachten die restlichen Zeichnungen im Buch und lesen still die Beispielsätze. Die TN äußern sich zu den Fahrradmodellen.

b.

4. Die TN lesen den Werbetext. Stellen Sie Fragen zum Textverständnis wie z. B. *Für welche Jahreszeit ist Modell 1 besonders geeignet? Was kann man damit machen? Wie wird das Grundmodell umgebaut?*
5. Die TN unterstreichen im Text Formulierungen, die man auch für einen Werbetext für ein anderes Modell benutzen kann. Sammeln Sie diese Formulierungen an der Tafel.

Haben Sie Mühe mit ...?
Kein Problem mehr für Sie, wenn Sie Ihr Multifunki zum ... umbauen.
Das geht schnell und einfach: ...
So ist endlich Schluss mit ...

c.

6. Erklären Sie den TN die Aufgaben. Die TN lesen die Beispiele für die Textanfänge. Gehen Sie mit den TN die Anweisungen im Kasten durch. Weisen Sie darauf hin, dass jeder Text eine Anleitung enthalten soll, wie das Fahrrad umgebaut werden kann. Erinnern Sie auch an den typischen appellativen Charakter der Werbtexte (Imperativ oder Fragen an den Leser).

7. Die TN wählen ein Fahrradmodell aus. Sie erhalten das passende Bild als Kopie. Sie schreiben zu dritt einen Werbetext. Gehen Sie dabei herum und helfen Sie bei Schwierigkeiten. Die TN gestalten aus ihrem Text und dem kopierten Bild ein Werbeplakat.

8. Die TN üben in den Kleingruppen, ihren Text laut zu lesen.

9. Zu jedem Modell wird mindestens ein Text laut vorgelesen. Die restlichen Texte werden korrigiert und danach im Kursraum aufgehängt.

Variante Sehr kreative TN erfinden ein neues Modell, zeichnen es und schreiben den Werbetext dafür.

Stillarbeit → AB S. 76 | **3** | **4** und S. 77 | **5**

Das Multifunktionsauto

Material

- unbeschriftete Plakate
- ggf. dicke bunte Stifte
- kleine Zettelchen
- Süßigkeiten als Preis

a.

1. Die TN überlegen sich in Kleingruppen eine Idee.

b.

2. Die TN lesen sich den Wortschatz zu den Autoteilen auf der Zeichnung durch. Sie fragen bei Verständnisschwierigkeiten nach.

3. Die TN schreiben einen Werbetext und gestalten ein Werbeplakat.

4. Die TN üben, ihren Text wie in einem Werbespot zu lesen.

c.

5. Jede Gruppe präsentiert ihren Text mithilfe ihres Plakates. Die Plakate werden nummeriert und im Kursraum sichtbar aufgehängt.

6. Die beste Idee wird prämiert. Dazu erhält jeder TN am Ende der Präsentationen einen Zettel. Jeder TN schreibt die Nummer der seiner Meinung nach besten Idee darauf. Bitten Sie die TN, sich nicht selbst zu nennen. Die Zettel werden eingesammelt. Jeder Zettel bedeutet einen Punkt für die Gruppe, deren Nummer darauf steht. Die Gruppe mit den meisten Punkten bekommt einen Preis, z. B. Gummibärchen.

Stillarbeit → AB S. 77 | **6**

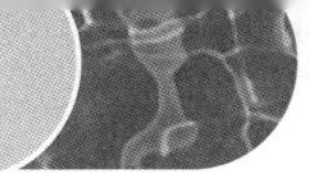

Fotodoppelseite

Zum Foto „Der letzte Stadtbauer"

Sprechen Die TN berichten, welche Aufgaben man hat, wenn man sich Tiere hält. TN, die selbst Haustiere haben, erzählen darüber.

Interkultureller Vergleich Sprechen Sie mit den TN darüber, was für die Landwirtschaft im Heimatland typisch ist, welche Tiere gezüchtet werden, welche Pflanzen angebaut werden, wo und wie Bauern leben.

Lesen / Schreiben Im Internet unter http://www.kaleidos.de/alltag/leute/land02.htm können die TN erfahren, wie ein Landwirt in Deutschland lebt. Die TN können selbst einen Bericht darüber schreiben.

Projekt Die TN überlegen sich eine Geschäftsidee, wie man mit Schafen am Stadtrand Geld verdienen kann. Verschiedene Ideen werden präsentiert. Die TN entscheiden sich für eine.

Die TN überlegen sich, welche Vorbereitungen für den Tag der Geschäftseröffnung getroffen werden müssen.

Die TN schreiben Werbetexte (vgl. → KB | LE 15) und Anzeigen (vgl. → KB | LE 12) für das Geschäft. Es kann auch ein Zeitungsartikel (vgl. → KB | LE 12) geschrieben werden. Hier kann auch arbeitsteilig vorgegangen werden; eine Gruppe fungiert z. B. als Werbeagentur und schreibt die Werbetexte und/oder Anzeigen, eine andere Gruppe spielt die Rolle der Journalisten und schreibt einen Zeitungsartikel.

Zum Foto „Das Multifunktionsauto"

Wortschatzwiederholung Die TN schreiben in Kleingruppen auf, welche Teile ein Auto hat (vgl. → KB | LE 15).

Sprechen Die TN überlegen sich in Kleingruppen, was die Personen auf den Fotos machen. Warum sitzen sie in den schwimmenden Autos? Welche Geschäftsidee liegt dem Foto zugrunde?
Die TN sammeln Ideen, was diese Autos alles können.

Schreiben Die TN schreiben Werbetexte und / oder Anzeigen für das wassertaugliche Multifunktionsauto.

Lesen Die TN lesen einen landeskundlichen Text über das Autofahren im Internet unter http://www.hueber.de/sixcms/list.php?page=landeskunde_5_1.
Der Text kann auch als PDF-Datei heruntergeladen und ausgedruckt werden.

Die TN lesen einen Text über den VW-Käfer unter http://www.dw-world.de/dw/article/0,2144,3258080,00.html.

Recherche Die TN recherchieren nach der Bedeutung der Autokennzeichen. Allgemeine Infos gibt es unter http://www.kaleidos.de/alltag/suche/autn02.htm. Woher die Autos kommen finden Sie unter http://www.oaw-home.de/kfz/ und http://de.wikipedia.org/wiki/Liste_der_Kfz-Kennzeichen_in_Deutschland heraus.

Weitere Spiele zu den Fotodoppelseiten unter www.hueber.de/lagune → Lehren.

Augenzwinkern

Die TN spielen den Dialog nach. Die TN können auch eine Variante an einem anderen Schauplatz mit dafür typischen Tätigkeiten spielen, z. B. im Büro (E-Mails schreiben, Unterlagen kopieren, Verträge durchlesen und korrigieren, Kaffee kochen, Rechnungen überweisen, Briefe frankieren) oder in der neuen Wohnung (Küche streichen, Waschmaschine anschließen, Müll wegräumen, Wände tapezieren, Bad sauber machen, Lampe aufhängen).

Themenkreis **Humor und Alltag**

Fotocollage

Material

- Folie der Fotocollage
- einzelne Folienstreifen mit folgenden Ausdrücken beschriftet: einsame Insel; Pfütze; mit dem Fahrrad unterwegs; große Meister; Witze erzählen; Komiker; Tomaten auf den Augen haben (Redensart); Cartoon-Zeichner; Durch Schaden wird man klug. (Sprichwort); der Blumenstrauß; ... wie ein Tiger

1. Die Bücher sind geschlossen. Projizieren Sie die Folie. Die TN betrachten die Folie.
2. Verteilen Sie die Folienstreifen an verschiedene TN.
3. Ein TN legt seinen Streifen zu dem passenden Foto auf den Overheadprojektor. Bei Zweifeln liest der TN den Streifen vor und fragt den Kurs, wohin er seinen Streifen legen soll. Sprechen Sie mit den TN über das zum Folienstreifen passende Foto. Als Sprechimpuls können die Fragen auf der Kopiervorlage **LE 16-1** dienen. Danach verfahren Sie mit den anderen Folienstreifen ebenso.

Variante

Material

- Folie der Fotocollage
- Fotos von der Collage kopiert und ausgeschnitten (je nach Kursstärke ein- bis zweimal)
- einzelne Folienstreifen mit denselben Ausdrücken wie oben beschriftet
- Kopien der Vorlage **LE 16-1 A+B** (je nach Kursstärke ein bis zweimal); Aufgaben zu den einzelnen Fotos auseinandergeschnitten

Die TN arbeiten in Zweiergruppen. Die von der Folie kopierten, ausgeschnittenen Fotos werden auf einen Tisch gelegt. Jede Gruppe wählt je nach Kursstärke zwei oder drei Fotos aus. Ein Foto darf durchaus auch zweimal gewählt werden. Wenn Fotos übrig bleiben, werden diese am Schluss wie oben beschrieben besprochen.

Jede Gruppe bekommt die zu ihren Bildern passenden Aufgaben. Weisen Sie die TN auf den Titel zu ihrem Foto hin. Die TN bearbeiten in fünf bis zehn Minuten die Aufgaben und machen sich Notizen dazu.

Die Folie wird projiziert. Die Gruppen präsentieren nacheinander ihre Arbeitsergebnisse. Jede Gruppe erhält zu Beginn ihrer Präsentation die Folienstreifen mit dem/den zu ihrem/ihren Foto/s passenden Titel/n. Die Titel werden zu den Fotos gelegt. Wenn zwei Gruppen dasselbe Foto gewählt haben, werden die Ideen zu diesem Foto nacheinander vorgestellt und verglichen.

Der Themenkreis schließt sich

Ideen

- Die TN suchen einen Witz aus einer Zeitung, Zeitschrift oder einer Witzseite aus dem Internet und erzählen oder spielen ihn im Kurs.
- Die TN erfinden einen Dialog zwischen einem Polizisten und dem Radfahrer, der in die Fußgängerzone gefahren ist (Foto 2. Zeile rechts). Der Radfahrer versucht, den Polizisten im Dialog davon zu überzeugen, dass er die Strafe von 25 Euro nicht bezahlen muss.
- Die TN machen online ein mit Fotos illustriertes Quiz zu Sprichwörtern unter http://www.goethe.de/z/jetzt/dejart32/dejreden.htm.
- Die TN stellen Redensarten und Sprichwörter auf Zeichnungen dar. Die anderen TN raten, welche Wendung gemeint ist.

16 Fokus Strukturen

Lernziel Cartoons verstehen und beschreiben; Witze lesen und selbst erzählen

1 Menschen im Regen

Material

Kopien der Vorlage **LE 16-2** (Kärtchen auseinandergeschnitten; pro Kleingruppe einen Kärtchensatz)

a.

1. Die TN betrachten die Zeichnungen und lesen die Satzanfänge. Klären Sie unbekannte Wörter. Die TN ergänzen im Kurs die Sätze und äußern weitere Beobachtungen zu den Fotos.

b.

2. Die TN kombinieren die Satzteile.

3. Besprechen Sie die Zuordnungen im Plenum und klären Sie dabei unbekannte Wörter. Gehen Sie mit einer Übersicht an der Tafel auf die Bedeutung der zweigliedrigen Junktoren ein. Schreiben Sie das Raster an. Fragen Sie die TN, mit welchen Junktoren die Bedeutungen in den Sätzen ausgedrückt werden. Schreiben Sie die Junktoren an die entsprechende Stelle in das Raster

Zweigliedrige Junktoren

Addition +	2 Negationen – –	Kontrast <–>	Alternative /
nicht nur ... sondern ... auch	weder ... noch	zwar ... aber	entweder ... oder

4. Die TN arbeiten in Kleingruppen. Geben Sie jeder Gruppe einen Kärtchensatz. Die TN bilden aus den Kärtchen Sätze, um sich die Struktur von Sätzen mit zweigliedrigen Junktoren bewusst zu machen. Weisen Sie die TN zu Beginn darauf hin, dass die Interpunktion und die Großschreibung am Satzanfang bei der Satzbildung helfen können. Geben Sie auch den Hinweis, dass man die zu einem Satz gehörenden Wörter an der grafischen Gestaltung erkennt.

5. Zur Korrektur werden die richtigen Sätze vorgelesen.

6. Verweisen Sie auf die Beispielsätze im Buch. Machen Sie darauf aufmerksam, dass *aber*, *oder* und *sondern* im Vorfeld des Satzes stehen. Der Teil *auch* von *sondern auch* steht normalerweise nach dem Verb des zweiten Satzes. Erklären Sie, dass *zwar* und *entweder* auch oft am Satzanfang stehen. Bitten Sie die TN die Beispielsätze aus dem Buch und von der Kärtchenübung so umzuformen, dass *zwar* und *entweder* am Satzanfang stehen.

2 Cartoons: „Auf der einsamen Insel“

0. In den Übungen **2** und **3** geht es um einen Mann auf einer einsamen Insel.

a.

1. Sprechen Sie kurz mit den TN darüber, welche Situationen der Mann auf der Insel erlebt.
2. Die TN ergänzen in Partnerarbeit die Sätze.
3. Besprechen Sie die Lösung. Klären Sie dabei unbekannten Wortschatz.

b.

4. Die TN überlegen sich zu zweit Vorschläge, was der Mann tun könnte.

Stillarbeit → AB S. 81 | **1** | **2** | **3**

3 Wie könnte der Mann die einsame Insel verlassen?

1. Erklären Sie den TN, dass der Mann schon lange auf dieser einsamen, unwirtlichen Insel ist. Er hält es kaum noch aus und braucht Hilfe von den TN, um die Insel verlassen zu können.
2. Die TN betrachten die Zeichnung im Buch. Sprechen Sie darüber, was alles am Strand liegt.
3. Die TN lesen den Beispieltext. Klären Sie unbekannte Wörter.
4. Die TN arbeiten zu zweit. Verfahren Sie wie auf ❖ S. 212 bei „Texte schreiben“ in den Schritten 1–3 beschrieben. Ein paar Texte werden im Kurs vorgelesen.

4 Witze aus einer Illustrierten

0. In den Übungen **4–6** darf über Witze gelacht werden.

a.

1. Die TN lesen die Anfänge der Witze.

Binnendifferenzierung TN, die schneller fertig sind, schreiben einen oder mehrere Texte weiter, wobei sie keine Pointe eines Witzes erfinden, sondern die normale Reaktion der beteiligten Personen beschreiben. Diese Texte bzw. Sätze werden bei Aufgabe b vorgelesen.

2. Klären Sie unbekannten Wortschatz. Gehen Sie besonders auf die Präposition *innerhalb* ein. Erklären Sie, dass diese Präposition sowohl temporal (etwas geschieht in einem bestimmten Zeitraum) als auch lokal (in einem bestimmten Raum / Gebiet, z. B. innerhalb der Stadt) benutzt wird. Die Präposition steht mit Genitiv oder mit *von* + Dativ. Führen Sie auch das Antonym *außerhalb* ein. Auch diese Präposition wird sowohl temporal (z.B. außerhalb der Öffnungszeiten) als auch lokal (z.B. außerhalb des Gebäudes) benutzt.

b.

3. Sprechen Sie mit den TN über die zu erwartenden Reaktionen.

c.

4. Die TN ergänzen zu zweit die Texte.
5. Besprechen Sie die Lösung im Kurs. Semantisieren Sie dabei unbekannte Wörter.

Stillarbeit → AB S. 82 | **4** | **5**

5 Wie könnten die Witze auch enden?

a.

1. Die TN lesen die Alternativen. Klären Sie unbekannte Wörter.
2. Diskutieren Sie im Kurs darüber, welche Alternativen am besten sind.

b.

3. Die TN erfinden in Partnerarbeit ein eigenes Ende für einen der Witze.
4. Die Enden werden im Kurs vorgetragen.
5. Die TN suchen in a. Verben, die eine Akkusativ- und eine Dativergänzung haben, und unterstreichen die Verben.
6. Zur Korrektur werden die Verben und die Ergänzungen vorgelesen. Fragen Sie die TN, wofür das Akkusativpronomen steht, z.B. im ersten Satz *sie* für *Zeitung*. Wiederholen Sie, dass bei Verben mit zwei Ergänzungen die Person im Dativ und die Sache im Akkusativ steht (vgl. *Lagune* 2 LE 1). Ausnahmen bilden dabei Verben mit Präpositionen.
7. Veranschaulichen Sie die Stellung der Ergänzungen an der Tafel.

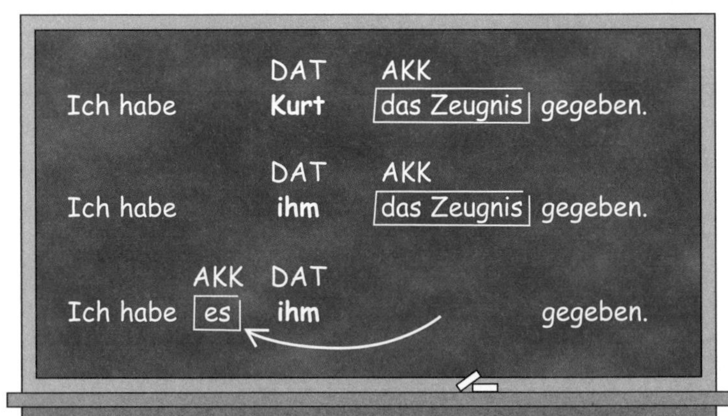

Erklären Sie den TN, dass sich die Reihenfolge der Ergänzungen nur dann ändert, wenn die Akkusativergänzung ein Personalpronomen ist.

8. Die TN lesen die Beispiele im Grammatikkasten im Buch. Fragen Sie jeweils, für welches Nomen die Pronomen stehen und welcher Kasus vorliegt.

6 Überraschende Reaktionen

Material

- Zeichnungen von → KB S. 83 vergrößert kopiert; Zeichnungen ausgeschnitten

a.

1. Die Bücher sind geschlossen. Die Zeichnungen werden auf einen Tisch gelegt. Die TN wählen in Kleingruppen eine Zeichnung und schreiben ein kurzes Gespräch dazu auf.
2. Die TN öffnen die Bücher. Die Gruppen lesen ihr Gespräch mit verteilten Rollen vor oder spielen es. Die übrigen TN betrachten dabei die Zeichnungen.

b.

3. Verfahren Sie wie auf ❖ S. 209 bei „Bild-Textzuordnung“ in den Schritten 1–2 beschrieben. Nach Schritt 1 ergänzen die TN die Pronomen.

c.

4. Die TN wählen zu zweit einen Witz aus und üben ihn ein.

5. Verschiedene Witze werden vorgespielt.

6. Weisen Sie auf die Präpositionen mit Genitiv im → AB S. 84 hin.

Stillarbeit → AB S. 82 | **6** und S. 83 | **7** | **8**

Zusatzübung

Material

- Kopiervorlage **LE 16-3A** und **B**; pro Spielgruppe je eine Kopie

Schreiben Sie eine Frage wie z. B. *Gibt die Tante dem Kind das Geschenk?* an die Tafel. Bitten Sie die TN, die Frage mit *ja* oder *nein* zu beantworten und dabei Pronomen zu verwenden, also *Nein/Ja, sie gibt es ihm (nicht).* Schreiben Sie die Antwort an die Tafel. Markieren Sie ggf. die Dativ- und Akkusativergänzung mit verschiedenen Farben.

Teilen Sie ihren Kurs in Dreier- oder Vierergruppen ein. Jede Gruppe erhält einen Satz der Kärtchen mit den Zahlen. Dieser wird gemischt und verdeckt mitten auf den Tisch gelegt. Jeder Mitspieler erhält einen Abschnitt von Teil B der Kopie mit Fragen und Antworten.

Geben Sie den TN die Anweisung, dass sie beim folgenden Spiel gefragt werden und – wie an der Tafel – mit Pronomen antworten sollen. Die TN können die Fragen nach Belieben mit *ja* oder *nein* beantworten.

Erklären Sie die Spielregeln:
Ziel des Spiels ist es, möglichst viele Kärtchen mit Zahlen und ggf. mit Jokern zu sammeln. Der jüngste Spieler beginnt und nimmt ein Kärtchen. Er liest die Zahl auf dem Kärtchen laut vor. Der TN, der die Frage mit dieser Nummer hat, liest die Frage laut vor. Der TN mit dem Zahlenkärtchen beantwortet die Frage. Der fragende TN kontrolliert mithilfe seines Fragenblatts. Wenn die Frage richtig beantwortet wurde, darf der Spieler die Zahl behalten. Wenn die Antwort grammatikalisch falsch war, muss das Zahlenkärtchen wieder in den Kärtchenstapel gemischt werden. Wenn eine Frage bis zum Ende von keinem TN richtig beantwortet werden kann, wird die Antwort am Ende des Spiels vorgelesen.

Es wird im Uhrzeigersinn gespielt. Wenn man ein Kärtchen mit der eigenen Nummer zieht, darf man einen beliebigen Spieler aus der Gruppe fragen. Wenn ein Spieler ein Jokerkärtchen zieht, darf er es behalten ohne eine Frage zu beantworten. Das Spiel ist zu Ende, wenn alle Kärtchen in der Mitte verteilt sind. Sie können das Spiel aber auch zeitlich begrenzen.

17 Fokus Lesen

Lernziel lustige (Bild-)Geschichten besprechen und selbst welche erfinden, Anekdoten lesen

Mit dem Rad unterwegs

a.

1. Die TN lesen still die Beispielsätze und äußern ihre eigenen Vermutungen zum Bild.

2. Fragen Sie die TN nach eigenen Erfahrungen mit der Polizei.

b.

3. Die TN lesen still die Zeitungsmeldung im Buch.

Binnendifferenzierung

Material

- Kopien der Vorlage **LE 17-1**

Geübtere TN knicken die Lösung um und machen die Wortschatzübung, nachdem sie den Text gelesen haben. Ungeübteren TN dient die Vorlage als Hilfe beim Textverständnis. Die TN entscheiden selbst, wie sie die Kopie benutzen.

c.

4. Die TN lösen in Partnerarbeit die Aufgabe.

5. Zur Korrektur lesen TN die Sätze vor. Klären Sie nach Bedarf unbekannte Wörter.

d.

6. Die TN diskutieren in der Klasse über das Verhalten der Dame.

e.

7. Die TN erarbeiten zu zweit neue Varianten der Geschichte. Regen Sie die TN dazu an, die Hauptfigur, die Straftat und die Reaktion der Passanten zu variieren. Die TN machen sich Stichpunkte. Verschiedene Varianten werden im Plenum erzählt.

8. Veranschaulichen Sie mithilfe des Tafelbildes die Funktion und Form des Plusquamperfekts.
Schreiben Sie zunächst die zwei Beispielsätze an.
Zeichnen Sie dann eine Zeitleiste mit der Angabe „jetzt". Machen Sie deutlich, dass die Zeitleiste links von „jetzt" die Vergangenheit repräsentiert.
Fragen Sie die TN, wo auf der Zeitleiste jeweils die Handlung des Nebensatzes und die des Hauptsatzes stehen. Tragen Sie die Handlungen (Aktion 1/2) auf der Zeitleiste ein. Zeichnen Sie zur Verdeutlichung der Vorzeitigkeit die Pfeile zwischen die Markierungen.
Gehen Sie dann darauf ein, dass das Plusquamperfekt mit der Präteritumform von den Hilfsverben *haben* oder *sein* und dem Partizip II gebildet wird. Fragen Sie die TN, wann welches Hilfsverb verwendet wird. Verweisen Sie auf den Grammatikkasten im Kursbuch, um das Plusquamperfekt vom Perfekt abzugrenzen. Geben Sie den TN den Hinweis, dass das Plusquamperfekt vor allem schriftlich verwendet wird.

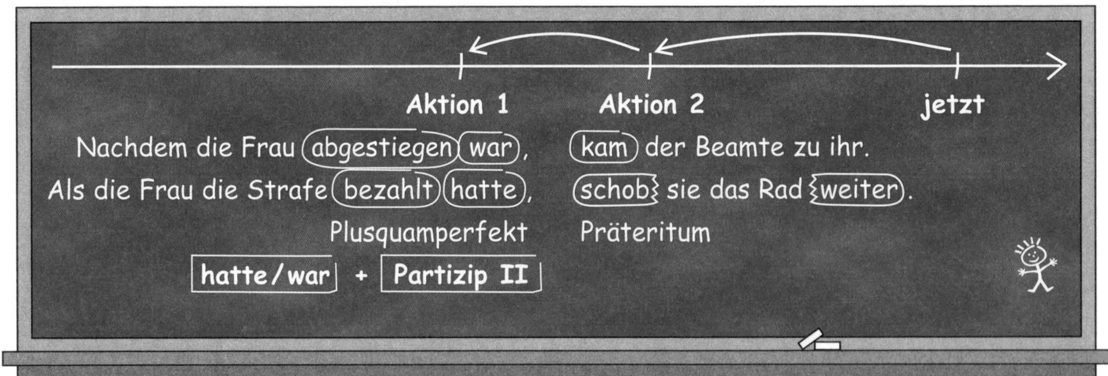

Weisen Sie darauf hin, dass *als* und *nachdem* immer Nebensätze einleiten. Erklären Sie auch, dass bei Satzgefügen mit *nachdem* immer ein Tempuswechsel notwendig ist (Es genügt auf diesem Niveau, auf den Wechsel von Plusquamperfekt zu Präteritum bzw. Perfekt einzugehen.). Während bei *als* im Haupt- und Nebensatz auch das gleiche Tempus stehen kann, z. B. *Als die Passanten der Frau Geld gaben, bedankte sie sich.*

Stillarbeit → AB S. 86 | **1** | **2**

Zusatzübung

Die TN stellen sich vor, sie wären die ältere Frau oder der Polizist. Sie erzählen die Geschichte aus der von ihnen gewählten Perspektive einer Freundin im Café (auch eine ältere Frau) oder einem Kollegen (auch ein Polizist).

Geben Sie Redemittel für den Anfang der Erzählung (*Stell dir vor, was mir passiert ist: ...*) vor.

Die TN bereiten sich auf das Erzählen mit ein paar Stichpunkten vor.

2 Die Macht der Töne

a.

1. Die TN betrachten die Bilder und lesen die Beispielsätze.
2. Besprechen Sie die Namen der Instrumente aus der Bildergeschichte. Wiederholen Sie auch den Ausdruck *Wasser auf jemanden schütten*.
3. Die TN erzählen der Reihe nach die Geschichte. Nach jeder Zeichnung fährt ein anderer TN fort.

b.

4. Die TN diskutieren, warum sich die Frau so benimmt.
5. Die TN erfinden in Partnerarbeit ein Ende für die Geschichte und tragen es im Kurs vor.

d.

6. Die TN suchen das Bild für das Ende der Geschichte im → KB S. 140 und vergleichen es mit ihren Varianten.

3 Persönlichkeiten aus der Welt der Musik

Material

- Bilder sowie biografische Angaben (ohne übrige Texte) von → KB S. 87 vergrößert kopiert und auseinandergeschnitten, sodass es acht Teile ergibt. Die Namen der großen Meister stehen sowohl unter den Bildern als auch über den biografischen Angaben. Kopieren Sie für je acht TN einen Satz Bilder und Biographien. Kleben Sie dabei die Sätze jeweils möglichst auf verschiedenfarbiges Papier.

0. Die Übungen **3** bis **5** beschäftigen sich mit den Anekdoten auf → KB S. 87.
1. Wiederholen Sie anhand des Fotos von Beethoven auf der Fotocollage → KB S. 79 oder anhand eines anderen großen Meisters Verben für biografische Angaben wie z. B. *wurde geboren, kam zur Welt, arbeitete (als), spielte, leitete, war, starb*. Schreiben Sie die Verben im Präteritum an die Tafel.
2. Die TN arbeiten – wenn möglich – in Gruppen zu acht zusammen. Um Kleingruppen mit sechs TN bilden zu können, lassen Sie das Bild und die Informationen über Beethoven weg. Verteilen Sie die kopierten Zettel. Die Gruppen werden gebildet, indem sich TN mit gleichfarbigen Zetteln zusammenfinden. Ein TN zeigt sein Bild und nennt den Namen des großen Meisters. Der TN, der die passenden Informationen hat, stellt die Person mithilfe der Angaben auf dem Zettel vor. Dabei helfen die Verben an der Tafel.

4 Anekdoten über große Meister

a.

1. Erklären Sie den TN, dass Anekdoten humorvolle Geschichten sind, die aber nicht immer der Wahrheit entsprechen.
2. Die TN lesen still die Anekdote und ordnen die Sätze der Aufgabe.
3. Die TN vergleichen die Lösung mit ihrem Nachbarn. Helfen Sie bei Unklarheiten. Klären Sie unbekannte Wörter.

b.

4. Verfahren Sie wie auf ❖ S. 209 bei „Leseverstehen" in den Schritten 1–5 beschrieben. Der Vergleich mit dem Nachbarn (Schritt 3) kann wegfallen.

c.

5. Die TN lesen die Texte und machen sich dabei Stichpunkte zur Handlung.
6. Die TN erzählen sich die Anekdoten in Partnerarbeit; dabei übernimmt jeder TN einen Meister.

Binnendifferenzierung Geübtere TN lesen beide Texte, während sich ungeübtere auf einen der beiden Texte konzentrieren.

5 Die kleinen Schwächen der großen Meister

a.

1. Die TN lesen jeweils den letzten Abschnitt der Anekdoten und kreuzen die richtigen Aussagen an.
2. Besprechen Sie die Lösung im Kurs. Klären Sie bei Bedarf unbekannte Wörter.

b.

3. Die TN sprechen über die Schwächen der großen Meister. Klären Sie dabei die Ausdrücke im Kasten.
4. Die TN erzählen über eigene kleine Schwächen.

Stillarbeit → AB S. 87 | **3** | **4** und S. 88 | **5** | **6** | **7** | **8**

Zusatzübungen

Wortbildung

Material

- Kopiervorlage **LE 17-2** (pro Kleingruppe eine Kopie)

Kopieren Sie die Vorlage auf verschiedenfarbiges Papier, um die Kärtchen-Sätze auseinanderhalten zu können. Schneiden Sie die Kärtchen aus und falten Sie diese in der Mitte und kleben Sie sie zusammen.

Jede Kleingruppe erhält einen Satz Kärtchen. Bitten Sie die TN, die Kärtchen mit der dunkleren Seite nach oben zu legen.

Sagen Sie den TN, dass aus den Adjektiven auf den Kärtchen Nomen mit den Endungen *-heit*, *-keit* und *-e* gebildet werden können. Weisen Sie auch darauf hin, dass Nomen mit den Endungen *-heit* und *-keit* **immer** feminin und Nomen mit der Endung *-e* **meistens** feminin sind. Schreiben Sie die Endungen an die Tafel.

Geben Sie den TN auch die Endungen der Adjektive (*-ig*, *-lich* und *-isch*) vor, die aus den Nomen gebildet werden können.

Die TN arbeiten in der Kleingruppe reihum. Ein TN liest ein Wort von der Vorderseite (dunkler) eines Kärtchens vor und nennt das Adjektiv bzw. das Nomen, das daraus gebildet werden kann. Danach kontrolliert der TN, indem er das Kärtchen umdreht.

Bildgeschichte

Material

- „Vater und Sohn"-Bildgeschichte von e.o. plauen (z. B. http://www.hueber.de/sixcms/media.php/36/VaterSohn.pdf oder mithilfe von Google-Bildersuche aus dem Internet)
- zur Biografie: http://www.vaterundsohn.de/erichOhser.asp?WKorbUID=847662&be=eo. Ein Text zur Biografie kann auch als PDF-Datei ausgedruckt werden.

Die TN erfinden Sprechblasen zu einer „Vater und Sohn"-Bildgeschichte.

Sie können den TN auch den Teil einer Geschichte vorgeben und die TN erfinden und zeichnen das Ende selbst. Eine andere Möglichkeit ist, die Zeichnungen zu nummerieren und auseinanderzuschneiden. Jeder TN bekommt eine Zeichnung. Die Zeichnungen werden der Reihe nach (Nummerierung) von den TN beschrieben und jeweils nach der Beschreibung nebeneinander aufgehängt. Nach und nach entsteht die Bildgeschichte. Geben Sie bei schwer zu beschreibenden Vorgängen ein paar Wörter als Hilfe vor.

Die TN können sich auch wahlweise mit der Biografie von Erich Ohser (1903–1944), der unter dem Pseudonym e. o. plauen bekannt wurde, beschäftigen und den Zeichner in einem kurzen Vortrag vorstellen. Material ist z. B. im Internet (siehe oben) zu finden.

18 Fokus Hören

Lernziel erzählte Witze verstehen und nacherzählen; situativer Kontext von Witzen; Comedy in den Medien

„Kennt ihr den schon?"

0. In den Übungen **1** bis **3** geht es um Witze.

a.

1. Wenn Sie gerne Witze erzählen, geben Sie einen als Einstimmung ins Thema zum Besten.

2. Verfahren Sie wie auf ❖ S. 209 bei „Hörverstehen" in den Schritten 1–7 beschrieben.

b.

3. Die TN erklären den Witz.

4. **Stillarbeit** → AB S. 91 | **1**

c.

5. Verfahren Sie wie auf ❖ S. 209 bei „Hörverstehen" in den Schritten 2–7 beschrieben.

d.

6. Die TN erklären den Witz mit eigenen Worten.

7. Schreiben Sie den ersten Satz des Tafelbildes an.

Bitten Sie die TN, den Satz durch Pronomen zu verkürzen, da der Informationsgehalt des Satzes inzwischen bekannt ist. Schreiben Sie verschiedene Varianten – wie auf dem Tafelbild vorgegeben – an (Definitpronomen und Personalpronomen für die Akkusativ-Ergänzung).

Fragen Sie die TN nach dem Kasus der Ergänzungen und beschriften Sie diese. Veranschaulichen Sie dadurch, dass anders als beim Personalpronomen (vgl. → KB | LE 16) ein Definitpronomen oder Nomen im Akkusativ nach der Dativergänzung steht.

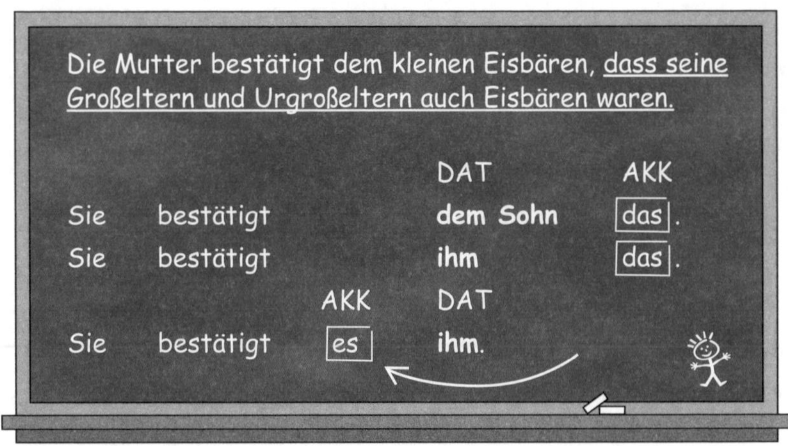

8. Stillarbeit → AB S. 91 | **2**

e.

9. Die TN hören den dritten Witz.

10. Nach dem ersten Hören lesen sie die Angaben im Buch.

11. Die TN hören den Text noch einmal und verfolgen die Angaben mit.

12. Stillarbeit → AB S. 91 | **3**

13. Die TN erzählen den Witz mithilfe der Angaben. Beginnen Sie damit im Plenum. Nach dem ersten Satz fahren die TN in Partnerarbeit fort, dabei wechseln sie sich mit dem Erzählen ab.

f.

14. Die TN sprechen im Kurs über die Fragen.

2 „Den Witz kannst du auf keinen Fall erzählen!"

a.

1. Verfahren Sie wie auf ❖ S. 209 bei „Hörverstehen" in den Schritten 1–7 beschrieben. Schritt 4 (Vergleich der Lösung mit dem Nachbarn) können Sie weglassen.

b.

2. Die TN machen im Plenum Vorschläge für eine Betriebsfeier.

c. und d.

3. Verfahren Sie wie auf ❖ S. 209 bei „Hörverstehen" in den Schritten 2–6 beschrieben.

Binnendifferenzierung Ungeübtere TN beschränken sich beim Hören auf Aufgabe c.

Stillarbeit → AB S. 92 | **4**

3 Worüber sollte man keine Witze machen bzw. erzählen?

1. Diskutieren Sie mit den TN über die angegebenen Themen. Gehen Sie auf interkulturelle Unterschiede ein.

4 Monikas Haare

0. In den Übungen **4** und **5** dreht sich alles um Scherze.

Material für die Variante (Schritt 6)

- 16 Zettel (ca. DIN A5) mit den Pronomen *mir* (achtmal), *den, ihn, die* (zweimal), *sie* (zweimal), *das, es* beschriftet
- Klebestreifen oder Magnete

a.

1. Sprechen Sie mit den TN über die Situation auf dem Foto.

b.

2. Die TN hören (ohne vorher die Angaben zu lesen, bei geschlossenem Buch) die CD.

3. Verfahren Sie beim zweiten Hören wie auf ❖ S. 209 bei „Hörverstehen" in den Schritten 2–7 beschrieben. Schritt 4 (Vergleich der Lösung mit dem Nachbarn) können Sie weglassen.

4. Erklären Sie den TN, dass es in Deutschland wie in vielen europäischen Ländern üblich ist, den Leuten am ersten April etwas glaubhaft zu erzählen, was nicht stimmt. Man freut sich dann, wenn die anderen auf den Scherz hereinfallen, wenn man sie also *in den April geschickt hat*. Man sagt dann, wie Martin im Hörtext, *April, April!* Zum Teil pflegen sogar Zeitungen, Radio- und Fernsehsender die Tradition des Aprilscherzes.

c.

5. Diskutieren Sie über Martins Scherz.

6. Wiederholen Sie die Form und die Stellung von Personal- und Definitpronomen im Akkusativ, indem Sie Beispielsätze wie im Grammatikkasten an die Tafel schreiben: *Ich brauche den Spiegel/die Haarfarbe/das Shampoo/die Handtücher. Bringst du …* Fragen Sie die TN jeweils nach der korrekten Form der Pronomen.

Variante für Schritt 6

Verteilen Sie die Zettel mit den Pronomen an verschiedene TN.

Schreiben Sie *Ich brauche den Spiegel. Bringst du* (diesen Satzanfang zweimal untereinander) an die Tafel. Bitten Sie TN, die passende Pronomen haben, sich zu melden. Bestimmen Sie TN, die ihre Pronomenzettel an der richtigen Position an die Tafel heften. Schreiben Sie die oben genannten Sätze mit anderen Gegenständen (z. B. *die Haarfarbe, das Shampoo, die Handtücher*) an. Die TN ergänzen – wie oben beschrieben – die Pronomen.

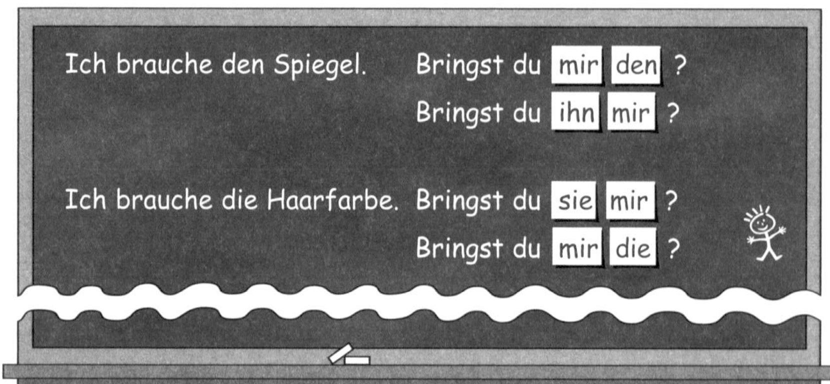

Stillarbeit → AB S. 92 | **5** und S. 93 | **6**

5 Scherze

a.

1. Die TN berichten im Kurs über Scherze. Die Fragen im Buch dienen als Anregung.

b.

2. Die TN erarbeiten in Kleingruppen eine Idee für einen Aprilscherz.

c.

3. Jede Gruppe stellt ihre Idee vor. Die Ideen können natürlich auch ausprobiert werden.

Ein Fernseh-Sketch

Material für die Variante (Schritt 3)

- Repliken von b vergrößert kopiert und auseinandergeschnitten (pro Kleingruppe einen Repliken-Satz)

0. In den Übungen 6 und 7 geht es um Humor im Fernsehen.

a.

1. Die TN überlegen sich zu zweit den situativen Hintergrund für das Foto.

2. Die Gruppen äußern ihre Vermutungen.

b.

3. Die TN rekonstruieren den Dialog im Buch. Klären Sie ggf. Wortschatzfragen.

Variante für Schritt 3 Die TN rekonstruieren in Kleingruppen den Dialog anhand der Papierstreifen. Klären Sie ggf. Wortschatzfragen.

c.

4. Die TN hören den Dialog je nach Bedarf ein- oder zweimal und vergleichen mit ihrer Reihenfolge.

d.

5. **Stillarbeit** → AB S. 93 | 7

6. Die TN lesen den Dialog in Partnerarbeit mit wechselnden Rollen zweimal.

7. Die TN spielen den Dialog zu zweit.

8. Ein paar Beispiele werden im Kurs vorgespielt.

Humor im Fernsehen

1. Besprechen Sie mit den TN die Fragen und die Beispielsätze.

2. Verfahren Sie wie auf ❖ S. 211 bei „Gespräch über ein Thema“ in den Schritten 4–5 beschrieben.

3. Sprechen Sie im Kurs über das Thema.

19 Fokus Sprechen

Lernziel Alltagsbegebenheiten erzählen

„M" und „n"

a.

1. Die TN hören die CD und sprechen nach jeder Zeile nach. Bei Bedarf wird dieser Schritt wiederholt.
2. Fragen Sie die TN, in welchen Fällen man z. B. *dem* oder *den* benutzt.

b.

3. Die TN hören und ergänzen die Buchstaben.
4. Schreiben Sie zur Korrektur auf Zuruf der TN die Pronomen in der Reihenfolge wie auf der CD an.

Tipp Wenn TN Schwierigkeiten bei der Aussprache haben, geben Sie Ihnen folgende Hinweise: Die Lippen sind bei der Aussprache von „m" geschlossen und vibrieren leicht. Bei der Aussprache von „n" ist der Mund geöffnet. Die Zungenspitze liegt hinter den oberen Schneidezähnen, an den Nasenflügeln ist eine leichte Vibration zu spüren.

Stillarbeit → AB S. 95 | 1

Zungenbrecher

a.

1. Die TN versuchen, den ersten Zungenbrecher zu sprechen. Erklären Sie das Wort *Zungenbrecher*, verweisen Sie dabei auf die Bemühungen der TN.
2. Die TN hören den ersten Zungenbrecher von der CD, der (wie auch die anderen auf der CD) zunächst langsam und dann schneller gesprochen wird.

b.

3. Verfahren Sie mit den übrigen Zungenbrechern wie mit dem ersten. Klären Sie ggf. unbekannte Wörter.

c.

4. Jeder TN übt einen Zungenbrecher seiner Wahl.
5. Die Zungenbrecher werden im Kurs vorgetragen.

d.

6. Sprechen Sie über Zungenbrecher. Die TN geben Beispiele aus ihrer Muttersprache und übersetzen sie.

Stillarbeit → AB S. 95 | 2

Zusatzübung Die TN erfinden zu einem Laut, der ihnen persönlich schwer fällt, einen Zungenbrecher. Dabei können auch Interessengruppen gebildet werden. Helfen Sie beim Einüben. Die Zungenbrecher werden im Kurs vorgetragen.

3 Es ihm - ihn ihr - ...

a.

1. Die TN ergänzen die Pronomen.

b.

2. Zur Korrektur werden die Reime gehört.
3. Spielen Sie die Reime noch einmal vor. Stoppen Sie die Aufnahme sofort nach dem zweiten Verb. Die TN sprechen im Chor den Rest des Reimes. Schalten Sie die Aufnahme wieder ein. Die TN hören die korrekte Version des Satzes.

c.

4. Die TN erfinden zu zweit Reime.
5. Die Reime werden im Kurs vorgetragen

Variante Die TN erfinden in Partnerarbeit Reime und schreiben sie auf ein Blatt Papier; anstelle der Personalpronomen lassen sie wie bei a Lücken. Die Reime werden der nächsten Gruppe weitergereicht. Diese ergänzt die Lücken und liest die Reime vor. Dabei werden Fehler korrigiert.

Stillarbeit → AB S. 96 | 3

4 Überraschender Besuch

Material

- Kopiervorlage **LE 19-1** auf Folie kopiert und in Streifen geschnitten

a.

1. Verfahren Sie wie auf ❖ S. 211 bei „Gespräche hören und nachspielen “ in den Schritten 1–5 beschrieben.

b.

2. Verteilen Sie die Folienstreifen an die TN. Die TN legen ihre Streifen in der richtigen Reihenfolge auf den Overheadprojektor, sodass ein Dialoggerüst entsteht. Der Projektor bleibt bis zum Ende von Aufgabe b. eingeschaltet.
3. Verfahren Sie wie auf ❖ S. 211 bei „Gespräche hören und nachspielen “ in den Schritten 7–9 beschrieben.

c.

4. Veranschaulichen Sie die Verwendung von *nicht* und *nichts* durch Beispielsätze an der Tafel. Erklären Sie den TN, dass *nichts* für eine konkrete Sache steht. *Nichts* kann z. B. durch *etwas* ersetzt werden, was zwar die Bedeutung verändert, aber grammatikalisch ebenso korrekt ist. Es gibt auch Sätze, in denen sowohl *nicht* als auch *nichts* stehen kann, z. B. *Ich kaufe nichts ein.* und *Ich kaufe nicht ein.*

5. **Stillarbeit** → AB S. 97 | 5

6. Die TN bereiten das Gespräch zu zweit vor.

7. Ein paar Gespräche werden im Kurs gespielt.

8. Veranschaulichen Sie an der Tafel die Struktur der Indefinitpronomen mit Adjektiven als Nomen. Weisen Sie die TN darauf hin, dass das Adjektiv in dieser Funktion immer groß geschrieben ist und nach diesen Artikelwörtern die Endung für Neutrum bekommt. Die Indefinitpronomen bezeichnen dabei eine unbestimmte Sache oder einen Sachverhalt.

9. Stillarbeit → AB S. 97 | **6**

10. Zeigen Sie den TN die Grammatikübersicht im → AB S. 98 | **7** und **8**. Weisen Sie dabei darauf hin, dass die Indefinitpronomen auch oft mit Verben im Infinitiv kombiniert werden.

Stillarbeit → AB S. 96 | **4**

5 Das war eine verrückte Geschichte!

a.

1. Die TN betrachten die Bildergeschichte A. Sprechen Sie im Kurs darüber und erarbeiten Sie dafür relevanten Wortschatz wie z. B. *Salz und Zucker verwechseln*. Verfahren Sie mit Geschichte B ebenso.

b.

2. Die TN wählen in Partnerarbeit eine Geschichte aus.

3. Die TN lesen die vorgegebenen Sätze und wählen die für ihre Geschichte passenden Formulierungen aus. Klären Sie ggf. unbekannten Wortschatz.

4. Die TN üben ein Gespräch ein.

5. Ein paar Gespräche werden im Kurs vorgespielt.

c.

6. Verfahren Sie wie auf ❖ S. 211 bei „Gespräch über ein Thema" in den Schritten 4–6 beschrieben. Regen Sie die TN dazu an, als Einleitung für die Erzählung und für die Reaktion des Zuhörers Redemittel aus b. zu benutzen.

Zusatzübung Die TN denken sich in Kleingruppen kleine Geschichten aus, in denen Missgeschicke passieren. Sie spielen die Missgeschicke pantomimisch vor. Die anderen TN raten, was passiert ist.

Wenn das Geschehen schwer zu erraten ist, dürfen Fragen gestellt werden, die von der Pantomimegruppe allerdings nur mit „ja" oder „nein" beantwortet werden.

20 Fokus Schreiben

Lernziel Redensarten und Sprichwörter in kleinen Geschichten anwenden

Hören Sie zu und schreiben Sie.

1. Verfahren Sie wie auf ❖ S. 212 bei „Diktat" den Schritten 1–5 beschrieben.

Bildhafte Vergleiche mit Tieren

a.

1. Semantisieren Sie die unbekannten Adjektive aus dem Kasten.
2. Die TN ergänzen die Adjektive.
3. Die TN vergleichen ihre Lösung mit → KB S. 222.

b.

4. Die TN lesen still die Beispiele.
5. Die TN schreiben zu zweit Sätze.
6. Jede Gruppe liest ein paar ihrer Sätze vor, ohne den Vergleich zu nennen. Die anderen TN raten, welcher Vergleich gemeint ist.

c.

7. Die TN sprechen über Vergleiche in ihrer Sprache.

Redensarten

a. und b.

1. Erzählen Sie den TN – ähnlich wie in Übung **2** – kleine Episoden, in denen *Tomaten auf den Augen haben* und *ein Auge zudrücken* vorkommen. Beide Wendungen sind schon bekannt (Einstiegsseite mit Fotocollage; Kopiervorlage **LE 17-1**). Fragen Sie die TN, was diese Redensarten bedeuten.
2. Verschiedene TN lesen jeweils einen der Texte laut vor.
3. Klären Sie nach jedem Text ggf. unbekannte Wörter.
4. Die TN suchen jeweils, nachdem der entsprechende Text gelesen wurde, die Bedeutung der Redensart im Teil b der Aufgabe.

c.

5. Die TN schreiben in Partnerarbeit Variationen der Texte. Gehen Sie herum und helfen Sie bei Schwierigkeiten.
6. Die Texte werden jeweils mit einer anderen Gruppe ausgetauscht. Diese darf auch Korrekturen vornehmen.

Stillarbeit → AB S. 99 | **1** | **2**

Sprichwörter

0. In den Übungen **4–8** dreht sich alles um Sprichwörter.

Material für die Variante

- Sprichwortteile in gelben Kästen → KB S. 98 vergrößert kopiert und senkrecht und waagrecht auseinandergeschnitten; für jeweils 2 TN einen Sprichwortteile-Satz

a.

1. Erklären Sie den TN, dass sie in den Kästen Teile von Sprichwörtern finden. Die TN kombinieren zu zweit die Teile der Sprichwörter. Klären Sie unbekannte Wörter.

b.

2. Die TN schreiben ihre Kombinationen auf.

3. Die Lösungen werden im Plenum verglichen.

Variante für a und b Die TN kombinieren in Partnerarbeit die Teile der Sprichwörter auf den Papierstreifen. Sie vergleichen ihre Lösung mit dem Kursbuch S. 222.

Binnendifferenzierung Gruppen, die sehr schnell fertig sind, überlegen sich Beispiele für die Anwendung der Sprichwörter. Die Beispiele werden dann in Schritt 4 besprochen.

c.

4. Diskutieren Sie im Kurs über die Bedeutung der Sprichwörter. Regen Sie die TN dazu an, Redemittel wie *die Bedeutung von … ist* und *das heißt/bedeutet* zu benutzen. Ermuntern Sie die TN, Situationen, in denen man die Sprichwörter anwenden kann, zu finden oder geben Sie selbst welche vor.

Lügen haben kurze Beine.

a.

1. Die TN lesen still die Sprichwörter und die Erklärungen.

2. Sie diskutieren in Kleingruppen über die Lösungen und notieren diese.

Binnendifferenzierung Gruppen, die sehr schnell fertig sind, überlegen sich Beispiele für die Anwendung der Sprichwörter. Die Beispiele werden dann in Schritt 3 besprochen.

b.

3. Besprechen Sie die Lösungen im Kurs. Regen Sie die TN dazu an, Situationen, in denen man die Sprichwörter anwenden kann, zu finden oder geben sie selbst welche vor.

Stillarbeit → AB S. 100 | 3

Auf dem Parkplatz

Material

- Zeichnungen auf Folie kopiert und auseinandergeschnitten

a.

1. Schreiben Sie die Wörter aus dem gelben Kasten an die Tafel. Erklären Sie den TN, dass sie gleich eine Bildgeschichte sehen werden, die mithilfe der Wörter an der Tafel erzählt werden kann.
   Verteilen Sie die vier Zeichnungen an vier verschiedene TN.
2. Bitten Sie den TN mit der ersten Zeichnung der Bildgeschichte, seine Folie auf den eingeschalteten Projektor zu legen. Die TN beschreiben im Plenum, was sie sehen.
3. Bitten Sie den TN, der glaubt die zweite Zeichnung zu haben, diese zu projizieren. Wenn die Reihenfolge nicht richtig ist, regen Sie die TN mit den Folienteilen dazu an, zu überlegen, ob nicht ihre Zeichnung an der Reihe wäre. Wenn das zweite Bild auf dem Projektor liegt, wird von den anderen TN der Fortgang der Geschichte beschrieben. Verfahren Sie mit den übrigen Bildern ebenso.

b.

4. Die TN öffnen das Buch und lesen die Sprichwörter.
5. Diskutieren Sie im Kurs, welches Sprichwort am besten passt.

Stillarbeit → AB S. 100 | **4** und S. 101 | **5**

Ende gut, alles gut.

Material

- Zeichnungen mit Textanfängen von → KB S. 99, jeweils vergrößert auf einzelne Blätter kopiert
- leere Blätter ggf. Buntstifte
- für die Variante zur Gruppenbildung: Zettel (in Kursstärke) mit der ersten oder zweiten Hälfte eines Sprichwortes aus der LE beschriftet, beide Hälften jedes Sprichworts müssen auf den Zetteln vorhanden sein

a.

1. Klären Sie die Bedeutung des Sprichworts *Ende gut, alles gut*.
2. Sprechen Sie über die auf den Zeichnungen dargestellten Situationen.
3. Die TN lesen die Anfänge der Geschichten. Klären Sie unbekannten Wortschatz.

Variante zur Gruppenbildung Jeder TN erhält einen Zettel mit dem Teil eines Sprichworts. Die TN gehen herum und suchen den Partner, der die passende Sprichworthälfte hat. Die TN arbeiten ab Schritt 4 zusammen.

4. Die TN wählen einen der Anfänge oder entscheiden sich für eine eigene Variante und schreiben in Partnerarbeit eine Geschichte. Wenn die TN fertig sind wird die Geschichte auf die vorbereiteten bzw. kopierten Blätter mit den Zeichnungen und den Textanfängen geschrieben und schön gestaltet.

b.

5. Einige Geschichten werden im Kurs vorgelesen. Korrigieren Sie nach Möglichkeit die Texte und hängen Sie sie im Kursraum auf.

Stillarbeit → AB S. 101 | **6** (Diese Übung kann für ungeübtere TN binnendifferenzierend statt KB Übung **7** angeboten werden)

8 Sprichwörter in Ihrer Muttersprache

1. Die TN arbeiten – wenn möglich – in Ländergruppen oder einzeln. Sie überlegen sich zwei häufig verwendete Sprichwörter. Die in der Lerneinheit vorgestellten Sprichwörter können als Anregung dienen. Die TN bereiten sich darauf vor, das gewählte Sprichwort zu übersetzen und vielleicht auch anhand eines Beispiels zu erklären.
2. Die TN berichten über ihre Sprichwörter. Die Sprichwörter der einzelnen Länder werden miteinander verglichen.

Zusatzübungen

Sprichwortpantomime

Material

- 10–15 Kärtchen mit Sprichwörtern und Redensarten aus der LE beschriftet, die sich pantomimisch gut darstellen lassen, wie z. B. *Tomaten auf den Augen haben, eine Hand wäscht die andere* (je zwei Kärtchensätze)

Schreiben Sie alle Sprichwörter und Redensarten von den Kärtchen an die Tafel, um später das Raten zu erleichtern.

Teilen Sie den Kurs in zwei Gruppen. Für jede Gruppe steht links oder rechts neben der Tafel ein Stuhl, auf dem die Zettel in der Reihenfolge vermischt und mit der Schrift nach unten liegen. Die zwei Großgruppen stehen jeweils in der ihrem Stuhl gegenüberliegenden Ecke des Raumes, sodass sie die Tafel sehen können.

Die beiden Gruppen spielen gleichzeitig.

Ein TN jeder Gruppe geht zum Stuhl, nimmt einen Zettel und stellt die dargestellte Wendung pantomimisch dar. Die übrigen TN der eigenen Gruppe raten, welche der an der Tafel stehenden Wendungen dargestellt wurde. Wenn eine Wendung erraten wurde, ist der nächste TN der eigenen Gruppe mit dem Vorspielen an der Reihe.

Die Gruppe, die zuerst alle Redewendungen erraten hat, ist Sieger und bekommt einen kleinen Preis, z. B. in Form von Süßigkeiten.

Fotodoppelseite

Zum Foto „Lachtraining"

Sprechen Sprechen Sie im Kurs darüber, warum die Frauen Lachtraining machen. Die TN stellen Vermutungen an, wie so eine Veranstaltung ablaufen könnte.

Sprechen Sie auch darüber, ob es im Heimatland der TN ähnliche Veranstaltungen gibt. Thematisieren Sie in Inlandskursen, oder wenn die TN Deutschland kennen, auch interkulturelle Unterschiede beim Lachen. Wie oft und in welchen Situationen bzw. worüber wird in Deutschland/im eigenen Land (nicht) gelacht?

Worüber lachen die Frauen? Jede Frau lacht über etwas anderes. Die TN denken sich zu zweit den Grund für das Lachen von einer der Frauen aus.

Die TN überlegen sich in Partnerarbeit eine Biografie und die Lebensumstände für eine der Teilnehmerinnen des Lachtrainings.

Miniprojekt Die TN planen einen Abend/ein Wochenende, an dem viel gelacht werden soll. Sie schlagen dem Kurs lustige Aktivitäten wie z. B. Filmabend, Witze erzählen usw. vor.

Recherchen Die TN recherchieren zum Lachseminar unter http://www.gluexkeks.de/lach-seminar.html (z. B. Ort, Zeit, Kosten, Voraussetzungen, Wirkungen) oder sie geben „Lachseminar" in eine Suchmaschine ein. Die TN recherchieren z. B. unter http://www.lachseminare.de/hasya-yoga.pdf Lachübungen und stellen sie im Kurs vor. Der Text kann auch ausgedruckt werden.

Schreiben Die TN schreiben in Kleingruppen einen Brief oder eine Postkarte vom Wochenendseminar „Lachtraining". Dabei können sie sich begeistert oder negativ über das Seminar äußern.

Zum Foto „Wassermusik"

Sprechen Wie kommt es, dass der Musiker im Wasser spielt? Die TN überlegen sich in Kleingruppen die Vorgeschichte zu diesem Foto.

Die TN bereiten in Partnerarbeit ein Gespräch vor. Ein Beobachter erzählt seinem Kollegen, dass er einen Musiker im Wasser gesehen hat (vgl. → KB | LE 19 | **4** | **5**). Er berichtet auch, was er davor und danach gesehen hat.

Schreiben Die TN wählen in Partnerarbeit fünf Redensarten und Sprichwörter aus. Sie schreiben eine Geschichte zum Foto, in der diese vorkommen.

Weitere Spiele zu den Fotodoppelseiten unter www.hueber.de/lagune/ → Lehren.

Augenzwinkern

Die TN spielen den Dialog nach. Die ersten drei Witzanfänge können variiert werden. Die TN beginnen, die Witze zu erzählen, die sie im Themenkreis kennengelernt haben.

Themenkreis **Vergangenheit und Zukunft**

Fotocollage

Material

- Folie der Fotocollage; einzelne Fotos ausgeschnitten
- Folienstreifen mit folgenden Ausdrücken beschriftet: *Berliner Mauer fällt; Zukunft des Wohnens; die Wahrsagerin; das Weltall; der Dinosaurier; die Erfindung* (2x); *der Eisberg; der Roboter*

1. Die Bücher sind geschlossen. Verteilen Sie die Folienstreifen an verschiedene TN.
2. Legen Sie eines der ausgeschnittenen Fotos auf den Projektor. Erklären Sie den TN, dass Sie nach und nach verschiedene Fotos zum Thema *Vergangenheit und Zukunft* auf den Projektor legen werden. Bitten Sie die TN, ihren Streifen auf den Projektor zu legen, wenn er ihrer Meinung nach zum Foto passt. TN, die sich über die Bedeutung ihres Folienstreifens unsicher sind, warten ab. Wenn sich zu einem Foto kein TN mit einem Streifen meldet, können sie ihren Ausdruck anbieten. Das Wort *die Erfindung* passt öfter.

   Sprechen Sie jeweils über das projizierte Foto (vgl. Sprechimpulse unten). Klären Sie zunächst die Frage, ob das projizierte Foto jeweils dem Begriff *Vergangenheit* oder dem Begriff *Zukunft* zugeordnet werden kann.

Sprechimpulse zu den einzelnen Fotos

- Mauerfall: *Was wissen Sie darüber? Kennen Sie andere historische Ereignisse?*
- Zukunftswohnung: *Was ist in dieser Küche besonders? Was könnte in Zukunft den Alltag leichter machen?*
- Wahrsagerin: *Glauben Sie, dass eine Wahrsagerin wirklich in die Zukunft schauen kann?*
- Weltall: *Würden Sie gerne mit einem Spaceshuttle ins Weltall reisen?*
- Dinosaurier: *Wann haben die Dinosaurier gelebt? Warum gibt es keine mehr? Was wäre, wenn sie noch leben würden?* Regen Sie die TN dazu an, im Konjunktiv zu antworten. Fragen Sie die TN nach den Konjunktivformen von verschiedenen Verben und schreiben Sie diese auf. Weisen Sie darauf hin, dass außer bei den Modalverben und den Verben *haben* und *sein* der Konjunktiv normalerweise mit *würde* und dem Infinitiv gebildet wird.
- Grammophon: *Welche Geräte gibt es heute, um Musik zu hören? Was wäre, wenn es keine solchen Geräte gäbe?*
- Eisberg: *Was fällt Ihnen dazu ein? Was wäre, wenn es eine Klimakatastrophe gäbe?*
- Roboter: *Wofür hätten Sie gerne einen Roboter?*
- Auto: *Wie würde eine Welt ohne Autos aussehen? Was ist für Sie eine der wichtigsten Erfindungen?*

Der Themenkreis schließt sich

Ideen

- Die TN sprechen darüber, wie realistisch es ist, dass man dank Roboter keine Hausarbeit mehr machen muss.
- Die TN üben zu zweit ein Gespräch bei einer Wahrsagerin ein. Dabei ist der Kunde z.B. Bundeskanzler/in, Erfinder/in, Manager/in, jemand, der bald heiratet oder jemand, der gerade die Schule abgeschlossen hat.
- Die TN halten ein kurzes Referat über eine wichtige Erfindung oder Entdeckung.
- Die TN stellen Gedankenspiele über die Maueröffnung an, z.B. *Was wäre gewesen, wenn die TN dabei gewesen wären? Was wäre, wenn die Mauer nicht gefallen wäre?*
- Die TN lesen einen Text über die Mauer in Berlin, z.B. unter www.hueber.de (Deutsch als Fremdsprache ➔ Landeskunde ➔ Geschichten zur Geschichte ➔ 1989 anklicken).
- Die TN schreiben einen Brief von ihrer ersten Reise auf den Mond.

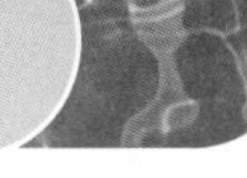

21 Fokus Strukturen

Lernziel Gedankenspiele über Vergangenheit und Zukunft anstellen, Vorsätze formulieren

Historische Ereignisse

0. In den Übungen **1–4** werden historische Ereignisse behandelt.

a.

1. Sprechen Sie mit den TN darüber, welche historischen Ereignisse die Bilder darstellen. Führen Sie dazu notwendigen Wortschatz ein.

b.

2. Verfahren Sie wie auf ❖ S. 209 bei „Bild-Textzuordnung" in den Schritten 1–2 beschrieben.

Stillarbeit → AB S. 105 | 1

Wer weiß was?

Material (wahlweise)

- Lexika
- Internet z. B. unter www.kalenderblatt.de oder www.goethe.de
  (folgende Menüpunkte anklicken Wissen → Studium und Wissenschaft → Deutsche Stars
- ausgedrucktes Material aus dem Internet www.goethe.de (siehe oben)

a.

1. Kündigen Sie ein kleines Quiz an. Stellen Sie Fragen zu den Ereignissen aus Übung **1**. Verwenden Sie dazu die im Buch vorgegebenen Strukturen. Schreiben Sie ein paar Fragen an die Tafel. Die TN beantworten die Fragen.

2. Geben Sie den TN die Anweisung, in Kleingruppen Quizfragen zu anderen historischen Ereignissen zu finden. Zeigen Sie den TN die Strukturen im Buch und klären Sie unbekannte Wörter. Stellen Sie ggf. Materialien zur Information bereit.

3. Jede Kleingruppe erstellt fünf Quizfragen und schreibt sich auch die Antworten dazu auf.

4. Jede Kleingruppe bekommt eine Nummer. Machen Sie an der Tafel eine Tabelle, in der die Punkte für jede Gruppe notiert werden können.

5. Nacheinander kommt jede Gruppe mit ihren Fragen nach vorne und liest Frage für Frage vor. Nachdem eine Frage vorgelesen wurde, haben die ratenden Gruppen kurz Zeit, um sich innerhalb der Gruppe abzusprechen und die Antwort in Kurzform auf einem Blatt zu notieren. Jede Gruppe liest ihre Antwort vor, die zunächst nicht kommentiert wird. Erst am Ende wird die Lösung verraten. Schließlich bekommt/en die Gruppe/n einen Punkt, die die richtige Lösung hatte/n oder deren Antwort der Lösung am nächsten kommt (z. B. bei Jahreszahlen). Die Punkte werden an der Tafel notiert. Am Schluss erhält die Gruppe mit den meisten Punkten einen Preis (z. B. Süßigkeiten).

Was wäre gewesen, wenn ...?

a. und b.

1. Sprechen Sie mit den TN darüber, auf welche Ereignisse oder Erfindungen die Zeichnungen wohl anspielen.
2. Die TN lesen die Sätze und machen zu zweit die Zuordnung.
3. Zur Korrektur werden die Sätze vorgelesen. Besprechen Sie im Anschluss an jeden Satz unbekannten Wortschatz. Fragen Sie die TN jeweils nach jedem Satz, was sie noch über das Ereignis wissen.
4. Veranschaulichen Sie die Konjunktivformen in der Vergangenheit mit dem Tafelbild an der Tafel. Erklären Sie den TN, dass Ihnen die Realität nicht gefällt und dass Sie sich die Vergangenheit in einem Gedankenspiel anders ausmalen. Schreiben Sie den Konjunktivsatz an die Tafel. Schreiben Sie das Wort *Realität* darunter und fragen Sie die TN, was die Realität war. Ergänzen Sie den zweiten Satz. Fragen Sie die TN nach den Verben und markieren Sie diese. Fragen Sie die TN wie man den Konjunktiv in der Vergangenheit bildet und schreiben Sie die Elemente dazu.

Vergangenheit
Gedankenspiel: Wenn man den Eisberg (bemerkt)(hätte), (wäre) die Titanic nicht (gesunken).
Konjunktiv Vergangenheit: [hätte] / [wäre] + [Partizip]

Realität: Man (hat) den Eisberg nicht (bemerkt). Die Titanic (ist)(gesunken).

Stillarbeit → AB S. 106 | 3

„Wenn es auf der Titanic genug Boote gegeben hätte, ..."

Material für die Variante

- Papierstreifen (pro TN ca. 3 Streifen)

1. Zwei TN lesen die Beispielsätze vor. Überlegen Sie gemeinsam ein paar passende Ergänzungen für den zweiten Konditionalsatz. Schreiben Sie ein paar Beispiele im Präsens und in der Vergangenheit an.
2. Führen Sie die Übung wie im Kursbuch angegeben durch.

Variante Wenn es Ihren TN noch zu schwer fällt, spontan Sätze zu erfinden und zu ergänzen, führen Sie die Übung schriftlich durch. Jeder TN erhält einen Papierstreifen und schreibt einen irrealen Nebensatz in der Vergangenheit mit *wenn* darauf. Danach gibt er den Streifen an seinen Nachbarn weiter. Dieser schreibt einen passenden Hauptsatz dazu und gibt den Streifen weiter. Wenn TN schneller fertig sind, bekommen sie einen weiteren Streifen, um einen Satz zu beginnen oder zu ergänzen. Am Ende werden die Sätze jeweils von dem TN laut vorgelesen, der den Streifen mit dem vollständigen Satz bekommen hat.

3. **Stillarbeit** → AB S. 105 | 2

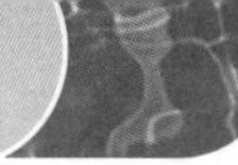

4. Veranschaulichen Sie an der Tafel den Konjunktiv Vergangenheit mit Modalverb. Schreiben Sie zunächst den Satz im Indikativ Präteritum an. Bitten Sie die TN, den Satz ins Perfekt umzuformen. Weisen Sie die TN darauf hin, dass die Bedeutung der beiden Sätze gleich ist. Erklären Sie, dass man den Konjunktiv am besten vom Perfekt ableitet.

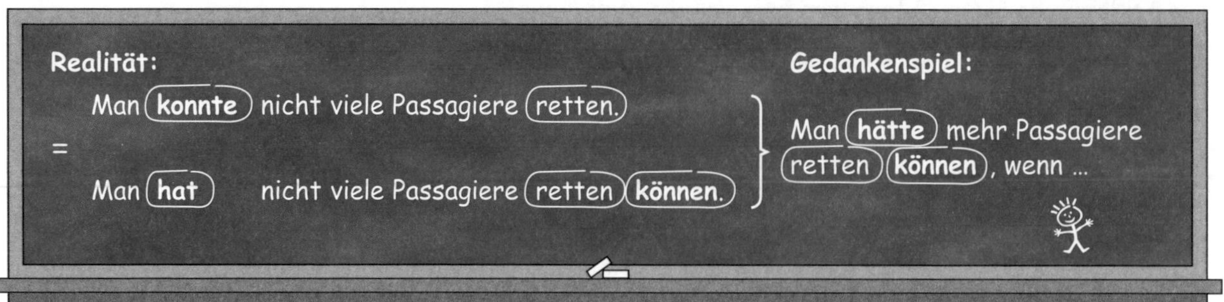

Stillarbeit → AB S. 106 | 4

Zusatzübung

Material

- Kopiervorlage **LE 21-1 A** und **B** auf verschieden farbiges Papier kopiert und die Streifen ausgeschnitten

Jeder TN bekommt einen Streifen mit einem Problem (Vorlage **A**) und einen Streifen mit einer Reaktion (Vorlage **B**). Achten Sie darauf, dass das Problem und die Reaktion nicht zusammenpassen.

Ein TN liest sein Problem vor. Jeder TN, der glaubt eine passende Reaktion zu haben, liest diese vor. Wenn alle passenden Streifen mit nachträglicher Kritik vorgelesen wurden, kommt der nächste TN mit seinem Problem an die Reihe. Ermuntern Sie die TN, ihre nachträgliche Kritik öfter und auch dann vorzulesen, wenn der Zusammenhang nicht auf den ersten Blick offensichtlich ist.

5 Was bringt die Zukunft?

0. In den Übungen **5–7** geht es um Annahmen und Versprechen für die Zukunft

Material

- Teil a von → KB S. 106 auf Folie kopiert
- leeres Plakat, ggf. dicke Stifte

a.

1. Die Bücher sind geschlossen. Projizieren Sie die Folie. Klären Sie im Kurs die Situation. Die TN äußern ihre Vermutungen darüber, was die Wahrsagerin vorhersagt. Regen Sie die TN dazu an, Redemittel für Vermutungen zu benutzen. Verweisen Sie dazu auf die die Beispielsätze neben der Zeichnung.

b.

2. Die TN öffnen die Bücher und lesen still die Fragen und die Antworten und kombinieren sie.

3. Die TN vergleichen ihre Zuordnung mit ihrem Nachbarn.

4. Helfen Sie bei Unsicherheiten und semantisieren Sie unbekannten Wortschatz.

5. Erarbeiten Sie an der Tafel einen Überblick über die Funktionen des Verbs *werden*. Schreiben Sie dazu die Beispielsätze aus dem Tafelbild an. Lassen Sie das Futur noch weg. Die TN bilden zu jeder Funktion weitere Beispielsätze. Bitten Sie die TN im Buch die Sätze 1 bis 3 zu lesen. Fragen Sie die TN, welche Funktion *werden* in diesen Sätzen hat (Annahmen über die Zukunft). Weisen Sie darauf hin, dass diese Annahmen nicht mit Sicherheit eintreffen, sondern nur Vorhersagen sind. Ergänzen Sie das Futur auf dem Tafelbild.

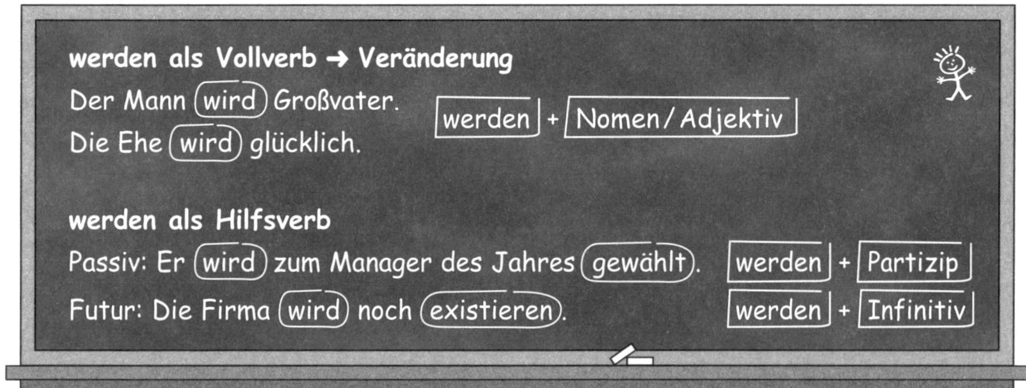

6. Machen Sie ein Lernplakat, auf das Sie das Paradigma für Futur wie im Grammatikzettel auf ➔ KB. S. 107 schreiben. Schreiben Sie die Formen auf Zuruf der TN.

7. Schreiben Sie Satz 4 an die Tafel. Machen Sie die TN anhand dessen darauf aufmerksam, dass für Vorgänge in der Zukunft normalerweise das Präsens benutzt wird, wenn es eine Zeitangabe gibt. Zeigen Sie den TN den Grammatikkasten.

8. Machen Sie ein weiteres Tafelbild, um die Bildung des Futurs weiter zu veranschaulichen. Orientieren Sie sich dabei am Grammatikkasten. Schreiben Sie Sätze im Präsens untereinander an die Tafel (z. B. *Er leitet die Firma. Die Firma wird gekauft. Er kann Romane schreiben.*) Die TN formen die Sätze ins Futur um. Schreiben Sie diese jeweils neben den entsprechenden Präsenssatz. Unterstreichen Sie die Verben und machen Sie darauf aufmerksam, dass jeweils das Verb, das im Präsenssatz an Position 2 steht, im Futur in der Infinitivform ans Ende gestellt wird. An Position 2 kommt die finite Form von *werden*.

Stillarbeit ➔ AB S. 107 | **5** | **6** und S. 108 | **7**

 6 Ihre Fragen für die Zukunft

1. Bilden Sie aus den vorgegebenen Strukturen Fragen über Ihre Zukunft. Die TN äußern ihre Vermutungen, was passieren wird. Die TN lesen die Verben im Buch. Klären Sie ggf. unbekannte Verben.

2. Die TN schreiben zu zweit Fragen auf.

3. Jede Zweiergruppe liest ihre Fragen vor. Die anderen TN dürfen Wahrsager spielen und sich dazu äußern.

Zusatzübung

Wahrsagerspiel

Material

- Karten unter http://www.hueber.de/sixcms/media.php/36/Wahrsagerspiel.pdf kopiert und ausgeschnitten

Die TN üben das Futur, indem sie sich gegenseitig die Zukunft vorhersagen. Die TN ziehen dabei Karten, die von dem TN, der die Rolle des Wahrsagers übernimmt, interpretiert werden. Eine detaillierte Anleitung finden Sie unter www.hueber.de ➔ Deutsch als Fremdsprache ➔ Downloads ➔ Spiele (http://www.hueber.de/sixcms/media.php/36/Wahrsagerspiel.pdf)

Gute Vorsätze

a.

1. Verfahren Sie wie auf ❖ S. 209 bei „Hörverstehen" in den Schritten 1–7 beschrieben. Erklären Sie bei Schritt 1 den Brauch, sich an Silvester etwas vorzunehmen. Schritt 4 (Vergleich mit dem Nachbarn) können Sie weglassen.
2. Die TN haben in Übung **5** und **6** das Futur für Annahmen in der Zukunft kennengelernt. Machen Sie die TN auf eine weitere Funktion des Futurs aufmerksam: Hier wird das Futur für Versprechen für die Zukunft benutzt.

b.

3. Die TN diskutieren im Kurs über die Vorsätze der Personen.

c.

4. Erzählen Sie den TN über ihre eigenen Erfahrungen.
5. Die TN lesen still die Vorgaben.
6. Die TN erzählen im Kurs über ihre Erfahrungen.

Stillarbeit → AB S. 108 | **8**

22 Fokus Lesen

Lernziel technische Entwicklungen beschreiben und bewerten

„Mein erstes Auto, mein erster Computer"

0. In den Übungen **1** und **2** geht es um Technik und deren Weiterentwicklung.

a.

1. Sprechen Sie mit den TN über die Dinge auf den Fotos. Sprechen Sie zur Wortschatzwiederholung darüber, aus welchen Teilen die Dinge bestehen und/oder was man damit machen kann.
2. Die TN lesen still die Bildunterschrift.
3. Sprechen Sie mit den TN darüber, wann Helmut B. die verschiedenen Dinge wohl bekommen oder gekauft hat.

b. und c.

4. Verfahren Sie wie auf ❖ S. 209 bei „Bild-Text-Zuordnung" in den Schritten 1–2 beschrieben.

Binnendifferenzierung

Ungeübtere TN beschränken sich dabei auf die Aufgabe b.

d.

5. Die TN diskutieren über das Geburtsjahr von Helmut B.

e.

6. Machen Sie die TN darauf aufmerksam, dass ein Dativpronomen vor dem Subjekt stehen kann, wenn das Subjekt kein Pronomen ist. Schreiben Sie dazu den ersten Satz des Tafelbildes an.

   Die TN suchen den entsprechenden Satz in Text 1. Schreiben Sie diesen in der verkürzten Version unter den ersten Satz. Markieren Sie auf Zuruf der TN den Dativ.

Schreiben Sie zum Vergleich den Satz mit einem Pronomen als Subjekt an. Erklären Sie den TN, dass im Allgemeinen Elemente mit wenig Informationsgehalt (Pronomen) weit links im Satz stehen.

Den ersten Fernseher hat mein Großvater uns geschenkt.
Den ersten Fernseher hat uns mein Großvater geschenkt.
Den ersten Fernseher hat er uns geschenkt.

7. Die TN berichten im Kurs über ihre ersten Geräte.

Stillarbeit → AB S. 111 | **1** | **2**

 Weiterentwicklungen

1. Sprechen Sie mit den TN über die Entwicklungen bei Computern. Schreiben Sie schließlich die Beispielsätze an die Tafel. Erklären Sie, dass beide Sätze die gleiche Bedeutung haben. Machen Sie auf das *zu* vor dem Infinitiv aufmerksam. Weisen Sie auch darauf hin, dass *brauchen* nur mit einem zweiten Verb benutzt werden kann, wenn es eine Negation oder die Partikel *nur* gibt.

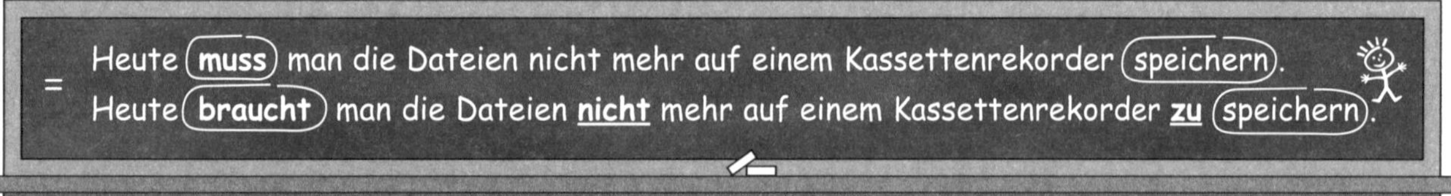

2. **Stillarbeit** → AB S. 111 | **3**
3. Fragen Sie die TN, was man heutzutage dank des technischen Fortschritts nicht mehr zu machen braucht, z. B. *Man braucht die Wäsche nicht mehr mit der Hand zu waschen.*
4. Besprechen Sie die Aufgabenstellung und den Wortschatz im Buch.
5. Die TN arbeiten in Kleingruppen und beschreiben den ausgewählten Gegenstand schriftlich. Gehen Sie herum und helfen Sie bei Schwierigkeiten.
6. Jede Gruppe präsentiert ihre Ergebnisse. Der Text dient als Hilfe. Wenn mehrere Gruppen über den gleichen Gegenstand geschrieben haben, kommen diese Gruppen direkt nacheinander an die Reihe, um die Ergebnisse vergleichen zu können.

 Ein kontroverses Gespräch

0. Die Übungen **3** und **4** beziehen sich auf den Lesetext im → KB S. 111.

a.

1. Schreiben Sie die Fragen des Streitgesprächs nacheinander an die Tafel (*Könnten Sie sich vorstellen, ohne Handy oder ohne Computer auszukommen? Wie sehen Sie die Zukunft des Internets? Wie würden Sie Fortschritt definieren?*). Klären Sie jeweils deren Bedeutung und sprechen Sie mit den TN darüber. Erarbeiten Sie dabei zum Thema passenden Wortschatz, soweit es sich aus den Äußerungen der TN ergibt.
2. Sagen Sie den TN, dass diese Fragen in einem Streitgespräch, das die TN gleich lesen werden, thematisiert wurden. Verfahren Sie wie auf ❖ S. 209 bei „Leseverstehen" in den Schritten 1–4 beschrieben.

Zusatzübung

Material

- Kopie der Vorlage **LE 22-1** (Kärtchen ausgeschnitten)

Eine Hälfte des Kurses bekommt ein Wort/eine Tätigkeit (auf der Kopiervorlage mit blauem Hintergrund), die andere Hälfte bekommt eine Definition (weißer Hintergrund). Geben Sie den TN die Anweisung, dass sie die Person mit der passenden Erklärung (weißes Kärtchen) oder mit dem passenden Wort (blaues Kärtchen) finden sollen. Weisen Sie die TN darauf hin, dass alle Wörter aus dem Lesetext stammen und ggf. dort nachgeschaut werden können. Die TN gehen herum und lesen die Kärtchen der anderen.

Wenn ein Paar gefunden wurde, schreiben die TN ihr Wort und die passende Definition an die Tafel. Besprechen Sie die Lösung. Der Tafelanschrieb dient bei Aufgabe b. als Verständnishilfe.

b.

3. Verfahren Sie wie auf ❖ S. 209 bei „Leseverstehen“ in den Schritten 1–5 beschrieben.

Binnendifferenzierung Ungeübtere TN konzentrieren sich nur auf die Äußerungen einer Person. Die Lösung ergibt sich dann von selbst. Weisen Sie geübtere TN darauf hin, dass sie bei den Aussagen zu beiden Personen die entsprechenden Textstellen suchen sollen.

Material

- Kopien der Vorlage **LE 22-2**

Geübtere TN bekommen das Arbeitsblatt, wenn sie mit Aufgabe b im Buch fertig sind. Die TN füllen bei geschlossenem Buch die Lücken aus. Die TN vergleichen ihre Lösung mit dem Text im Buch.

Hier empfiehlt es sich, die Zeit zu begrenzen, damit kein Leerlauf entsteht und alle für die Besprechung von Aufgabe b bereit sind. Der Rest des Arbeitsblattes kann zu Hause oder in einer Stillarbeitsphase gemacht werden. Sie können das Arbeitsblatt auch als fakultative Hausaufgabe an die übrigen TN verteilen.

Stillarbeit → AB S. 112 | **4** | **5**

4 Was ist Ihre Meinung?

a.

1. Erklären Sie die Aufgabenstellung. Besprechen Sie mit den TN die Redemittel. Die TN ergänzen weitere Beispiele.
2. Die TN bereiten schriftlich eine Frage vor.
3. Die TN machen zu zweit Interviews. Die TN versuchen dabei, sich von ihren Texten zu lösen und frei zu sprechen. Wenn Sie die Zusatzübung zu Übung **3** gemacht haben, könnten hier die beiden TN zusammenarbeiten, die bei der Zusatzübung die passenden Kärtchen hatten.
4. Zu jeder Frage wird ein Interview im Plenum vorgespielt.

Zusatzübungen

Rollenspiel: Diskussion zum Thema *Handy, Computer und Internet – Chancen und Risiken*

Material

- Kopiervorlage **LE 22-3** Rollenkarten kopiert und ausgeschnitten (je eine pro TN; mehrere TN können die gleiche Rolle erhalten; jede Rolle soll möglichst gleich oft vorkommen)
- Namensschilder mit den Namen von den Rollenkarten beschriftet (je eines pro TN)

Jeder TN bekommt eine Rollenkarte und das dazugehörige Namensschild. Erklären Sie den TN, dass sie in ihrer Rolle an einer gespielten Radiodiskussion teilnehmen werden. Nennen Sie das Thema der Diskussion. Beantworten Sie Fragen zum Verständnis der Rollenkarten.

Die TN, die die gleichen Rollenkarten haben, bereiten sich zusammen auf die Diskussion vor. Sie machen sich Notizen. Als Anhaltspunkte dienen die Fragen aus dem Lesetext im → KB S. 111.

Nach 5–10 Minuten werden die Gesprächsgruppen so zusammengestellt, dass in jeder Gruppe jede Rolle nach Möglichkeit nur einmal vorkommt. Geben Sie den TN die Anweisung, sich zunächst in ihrer Rolle vorzustellen und dann über die Fragen zu diskutieren. Brechen Sie die Gespräche nach ungefähr 10 Minuten ab.

Schließlich darf eine Gruppe ihr Gespräch im Plenum vorspielen.

Eine andere Möglichkeit wäre, dass mehrere TN eine Rolle übernehmen und dann nur ein Gespräch im Plenum durchgeführt wird.

23 Fokus Hören

Lernziel Absichten formulieren, Meinungen zu politischen Themen ausdrücken

1 Eine Wahlkampfrede

0. In den Übungen **1–3** geht es um Wahlen.

a.

1. Semantisieren Sie das Wort *Wahlkampf* anhand des Fotos. Erklären Sie den TN, dass in der föderativen BRD auf drei verschiedenen Ebenen gewählt wird: Es gibt die Bundestagswahl, die Landtagswahl und die Kommunalwahl. Weisen Sie darauf hin, dass es sich hier um eine Kommunalwahl handelt.

2. Sprechen Sie mit den TN darüber, was man unter den Slogans verstehen könnte.

3. Fragen Sie die TN, welche deutschen Parteien sie kennen.

b.

4. Verfahren Sie wie auf ❖ S. 209 bei „Hörverstehen" in den Schritten 2–4 beschrieben.

c. und d.

5. Verfahren Sie jeweils wie auf ❖ S. 209 bei „Hörverstehen" in den Schritten 2–7 beschrieben.

Stillarbeit → AB S. 115 | **1** | **2** und S. 116 | **3**

2 Welche Themen finden Sie in einem kommunalen Wahlkampf wichtig/unwichtig?

1. Besprechen Sie die vorgegebene Liste und die Redemittel unten.
2. Die TN machen zu zweit eine Prioritätenliste.
3. Einige Gruppen stellen ihre Liste vor und begründen, warum ihnen die ausgewählten Maßnahmen wichtig erscheinen. Regen Sie die TN dazu an zu diskutieren, wenn sie anderer Meinung sind.

Zusatzübung zu Parteien und Wahlen

Material

- Kopiervorlage **LE 23-1** (pro TN eine Kopie)

Die TN ordnen in Partnerarbeit die Namen der Parteien sowie die Begriffe den passenden Definitionen zu.

Besprechen Sie die Lösung im Kurs. Semantisieren Sie Wortschatz zum Thema Politik. In national homogenen Gruppen vergleichen die TN die deutschen Parteien mit den Parteien ihres Landes.

Lösung: 1-c, 2-e, 3-f, 4-b, 5-d, 6-g, 7-a

3 Eine Sendung zur Wahl aus dem Fernsehstudio

a.

1. Wenn Sie die Zusatzübung nicht durchgeführt haben, sprechen Sie hier über die Parteien, die noch nicht in Übung **1** besprochen wurden. Die TN beschreiben die Grafiken. Führen Sie dazu die Wörter *Gewinner*, *Stimmen* und *Mehrheit* ein.

b.

2. Erklären Sie, was eine Hochrechnung ist. Die TN hören den Text nach Bedarf ein- oder zweimal und kreuzen die Lösung an.
3. Besprechen Sie die Lösung im Kurs.

c.

4. Verfahren Sie jeweils wie auf ❖ S. 209 bei „Hörverstehen“ in den Schritten 2–7 beschrieben. Erklären Sie bei Schritt 2 *Fünfprozentklausel* und *Koalition*, wenn Sie die Zusatzübung zu Parteien und Wahlen nicht durchgeführt haben.

d.

5. Die TN diskutieren über den möglichen Ausgang der Wahl.
6. Sprechen Sie mit den TN ggf. über einen aktuellen Wahlkampf oder eine aktuelle Wahl. Fragen Sie die TN, welche deutschen Politiker sie kennen.

Landeskunde-Info

Mehr Infos zu Parteien finden Sie unter http://www.deutschland.de
(folgende Links anklicken: → Staat → Parteien und politische Stiftungen) oder unter http://www.bpb.de.

Stillarbeit → AB S. 116 | **4**

Zusatzübung

Die TN erarbeiten in Kleingruppen Kurzpräsentationen zu den wichtigsten Parteien und Politikern in ihrem Heimatland. In national heterogenen Kursen werden dabei Ländergruppen gebildet.

Die TN stellen die Parteien vor, die im Parlament vertreten sind, sowie deren Ziele. Zusätzlich berichten sie darüber, wer die wichtigsten Politiker sind (z. B. Präsident, Premierminister) und welcher Partei diese angehören. Sie können auch über Besonderheiten des Wahlsystems wie z. B. die Fünfprozentklausel berichten.

In national homogenen Gruppen könnte jede Kleingruppe über eine andere Partei sprechen, oder einzelne an Politik interessierte TN bereiten als Hausaufgabe ein Referat vor und halten es im Kurs.

Rundfunk – Kurznachrichten aus der Politik

0. In den Übungen **4** und **5** werden Nachrichten gehört und gelesen.

a. und b.

1. Fragen Sie die TN, ob sie manchmal Nachrichten auf Deutsch hören oder sehen. Die TN berichten ggf. über aktuelle Ereignisse aus den Nachrichten.

Motivieren Sie die TN, indem Sie erklären, dass insbesondere der Wortschatz der nächsten beiden Übungen helfen wird, in Zukunft Nachrichten besser zu verstehen.

2. Verfahren Sie jeweils wie auf ❖ S. 209 bei „Hörverstehen" in den Schritten 2–6 beschrieben. Schritt 4 (Vergleich mit dem Nachbarn) wird weggelassen.

Weitere Nachrichten aus der Politik

a.

1. Verfahren Sie jeweils wie auf ❖ S. 209 bei „Hörverstehen" in den Schritten 2–7 beschrieben. Fragen Sie in Schritt 2 auch nach dem Genus der Nomen im Kasten. Schritt 4 (Vergleich mit dem Nachbarn) wird weggelassen.

b.

2. Besprechen Sie das Beispiel und die vorgegebenen Wörter. Fragen Sie bei den Nomen nach dem Kasus. Geben Sie für ungeübtere TN an der Tafel eine Struktur vor. Weisen Sie darauf hin, dass die TN sich nicht an diese Struktur halten müssen

In ... traf ... mit ... zusammen. Bei ... ging es um ...

In ... kamen .... zusammen. Bei ... wurde beschlossen, dass ...

3. Die TN formulieren zu zweit Meldungen und üben das Lesen dieser Meldungen halblaut. Gehen Sie herum, verbessern Sie Fehler und helfen Sie bei Schwierigkeiten.

4. Die TN lesen die Meldungen im Kurs vor.

6 Wie denken junge Leute über Politik?

a.

1. Verfahren Sie jeweils wie auf ❖ S. 209 bei „Hörverstehen" in den Schritten 1–7 beschrieben.
2. Veranschaulichen Sie an der Tafel Strukturen mit *haben zu* und *sein zu*. Schreiben Sie vom Tafelbild die beiden Sätze rechts an. Fragen Sie die TN, was stattdessen im Text steht und ergänzen Sie auf Zuruf der TN die Sätze links. Erklären Sie, dass die Sätze links und rechts jeweils die gleiche Bedeutung haben und mit den Strukturen *sein zu* und *haben zu* Modalverben ersetzt werden. Weisen Sie besonders darauf hin, dass *sein zu* passivische Bedeutung hat und deshalb stattdessen *man* benutzt wird.

Es **ist** nicht **zu** glauben, dass ... = Man **kann** nicht glauben, dass ...
sein + zu + INFINITIV

Die Politiker **haben** an ... **zu** denken. = Die Politiker **müssen** an ... denken.
haben + zu + INFINITIV

Zeigen Sie den TN die Beispiele im Grammatikkasten unten auf der Kursbuchseite 115. Gehen Sie darauf ein, dass *sein zu* je nach Kontext das Modalverb *können* oder *müssen* ersetzt. *Haben nicht zu* bedeutet *nicht dürfen*. Ergänzen Sie das Tafelbild um weitere Beispiele, wenn die TN noch unsicher sind. (*Die Hausaufgaben sind bis morgen zu machen. Dieser Text ist leicht zu lesen. Eltern haben auf ihre Kinder aufzupassen. Kinder haben nicht zu rauchen.*) Die TN formen die Sätze um und benutzen dabei Modalverben. Schreiben Sie die Varianten ebenfalls an die Tafel.

b.

3. Erklären Sie die Aufgabenstellung. Besprechen Sie die Vorgaben.
4. Die TN bereiten sich auf die Diskussion vor, indem sie sich Notizen machen.
5. Diskutieren Sie im Kurs.

Stillarbeit → AB S. 117 | **5** | **6**

Zusatzübungen

Nachrichten hören

Die TN hören aktuelle Nachrichten. Sie versuchen die Hauptinformationen anhand der Fragen *Wo? Wann? Was? Wer? Warum?* herauszufinden.

Unter www.dw-world.de (→ Deutschland-Infos → Deutschkurse) gibt es aktuelle, langsam gesprochene Nachrichten mit Text, die auch heruntergeladen werden können. Mit den Transkriptionen können Sie den Wortschatz vorentlasten. Da die Nachrichten insgesamt sehr lang sind, empfiehlt es sich, interessante Meldungen auszuwählen.

Eine andere Möglichkeit wäre, dass die TN am Computer mit Kopfhörern das Lesen einer Meldung (oder eines Teils davon) einüben. Dazu hören sie die Meldung und lesen gleichzeitig zunächst still, dann laut den Text mit. Nach dem ersten Hören werden Wortschatzfragen beantwortet. Ein paar TN lesen die von ihnen geübte Meldung im Kurs laut vor.

Wahlkampfsimulation

Material

- leere Plakate
- dicke Stifte
- pro TN ein Zettel

Die TN arbeiten in Kleingruppen. Jede Gruppe repräsentiert eine reale oder erfundene Partei. Die TN geben ihrer Partei einen Namen und überlegen sich, welche Richtung die Partei vertritt.

Die TN erarbeiten zusammen ein Parteiprogramm. Sammeln Sie als Anregung an der Tafel mögliche Themen, z. B. Familie, Verkehr, Staatshaushalt, Steuern, ausländische Mitbürger, Umweltschutz, Studienkosten, Schulausbildung, Klimaveränderung, Frieden, Ladenöffnungszeiten.

Die TN entwerfen Wahlplakate mit dem Namen ihrer Partei und Slogans wie auf dem Foto im → KB S. 112.

Jede Gruppe hält eine Wahlkampfrede, bei der das Programm vorgestellt wird. Die Wahlkampfplakate werden dazu aufgehängt. Bei dieser Rede wechseln sich die TN einer Gruppe ab.

Geben Sie den Anfang und das Ende der Rede aus dem Hörtext von Übung **1** an der Tafel vor (Anfang: *Liebe Bürgerinnen und Bürger, ich darf Sie im Namen der … begrüßen. Wir von der …Partei freuen uns, dass Sie gekommen sind. Wir brauchen engagierte Bürger. Unser Land braucht eine klare, engagierte Politik. …*
Ende: *Liebe Mitbürgerinnen und Mitbürger, wir danken Ihnen für Ihr Interesse. Sie werden bei der Wahl über die Zukunft unseres Landes entscheiden. Geben Sie dann Ihre Stimme unserer Partei. Ich danke Ihnen.*)

Nachdem alle Reden gehalten worden sind, findet eine Wahl statt. Jeder TN erhält einen Zettel mit der Vorgabe, alle Parteien außer der eigenen wählen zu können.

Die Stimmen werden mittels einer Strichliste an der Tafel ausgezählt. Den Siegern wird zur gewonnenen Wahl gratuliert.

24 Fokus Sprechen

Lernziel Vermutungen anstellen, einen telefonischen Rückruf vereinbaren

Hochzeit

0. In den Übungen **1–3** wird das *h* im Wort- oder Silbenanlaut geübt.

1. Verfahren Sie wie auf ❖ S. 210 bei „Nachsprechen“ in den Schritten 1–5 beschrieben.

Tipp Wenn TN das *h* im Anlaut nicht als Hauchlaut sprechen, üben die TN folgendermaßen: Die TN atmen durch die Nase ein und durch den Mund wieder aus. Das Ausatmen wird mit dem Sprechen des Lauts *a* beendet. Beim Ausatmen können die TN eine brennende Kerze oder einen Spiegel vor den Mund halten. Die Kerze sollte flackern, der Spiegel beschlagen.

Bei TN mit Chinesisch als Ausgangssprache klingt das *h* oft wie *f*. Hier empfiehlt es sich, die TN Wörter oder Sätze üben zu lassen, in denen das *h* in der Umgebung von Reibelauten wie [x] oder [ç] vorkommt, z. B. *Ich habe acht helle Hüte.*

Hilde holt heute...

a.

1. Die TN ergänzen die Sätze.

2. Die TN hören zur Kontrolle die CD.

3. Die TN hören die Sätze noch einmal und sprechen laut mit.

b.

4. Die TN erfinden zu zweit Sätze, bei denen jedes Wort mit *h* beginnt. Ungeübtere TN tauschen von einem Beispielsatz aus a. nur einzelne Wörter aus. Geübtere versuchen, neue Sätze zu bilden.

5. Die TN lesen ihre Sätze vor.

Stillarbeit → AB S. 120 | **1**

Vor dem Haus

0. Hier kommt das *h* zum ersten Mal innerhalb eines Wortes vor.

1. Verfahren Sie wie auf ❖ S. 210 bei „Nachsprechen“ in den Schritten 1–4 beschrieben.

2. Die TN lesen den Text in Partnerarbeit noch zweimal als Dialog.

Stillarbeit → AB S. 120 | **2** | **3**

Zehn Lehrer – fünfzehn Söhne

0. In den Übungen **4** und **5** beschäftigen sich die TN mit dem *h*, das nur zur Dehnung des vorangegangenen Vokals dient.

a.

1. Verfahren Sie wie auf ❖ S. 210 bei „Nachsprechen“ in den Schritten 1–5 beschrieben.

b.

2. Verfahren Sie wie auf ❖ S. 210 bei „Sätze erfinden “ in den Schritten 1–5 beschrieben.

Tipp TN, denen nicht bewusst ist, dass das Dehnungs-*h* nicht ausgesprochen wird, streichen im Text alle *h* durch und unterstreichen den Vokal vor dem *h*. Danach lesen sie den Text halblaut.

Vor der Wahl

0. Der Politiker, der in dieser Übung noch Wahlversprechen gibt, lamentiert in Übung **6** in Form von irrealen Wünschen in der Vergangenheit über das schlechte Wahlergebnis.

a.

1. Verfahren Sie wie auf ❖ S. 210 bei „Nachsprechen“ in den Schritten 1–5 beschrieben. Ermuntern Sie die TN dazu, die Sätze enthusiastisch zu sprechen. Weisen Sie bei Schritt 3 darauf hin, dass der Politiker hier das Futur benutzt um Sicherheit auszudrücken.

b.

2. Lesen Sie den TN die Ausdrücke vor. Erklären Sie unbekannte Wörter.
3. Die TN schreiben Sätze. Helfen Sie bei Schwierigkeiten. Animieren Sie die TN, auch eigene Formulierungen zu erfinden.
4. Jeder TN liest je nach Kursgröße ein bis zwei seiner Sätze laut vor. Achten Sie auf die Aussprache.

6 Nach der Wahl

a.

1. Verfahren Sie wie auf ❖ S. 210 bei „Nachsprechen“ in den Schritten 1–5 beschrieben. Ermuntern Sie die TN dazu, die Sätze zerknirscht zu sprechen.
2. Veranschaulichen Sie an der Tafel die Wunschsätze ohne *wenn*. Wunschsätze mit *wenn* wurden in → KB S. 17 | LE 3 | **3** behandelt. Schreiben Sie den Satz rechts an die Tafel. Fragen Sie die TN, was stattdessen im Kursbuch steht. Schreiben Sie den Wunschsatz ohne *wenn* an. Die TN nennen die Verben. Markieren Sie diese. Weisen Sie darauf hin, dass die Sätze die gleiche Bedeutung haben. Ergänzen Sie andere Modalpartikeln an der Tafel und machen Sie deutlich, dass diese Partikeln unbedingt notwendig sind, da sonst der Satz nicht vollständig ist.

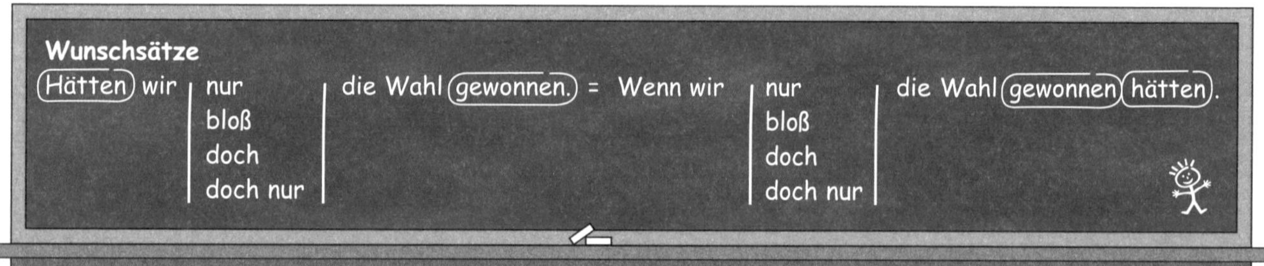

b.

3. Verfahren Sie wie oben bei Übung **5** im Teil b beschrieben.

Stillarbeit → AB S. 121 | **4**

7 „Weißt du eigentlich, was aus Klaus geworden ist?“

Material

- ggf. leeres Poster

a.

1. Verfahren Sie wie auf ❖ S. 211 bei „Gespräche hören und nachspielen“ in den Schritten 1–9 beschrieben. Die TN unterstreichen bei Schritt 4 alle Strukturen, mit denen Vermutungen ausgedrückt werden. Erklären Sie den TN, dass manche Ausdrücke mehr Sicherheit ausdrücken als andere. Sammeln Sie die Ausdrücke auf Zuruf der TN in drei Kategorien auf einem Poster oder an der Tafel. Das Poster/Tafelbild wird bei b. ergänzt.

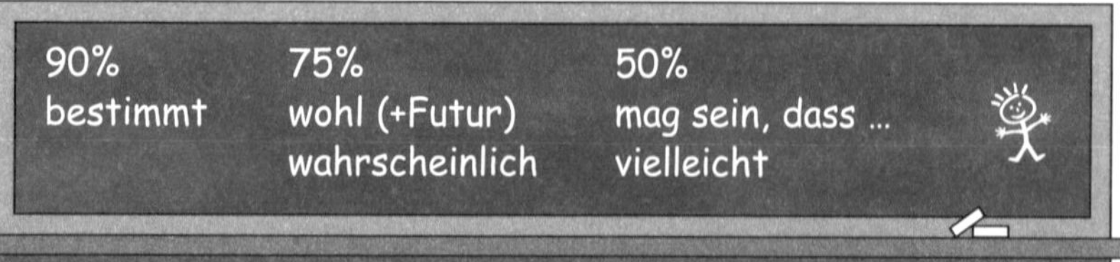

Fertigen Sie bei Schritt 6 folgendes Tafelbild an.

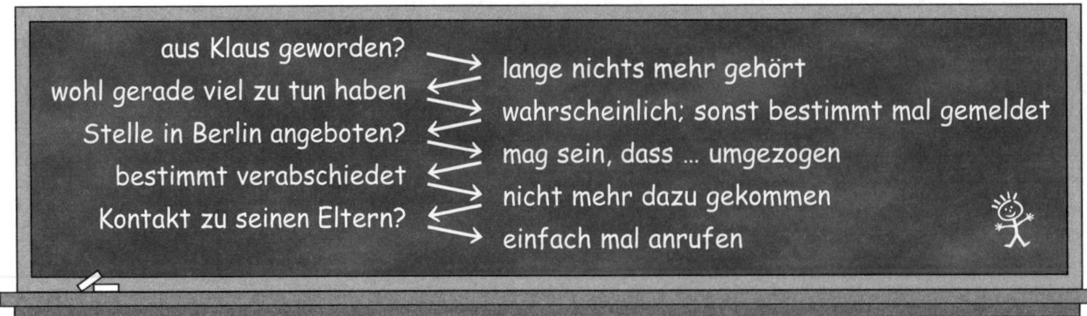

b.

2. Verfahren Sie wie auf ❖ S. 211 bei „Gespräche variieren" in den Schritten 1–3 beschrieben. Sie können auch die dort angegebene Variante und / oder Binnendifferenzierung durchführen. Ergänzen Sie bei Schritt 1 Ausdrücke für Vermutungen in den beiden Spalten an der Tafel bzw. auf dem Poster (vgl. Teil a: 90% = sicher, garantiert; 75% = vermutlich). Das Tafelbild / Poster wird bei Übung **9** erweitert.

Stillarbeit → AB S. 121 | **5** und S. 122 | **6** | **7**

8 Würden Sie mich bitte mit Herrn Lehr verbinden?

a.

1. Verfahren Sie wie auf ❖ S. 211 bei „Gespräche hören und nachspielen" in den Schritten 1–5 beschrieben.

b.

2. Besprechen Sie die Notizen in den Kästen. Die Funktion des Anrufers steht in Klammern oben.

3. Die TN suchen in Partnerarbeit eine Situation aus und bereiten ein Telefongespräch vor. Sie unterstreichen im Dialog a die Formulierungen, die in der von ihnen gewählten Situation gleich bleiben. Im Telefongespräch verwenden die TN ihre eigenen Namen.

4. Einige Gespräche werden vorgespielt.

Binnendifferenzierung Sehr geübte TN schreiben Notizen zu einer selbst erfundenen Situation und üben dann das Gespräch ein. Das Gespräch vom letzten Notizzettel sollte von geübteren TN gewählt werden, da es am meisten vom Schema abweicht. Ungeübtere TN schreiben das Gespräch zunächst auf und üben es dann ein.

9 „Weißt du, wo der Autoschlüssel sein kann?"

Material

- ggf. Poster von Übung **7**

0. Hier werden die Vermutungen von Übung **7** weitergeübt.

a.

1. Verfahren Sie wie auf ❖ S. 211 bei „Gespräche hören und nachspielen" in den Schritten 1–5 beschrieben. Ergänzen Sie bei Schritt 4 an der Tafel / auf dem Poster (vgl. Übung **7**) in der Spalte 75 % *kann* und *könnte*. Weisen Sie darauf hin, dass *kann* etwas mehr Sicherheit ausdrückt als *könnte*.

2. Machen Sie an der Tafel zu Dialog a. einen Notizzettel wie bei b.

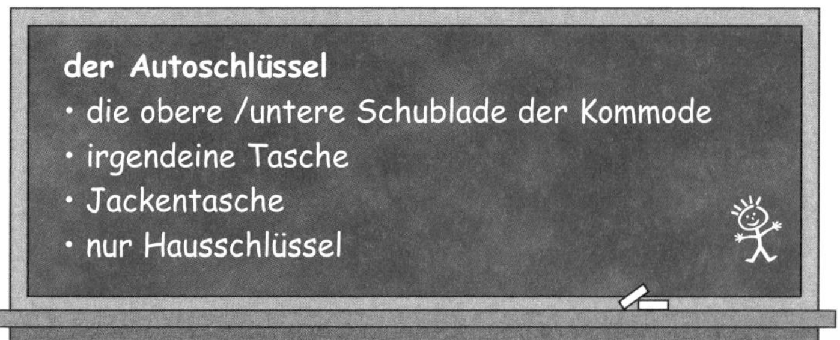

3. Die TN sprechen den Dialog mithilfe des Tafelbilds mit verteilten Rollen.

b.

4. Besprechen Sie die Notizzettel. Fragen Sie nach dem Genus der Nomen. Üben Sie mit den TN ein paar Lokalangaben, indem Sie Fragen mit *wo* stellen. Die TN antworten mit den Angaben von den Notizzetteln, z.B. *im Nebenraum*.

5. Die TN üben zu zweit ein Gespräch ihrer Wahl ein. Regen Sie die TN dazu an, Ausdrücke für Vermutungen zu verwenden.

6. Ein paar Gespräche werden im Kurs vorgespielt.

Binnendifferenzierung (vgl. Binnendifferenzierung zu Übung **8**; da in dieser Übung kein Notizzettel schwieriger als die anderen ist, können die TN frei wählen.)

Stillarbeit → AB S. 122 | **8**

Zusatzübungen

Versteckspiel

Zwei TN bestimmen einen kleineren Gegenstand, der versteckt werden soll. Diese beiden TN verlassen den Raum. Die TN im Kursraum überlegen, wo dieser Gegenstand versteckt werden soll und verstecken ihn. Die beiden TN werden geholt. Sie äußern Vermutungen über das Versteck. Diese werden von den anderen mit *kalt, warm, wärmer* und *heiß* kommentiert. Es wird so lange geraten, bis der Gegenstand gefunden wird.

Vermutungen zu Bildern

Material

• Bild auf Folie kopiert

Wählen Sie irgendein Bild aus einer Zeitschrift oder dem Internet und kopieren Sie es. Hier eignen sich z.B. auch ein paar der Fotos von den Zukunftshäusern im Kursbuch S. 121. Projizieren Sie das Bild, decken Sie dabei aber nur einen kleinen Teil davon auf. Die TN stellen Vermutungen darüber an, was auf dem Bild zu sehen ist. Decken Sie immer mehr auf, bis die TN erraten, was abgebildet ist. Regen Sie die TN mithilfe des Posters (vgl. Übung **7**) dazu an, ihre Vermutungen mit den gelernten Strukturen auszudrücken. Weisen Sie auch immer wieder auf den unterschiedlichen Grad der Sicherheit hin.

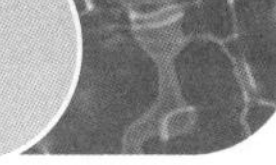

25 Fokus Schreiben

Lernziel Prognosen formulieren, zukünftige Technik beschreiben

1 Hören Sie zu und schreiben Sie.

1. Verfahren Sie wie auf ❖ S. 212 bei „Diktat“ in den Schritten 1–5 beschrieben.

2 Wohnen per Knopfdruck

a.

1. Semantisieren Sie den Titel und sprechen Sie mit den TN kurz über das Foto, das schon von der Fotocollage her bekannt ist.
2. Die TN lesen still den Text.
3. Erklären Sie unbekannte Wörter.
4. Besprechen Sie die Angaben im Kasten.
5. Die TN spinnen in Partnerarbeit den Text weiter.

Binnendifferenzierung Geübtere TN, die früher fertig sind, können ihren Text auch an die Tafel schreiben. Dieser Text wird dann vorgelesen. Anschließend wird im Kurs darüber diskutiert.

b.

6. Einige Beispiele werden vorgelesen. Wenn die TN möchten, kommentieren sie die Texte.

c.

7. Verfahren Sie wie auf ❖ S. 211 bei „Gespräch über ein Thema“ in den Schritten 1–6 beschrieben.
8. Gehen Sie auf Temporalsätze mit *wenn*, *während* und *als* ein. Schreiben Sie die Beispiele an die Tafel. Lassen Sie an Stelle der Konnektoren Lücken. Ergänzen Sie die fehlenden Konnektoren auf Zuruf der TN. Erklären Sie den TN, dass bei allen Sätzen an der Tafel die Handlung im Hauptsatz und im Nebensatz gleichzeitig passiert. Gehen Sie auf die Unterschiede im Gebrauch ein und schreiben Sie die Erklärungen in Klammern an.

Als ich gestern nach Hause kam, war der Fernseher kaputt.
(Zeitpunkt in der Vergangenheit; passiert nur einmal)

Wenn Sie nach Hause kommen, öffnet sich die Garage. (Zeitpunkt)

Während sich die Badewanne mit Wasser füllt, gehen Sie ins Haus. (Dauer)

Stillarbeit → AB S. 125 | 1

3 Zukunftshäuser

a.

1. Die TN beschreiben im Kurs die Häuser.

b.

2. Die TN erarbeiten in Kleingruppen die Vor- und Nachteile der einzelnen Häuser.
3. Besprechen Sie die Ergebnisse im Kurs.

c.

4. Sprechen Sie mit den TN über die Wohntrends der Zukunft.
5. Gehen Sie mit den TN die Übersicht über die verschiedenen *wenn*-Sätze im → AB S. 128 durch.

Stillarbeit → AB S. 125 | 2

4 Umfrage einer Jugendzeitschrift: Was wird die Zukunft bringen?

Material

- Kopiervorlage **LE 25-1** auf Folie kopiert.
- Übung **4** von → KB S. 122 und S. 123 (ggf. vergrößert) kopiert; Teile a, b, c und d auseinandergeschnitten; für jeden TN einen Teil

1. Projizieren Sie die Folie. Zeigen Sie nacheinander die einzelnen Zeichnungen und fragen Sie die TN jeweils, wie sie sich die Zukunft in Bezug auf die Arbeitswelt, das Reisen, die Natur und die Welt vorstellen.
2. Jeder TN erhält jetzt einen kopierten Teil. Die TN, die den gleichen Teil der Übung als Kopie bekommen haben, arbeiten in Kleingruppen zusammen. Je nach Kursgröße werden zu jedem Teil eine oder zwei Kleingruppen gebildet. Jede Gruppe liest die Informationen durch. Die TN klären gemeinsam Wortschatzfragen. Stehen Sie für die Semantisierung der Wörter zur Verfügung, die nicht in den Gruppen geklärt werden können.
3. Die TN erarbeiten gemeinsam einen Text. Dieser wird von jedem TN auf seine Kopie übertragen.
4. Es werden neue Gruppen gebildet. Idealerweise bestehen die Gruppen aus vier TN, von denen jeder einen anderen Teil der Aufgabe bearbeitet hat.
5. Jeder TN liest in der Gruppe seinen Text vor und klärt unbekannte Wörter.

Stillarbeit → AB S. 126 | 3

5 Welche Zukunftsvorstellungen halten Sie für realistisch?

1. Diskutieren Sie im Kurs über die Zukunftsvorstellungen in den verschiedenen Bereichen.

Stillarbeit → AB S. 127 | 4 | 5

Fotodoppelseite

Zum Foto „Fernsehen in den 50er-Jahren"

Sprechen Die TN stellen Gedankenspiele darüber an, was sie gemacht hätten, wenn sie in den 50er Jahren gelebt hätten.

Recherchen Die TN recherchieren in Kleingruppen im Internet unter www.planet-wissen.de (Kultur Medien ➔ Radio und Fernsehen ➔ Fernsehgeschichte in Deutschland) zum Thema Fernsehen. Die TN stellen ihre Ergebnisse im Kurs vor.

Landeskunde In den 50er Jahren waren in Deutschland in Fernsehen und Kino rührselige Filme sehr beliebt. Ein Beispiel dafür sind die Sissi-Filme. Diese Filme werden auch heute noch fast jedes Jahr an Weihnachten im Fernsehen gezeigt. Eine bekannte Parodie davon ist von Michael (Bully) Herbig.

Die TN lesen einen Text über Romy Schneider, deren Schauspiel-Karriere von ihrer Rolle als Sissi geprägt war (unter www.hueber.de Deutsch als Fremdsprache ➔ Landeskunde ➔ Geschichten zur Geschichte ➔ 1957).

Sie können den TN auch einen kurzen Ausschnitt aus einem Sissi-Film zeigen (z. B. unter www.youtube.de *Sissi Trilogie* eingeben).

Einen kurzen Überblick über die Nachkriegsgeschichte können sich die TN auch anhand von Schlagworten im Internet unter http://www.arangioruiz.org/zeit/testo.htm verschaffen.

Referate Geschichtsinteressierte TN halten ein Referat über die Nachkriegsgeschichte Deutschlands. Material dazu findet sich z. B. unter http://www.tatsachen-ueber-deutschland.de beim Link ➔ Geschichte.

Projekt: Die 50er Jahre Die TN recherchieren unter http://de.wikipedia.org/wiki/1950er oder http://www.daserste.de/50erjahre (*Was war wichtig in den 50er Jahren?* anklicken), www.planet-wissen.de (Kultur Medien ➔ Radio und Fernsehen ➔ Fernsehgeschichte in Deutschland ➔ Zeitreise in die 50er Jahre) oder mithilfe von Literatur zu den 50er Jahren.

Jeder TN beschäftigt sich mit einem Aspekt seiner Wahl. Die TN fertigen ein Poster zu ihrem Thema mit Bildern und Schlagworten an. Schließlich stellen alle TN ihre Ergebnisse vor. So erhält man ein buntes Kaleidoskop über die Zeit.

Zum Foto „Wohnen in der Zukunft"

Sprechen Die TN stellen Vermutungen an, wozu die kugelförmigen Gebäude dienen.

Projekt: Die Welt in 100/500/1000 Jahren. Die TN arbeiten in Kleingruppen. Jede Kleingruppe übernimmt einen Zeitraum. Die TN erarbeiten, wie das Leben aussehen wird. Sammeln Sie mit den TN gemeinsam an der Tafel, welche Aspekte interessant sein könnten (z. B. Natur, Wohnen, Fortbewegung, Information und Medien, Politik).

Projekt: Ausstellungskonzept erarbeiten Nehmen Sie an, dass auf dem Foto ein Messegelände abgebildet ist, auf dem eine Ausstellung zum Thema „Wohnen in der Zukunft" stattfindet. Sammeln Sie zunächst im Kurs gemeinsam Ideen, welche Produkte und Ideen für das Wohnen in der Zukunft nützlich wären.

Die TN bilden Gruppen, von denen jede ein potenzieller Aussteller ist. Die Gruppen überlegen sich eine Geschäftsidee (z. B. Kühlschrank, der selbstständig fehlende Produkte nachbestellt; Roboter für Arbeiten im Haushalt) oder ein Event (Vortrag über energiesparendes Wohnen), das auf der Messe präsentiert werden soll. Dafür wird eine bestimmte Zeit festgelegt. Die Ideen werden vorgestellt.

Schreiben: Brief aus der Zukunft Die TN schreiben einen informellen Brief an einen Freund. Sie stellen sich dabei vor, sie würden im Jahr 2050 leben. Im Brief erfährt man viel über den Alltag der in der Zukunft lebenden Person.
Weitere Spiele zu den Fotodoppelseiten unter http://www.hueber.de/lagune → Lehren.

Augenzwinkern

Material

- Zettel

Die TN variieren den Dialog. Die Vorhersagen werden auf einen bestimmten TN aus dem Kurs zugeschnitten.

Dazu schreibt jeder TN seinen Namen auf einen Zettel und faltet ihn zusammen. Die Zettel werden in einem Hut oder etwas ähnlichem eingesammelt.

Die TN arbeiten bei der Abwandlung des Dialogs in Partnerarbeit. Sie ziehen einen Zettel mit einem Namen aus dem Hut und schreiben die Aussagen im Dialog, die Zukunftsaussichten enthalten, passend zum TN um, dessen Name gezogen wurde. Die Reaktionen von Person 2 aus dem Kursbuch bleiben gleich.

Die beiden Dialogschreiber lesen nun abwechselnd die Sätze von Person 1 aus dem Buch mit den von ihnen erfunden Teilen vor. Die jeweilige Reaktion von Person 2 wird von dem TN gelesen, an den die Vorhersagen gerichtet sind. Dessen Überraschung dabei dürfte nicht nur gespielt sein.

Die Partnergruppen können auch einen weiteren Namen ziehen und eine zweite Dialogvariation schreiben und vorlesen, sodass jeder TN einmal persönlich angesprochen wird.

Themenkreis **Literatur und Kunst**

Fotocollage

Material

- leere Folie (1 pro Kleingruppe)
- Fotos von der Collage, auf denen Personen abgebildet sind, einzeln auf Blätter kopiert; es sollte auf jedem Blatt noch genug Platz für Sprechblasen oder Dialoge geben

1. Die TN sammeln in Kleingruppen Wortschatz zum Thema Literatur und Kunst. Die Fotocollage dient als Impuls. Die Wörter werden auf Folie geschrieben. Begrenzen Sie die Zeit auf drei Minuten. Sagen Sie den TN, dass es für jedes Wort, das von keiner anderen Gruppe gefunden wurde, einen Punkt gibt.
2. Die Wörter auf den Folien werden nacheinander präsentiert, besprochen und ggf. korrigiert. Die Punkte werden gezählt.
3. Besprechen Sie im Kurs, was auf den Fotos dargestellt ist, soweit es noch nicht aus dem Wortschatzspiel hervorgegangen ist. Die TN stellen Vermutungen darüber an, was die Krabbe mit dem Thema Literatur und Kunst zu tun hat.
4. TN berichten darüber, welche der dargestellten kulturellen Aktivitäten ihnen gefallen und welche sie überhaupt nicht mögen.
5. Die TN wählen in Partnerarbeit ein Foto aus, auf dem eine Person dargestellt ist. Sie bekommen das gewählte Foto als Kopie ausgehändigt. Die TN schreiben zum Foto passende Dialoge oder Gedanken. Sie zeichnen Sprech- oder Gedankenblasen und schreiben die Texte hinein. Geben Sie den TN dazu fünf Minuten Zeit.
6. Die Blätter werden, wenn möglich, mit großem Abstand zueinander im Kursraum aufgehängt. Die TN gehen herum und lesen die Produkte der anderen.

Der Themenkreis schließt sich

Ideen

- Die TN suchen in Kleingruppen Nomen mit Partizipien zu den Fotos, z. B. die gezeigten Skulpturen, der singende Star, der lesende Mensch. Jede Kleingruppe schreibt die gefundenen Ausdrücke an die Tafel; für jede korrekte Formulierung gibt es einen Punkt. Begrenzen Sie die Zeit für das Finden und Aufschreiben auf maximal fünf Minuten.
- Die TN diskutieren im Kurs darüber, was die Skulpturen und das blaue Gemälde ausdrücken sollen.
- Die TN schreiben in Partnerarbeit irreale Vergleichssätze zu den Fotos der Collage, z. B. zum Szenenfoto aus „Der Besuch der alten Dame“: *Es sieht so aus, als ob der Polizist den Mann erschießen wollte.* Die Sätze werden vorgelesen.
- TN, die sich besonders für Kunst interessieren, stellen im Kurs ihr Lieblingsgemälde vor. Sie erzählen, von wem es gemalt wurde, wie es heißt, und beschreiben und interpretieren es. Bilder von vielen Kunstwerken sind im Internet zu finden.
- Die TN berichten im Kurs, was sie über das Theaterstück „Der Besuch der alten Dame“ (Fotocollage links unten) noch wissen. Sie sprechen zu zweit darüber, wie sie das Theaterstück finden.
- Die TN nehmen das Foto von der Krabbe zum Anlass und erzählen, was sie über Frank Schätzings „Der Schwarm“ noch wissen.

26 Fokus Strukturen

Lernziel Gleichzeitigkeit und Vorzeitigkeit ausdrücken

Eine Szene aus einem Theaterstück

Material

- Zeichnung auf Folie kopiert

0. In den Übungen **1–5** beschäftigen sich die TN mit der Handlung eines Theaterstücks.

a.

1. Zeigen Sie die Folie. Decken Sie dabei alles ab, sodass nur die Prinzessin mit den Blumen zu sehen ist. Die TN stellen Vermutungen darüber an, warum die Prinzessin die Blumen zerschneidet. Decken Sie nach und nach das ganze Bild auf. Sprechen Sie mit den TN über den Schauplatz der Szene. Weisen Sie auf die Vorhänge hin, um die TN darauf aufmerksam zu machen, dass es sich hier um ein Theaterstück handelt.

Zusatzübung zur Wiederholung der Adjektivendungen

Schreiben Sie die auf der Zeichnung dargestellten Personen an die Tafel: *die Köchin, der König, die Königstochter, der Ritter, der Minister, die Diener, die Königin.*

Fragen Sie nach einer der Personen. Verwenden Sie in der Frage ein Adjektiv, z. B. *Wer ist die traurige Frau?* oder *Wer ist der Mann in dem blauen Mantel? Wer trägt eine grüne Hose?* Die TN raten, wer gemeint war.

Regen Sie die TN dazu an, selbst Fragen zu den Personen zu stellen, in denen ein attributives Adjektiv vorkommt.

Schreiben Sie mögliche Strukturen an die Tafel.

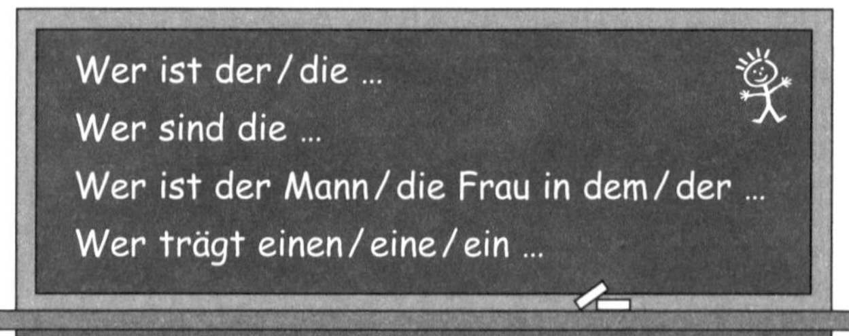

Die TN schreiben in Partnerarbeit Fragen auf.

Die TN arbeiten in Vierergruppen. Jede Zweiergruppe stellt einer anderen Zweiergruppe ihre Fragen.

Wenn die TN große Schwierigkeiten mit den Endungen haben, können sie die Grammatikübersicht im → KB S. 194 §§ 3 und 4 zu Hilfe nehmen. Die Übung kann mündlich durchgeführt werden, wenn die TN die Adjektivdeklination relativ sicher beherrschen.

b.

2. Verfahren Sie wie auf ❖ S. 209 bei „Bild-Textzuordnung" in den Schritten 1–2 beschrieben.

2 Der tanzende Minister...

a.

1. Die TN kombinieren zu zweit die Satzteile.

b.

2. Zur Korrektur werden die Sätze vorgelesen.

3. Besprechen Sie unbekannte Wörter.

4. Erklären Sie die Bedeutung des Partizip I mithilfe des Tafelbildes. Weisen Sie auf die Gleichzeitigkeit von *tanzen* und *Wein trinken* hin, die durch das Partizip I oder durch ein zweites finites Verb ausgedrückt werden kann. Das Partizip I dient dazu, viel Information in einem Satz unterzubringen.

c.

5. Die TN formen die Sätze um.

6. Sie vergleichen ihre Lösung mit dem Nachbarn.

7. Helfen Sie bei Unklarheiten.

8. Veranschaulichen Sie die Bildung des Partizip I an der Tafel.

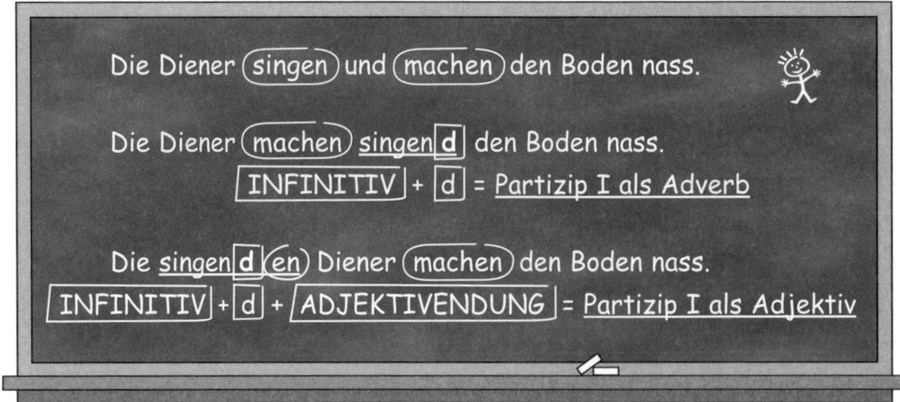

Stillarbeit → AB S. 132 | **1** | **2** und S. 133 | **3** | **4**

3 Was ist los im Schloss?

a.

1. Die TN nennen weitere Fragen. Schreiben Sie die Fragen analog zum Buch nach Personen getrennt an die Tafel.

b.

2. Die TN lesen die Beispiele und erfinden in Kleingruppen eine Geschichte.

3. Die Geschichten werden im Plenum erzählt und miteinander verglichen.

4 Ausschnitte aus der nächsten Szene des Theaterstücks

1. Kündigen Sie an, dass die TN in der nächsten Übung den Fortgang des Dramas erfahren, bevor die TN die entsprechende Seite im Buch aufschlagen.
2. Verfahren Sie wie auf ❖ S. 209 bei „Bild-Textzuordnung“ in den Schritten 1–2 beschrieben. Fragen Sie die TN bei Schritt 2, um welche Form es sich bei den Verben im Kasten mit den Vorgaben auf S. 131 links oben handelt (Partizip II).
3. Gehen Sie an der Tafel auf die Verwendung des Partizip II als Adverb und als Adjektiv ein. Erklären Sie, dass Partizip II-Formen in Kombination mit *sein* wie ein Adverb (hier im Tafelbild: *frei)* benutzt werden können. Wie das Partizip I kann auch das Partizip II als Adjektiv verwendet werden.
   Die Bedeutung des Partizip II ist sowohl als Adverb als auch als Adjektiv passivisch und vorzeitig.

Der Minister ist eingesperrt. = Der Minister ist nicht frei.
= Der Minister wurde eingesperrt.
Sie küsst den eingesperrt(en) Minister.
Partizip II + ADJEKTIVENDUNG = Partizip II als Adjektiv

Stillarbeit → AB S. 133 | **5** und S. 134 | **6** | **7**

Binnendifferenzierung Sehr geübte TN decken den Kasten mit den Vorgaben auf S. 131 rechts oben ab und versuchen, die Sätze analog zum Beispiel zu ergänzen. Weisen Sie darauf hin, dass die TN auf den Kasus und die Endungen der Partizipien achten sollen.

5 Wie könnte das Theaterstück enden?

a.

1. Sprechen Sie im Kurs über die auf den Zeichnungen dargestellten Schlussszenen.
2. Die TN lesen still die Ideen in den Kästen. Semantisieren Sie unbekannte Wörter.
3. Die TN schreiben in Kleingruppen jeweils zwei Texte. Gehen Sie herum und helfen Sie bei Schwierigkeiten.

b.

4. Lesen Sie zunächst alle Texte mit glücklichem, dann alle mit dramatischem Schluss vor oder umgekehrt. Die TN sprechen über die Varianten.

6 Theater

1. Verfahren Sie wie auf ❖ S. 211 bei „Gespräch über ein Thema“ in den Schritten 1–6 beschrieben.
   Die Schritte 2 und 3 werden weggelassen.

Zusatzübungen

Nennen Sie eine Person (z. B. Königstochter) oder einen Gegenstand (z. B. Brief). Fragen Sie die TN, was man mit der Person oder dem Gegenstand machen kann bzw. was die Person machen kann. Die TN nennen passende Verben; für die Königstocher z. B. *verlieben, heiraten, küssen, schweigen, einsperren* etc.; für den Brief z. B. *schreiben, lesen, abschicken, zerreißen* etc.

Schreiben Sie das Nomen und die von den TN genannten Verben an die Tafel. Schreiben Sie nur Verben auf, aus denen ein attributives Partizip zur entsprechenden Person oder zum entsprechenden Gegenstand gebildet werden kann.

Geben Sie einen Passivsatz vor, z. B. *Die Königstochter wird geheiratet.*

Bitten Sie die TN, in Reihenübung den Satz mit Attributen zu ergänzen. TN 1 sagt z. B. *Die verliebte Königstochter wird geheiratet.* TN 2 wiederholt das erste Partizip und fügt eine neues hinzu, z. B. *Die verliebte, küssende Königstochter wird geheiratet.* Die Übung wird so lange fortgesetzt bis alle Verben als Partizipien benutzt wurden. Es können lustige Kombinationen entstehen.

Wenn es den TN Spaß macht, können Sie eine weitere Runde durchführen.

Theaterstücke

Material

- Szenenfotos von Theaterstücken aus Programmheften oder aus dem Internet, z. B. unter www.bayerischesstaatsschauspiel.de (ggf. auf Folie kopiert)
- größere Papierstreifen

Legen Sie die Szenenfotos aus oder hängen Sie sie gut sichtbar auf.

Die TN suchen in Partnerarbeit zu den Fotos passende Nomen mit Partizip (z. B. *die schreiende Frau, der ermordete Mann*). Die Ausdrücke werden auf Papierstreifen geschrieben und zu den Fotos gelegt oder geheftet.

Die TN wählen in Kleingruppen ein Foto aus und erfinden eine Handlung. Die erfundenen Handlungen werden vorgetragen. Die TN betrachten dabei das entsprechende Foto. Fertigen Sie dazu ggf. eine Folie an.

Erzählen Sie den TN, um welches Stück es sich tatsächlich handelt.

27 Fokus Lesen

Lernziel Textauszüge aus einem Bestseller-Roman mit Worthilfen verstehen; Kurzzusammenfassungen geben

Zusatzübung Kündigen Sie an, dass Sie aus einem der Bücher aus Übung 1 vorlesen werden.

Lesen Sie eine leichte Passage aus einem der vorgestellten Bücher vor. Dafür eignet sich z. B. die erste Seite des ersten Kapitels von Dan Browns „Sakrileg". Hier wird geschildert, wie der Harvard Professor Langdon mitten in der Nacht in einem Hotel in Paris durch einen Anruf geweckt wird.

Die TN raten, aus welchem Buch die Passage war. Sie spinnen die Geschichte weiter.

Erklären Sie nach Übung 1 Teil b, dass Langdon helfen soll, den Mord am Museumsdirektor des Louvre aufzuklären.

1 Klassiker der Spannungsliteratur

a.

1. Die TN sprechen über die abgebildeten Bücher und deren Verfilmungen. TN, denen die Werke bekannt sind, berichten über deren Handlung.

b.

2. Verfahren Sie wie auf ❖ S. 209 bei „Leseverstehen" in den Schritten 1–5 beschrieben.

Binnendifferenzierung Ungeübtere TN wählen zwei bis drei Bücher aus und suchen die dazugehörenden Inhaltsangaben.

c.

3. Fragen Sie die TN, welche der weiteren genannten Autoren sie kennen und was diese geschrieben haben.

4. Die TN lesen sich still die Beispielsätze durch. Verfahren Sie wie auf ❖ S. 211 bei „Gespräch über ein Thema“ in den Schritten 4–6 beschrieben.

Stillarbeit → AB S. 136 | **1** | **2** | **3**

Ein Bestseller

0. In den Übungen **2–4** beschäftigen sich die TN mit dem Thriller „Der Schwarm“ von Frank Schätzing.

Material

- pro TN eine Kopie der Vorlage **LE 27-1**

a.

1. Die TN lesen still den Text.

2. Die TN schreiben in Partnerarbeit zwei bis drei Fragen zum Inhalt des Texts. Schreiben Sie ein paar Beispiele an die Tafel, z. B. *Ist der Autor nur in Deutschland erfolgreich? Wo lebt der Autor?*

3. Je zwei Zweiergruppen arbeiten zusammen, stellen sich gegenseitig ihre Fragen und beantworten sich diese gegenseitig.

b.

4. Die TN lesen still die Inhaltsangabe.

5. Teilen Sie die Kopien aus.

6. Die TN ordnen in Partnerarbeit Sätze mit ähnlicher Bedeutung zu.

7. Besprechen Sie die Zuordnung im Plenum. Semantisieren Sie unbekannte Wörter aus der Übung und den übrigen Lernwortschatz aus dem Text.
Lösung: 1 D, 2 F, 3 E, 4 C, 5 A, 6 G, 7 B

8. Stellen Sie Fragen zur Textzusammenfassung: *Was passiert auf der Welt? Warum passieren diese Ereignisse nach Meinung der Experten? Was hält Sigur Johanson für den Grund? Was macht Sigur Johanson?*

c.

9. Die TN äußern sich über ihr Interesse an dem Buch.

Stillarbeit → AB S. 137 | **4**

Leserkommentare zu „Der Schwarm“

a.

1. Die TN lesen still die Texte.

2. Geben Sie an der Tafel eine Tabelle mit zwei Spalten (*positiv, negativ*) vor, mit jeweils einem Beispiel, z. B. für positiv: *keine Sekunde langweilig*; für negativ: *ich bekam Angst vor Meerestieren.*

3. Die TN sammeln in Partnerarbeit die positiven und negativen Aspekte.

b.

4. Besprechen Sie die Lösung im Kurs. Schreiben Sie die von den TN genannten Aspekte stichpunktartig in die Tabelle.

4 Leseproben aus „Der Schwarm"

0. Nachdem die TN durch Übung **2** und **3** eingestimmt wurden, erwartet sie hier das erste Mal die Lektüre eines authentischen literarischen Textes.

a.

1. Zeigen Sie den TN den Wal auf dem Bucheinband von *Lagune*. Fragen Sie die TN, was sie mit diesem Tier assoziieren und ob ein Wal für Menschen gefährlich ist. Sprechen Sie an, dass es verschiedene Walarten gibt. Weisen Sie darauf hin, dass im ersten Textauszug Wale eine wichtige Rolle spielen. Erinnern Sie die TN daran, wer Anawak ist (ein kanadischer Walforscher).

2. Die TN lesen still die Worterklärungen und danach den ersten Textauszug. Weisen Sie die TN darauf hin, dass es nicht wichtig ist, den Originaltext Wort für Wort zu verstehen.

Binnendifferenzierung

Material

- Kopien der Vorlage **LE 27-2**

TN, denen das Leseverstehen schwer fällt, bekommen die Kopiervorlage. Sie ordnen den einzelnen Textabschnitten im Buch jeweils eine vereinfachte Zusammenfassung zu.

3. Semantisieren Sie den zum Verständnis notwendigen Wortschatz (*paralysiert, heranstürmen, zuvor, sich verhalten, Gültigkeit, brausen, kreisen, ratlos, außerstande, halbwegs, abtauchen, aufreißen, erstmals, versenken*).

b.

4. Die TN lesen sich still die Fragen und die Beispiele durch.

5. Besprechen Sie die Fragen.

c.

6. Weisen Sie darauf hin, dass die Textauszüge keine zusammenhängende Handlung wiedergeben. Die TN lesen still die Worterklärungen zu einem Abschnitt und danach jeweils den Textausschnitt.

Binnendifferenzierung

Material

- Kopien der Vorlage **LE 27-3**

TN, denen das Leseverstehen schwer fällt, bekommen eine Kopie. Sie entscheiden, ob die Sätze der drei Zusammenfassungen korrekt oder falsch sind.

7. Semantisieren Sie den Wortschatz (Abschnitt 2: *schleudern, taumeln, Kammer, hinaus, Schrei, ringsum, Kochtopf, Welle, Blase, aufsteigen, Schiffsboden, zusammenschlagen*. Abschnitt 3: *sich ausbreiten, schlammig, Ebene, sich zurückziehen, Ebbe, bewirken, Ufer, Geschwindigkeit, Eilzug.)*

d.

8. Die TN lesen sich die Beispiele still durch und schreiben sich ein paar Stichwörter für die Zusammenfassung auf.

9. Die TN erzählen im Kurs, was sie gelesen haben.

e.

10. Die TN lesen still die Beispielsätze und äußern ihre eigenen Eindrücke.

11. Erklären Sie mithilfe des Tafelbildes irreale Vergleichssätze mit *als ob* oder *als*. Weisen Sie darauf hin, dass das Schiff nicht tatsächlich in ein Loch fällt. Aus diesem Grund wird Konjunktiv II verwendet. Irreale Vergleichssätze stehen häufig nach Verben oder Ausdrücken des subjektiven Empfindens (z. B. *scheinen, den Eindruck haben, sich fühlen*) oder nach Verben der Wahrnehmung (z. B. *aussehen, klingen*).

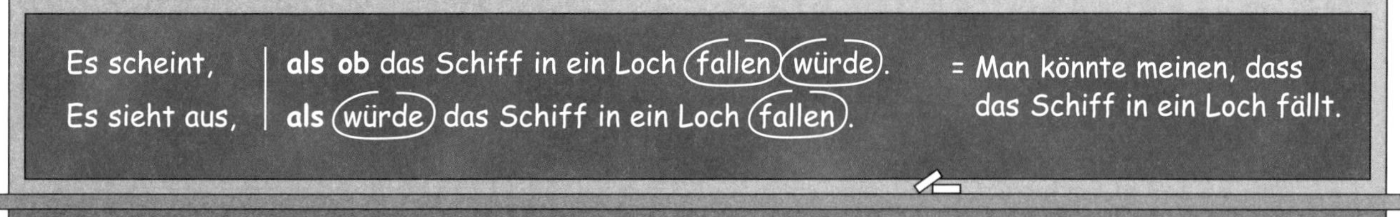

Stillarbeit → AB S. 138 | **7** und S. 137 | **5** und S. 138 | **6**

Zusatzübung Die TN schreiben in Partnerarbeit irreale Vergleiche zu den Titeln und Buchumschlägen auf → KB S. 132. Schreiben Sie ein paar Beispiele an die Tafel, z. B. *Der Umschlag von „Shining" sieht aus, als ob man beim Lesen Angst bekommen würde. Der Titel von „Das Schweigen der Lämmer" klingt, als ob es ein Buch über Tiere wäre* etc. Die TN lesen ihre Sätze vor.

5 Welches spannende Buch haben Sie zuletzt gelesen?

1. Verfahren Sie wie auf ❖ S. 211 bei „Gespräch über ein Thema" in den Schritten 1–6 beschrieben.

Tipp Regen Sie Ihre Kursteilnehmer zum Lesen von jeweils auf ihr Niveau abgestimmten Lektüren an. Unter http://www.hueber.de/seite/downloads_lesetexte_daf finden Sie Leseproben (z. B. aus dem Krimi „Schöne Augen" von Franz Specht) und Didaktisierungsvorschläge zu leichten Lektüren.

28 Fokus Hören

Lernziel kulturelle Gewohnheiten beschreiben; moderne Kunst kommentieren; kreative Ideen formulieren

1 Nachrichten aus dem kulturellen Leben

a.

1. Verfahren Sie wie auf ❖ S. 209 bei „Hörverstehen" in den Schritten 2–6 beschrieben.

b.

2. Die TN ordnen in Partnerarbeit die Fotos den Sätzen zu.

3. Die Zuordnung wird im Kurs besprochen.

c.

4. Veranschaulichen Sie mit dem Tafelbild die Umformung der erweiterten Partizipialphrasen in Relativsätze. Schreiben Sie den ersten Satz des Tafelbildes an. Unterstreichen Sie zunächst *Bayreuther Festspiele*. Fragen Sie die TN nach dem Artikel von *Bayreuther Festspiele* und unterstreichen Sie diesen. Markieren Sie die Partizipialgruppe farbig und erklären Sie den TN, dass dieser Teil, der jetzt links von *Bayreuther Festspiele* steht, auch in Form eines Relativsatzes rechts davon stehen kann.

Schreiben Sie den Beginn des zweiten Satzes des Tafelbilds bis zum Komma. Fragen Sie die TN nach dem Verb, das dem Partizip *stattfindenden* zugrunde liegt. Fragen Sie, was stattfindet. Die TN bilden den Relativsatz. Machen Sie durch Pfeile darauf aufmerksam, dass alle Elemente zwischen dem Artikel und dem Partizip in Form und Reihenfolge unverändert in den Relativsatz übernommen werden. Heben Sie das Relativpronomen hervor. Markieren Sie den Rest des Relativsatzes in der gleichen Farbe wie die Partizipialgruppe. Weisen Sie darauf hin, dass der Relativsatz zwischen zwei Kommas steht und nach dem Relativsatz der Hauptsatz fortgeführt wird.

Die *seit 1876 stattfindenden* Bayreuther Festspiele wurden ...

↓ ↓

Die Bayreuther Festspiele, **die** *seit 1876 stattfinden,* wurden ...

Relativ-Pronomen

Geben Sie ein weiteres Beispiel, um den TN den Unterschied zwischen Aktiv und Passiv aufzuzeigen. Verfahren Sie dabei Schritt für Schritt wie oben beschrieben. Erklären Sie den TN, dass ein Partizip I normalerweise zu einem Relativsatz im Aktiv umgeformt wird, während das Partizip II gewöhnlich zu einem Relativsatz im Vorgangs- oder Zustandspassiv umgeformt wird. Dabei sind manchmal beide Passivformen möglich. Wiederholen Sie (vgl. → KB | LE 14 | **3**), dass beim Vorgangspassiv der Prozess betont wird. Beim Zustandspassiv dagegen steht das Ergebnis im Mittelpunkt des Interesses.

Das *auf eine Straße geklebte* Kunstwerk ist ...

↓ ↓ ↓

Das Kunstwerk, **das** *auf eine Straße geklebt ist/wurde,* ist ...

Das *auf einer Straße klebende* Kunstwerk ist ...

↓ ↓ ↓

Das Kunstwerk, **das** *auf einer Straße klebt,* ist ...

5. Die TN formen die Sätze aus dem Buch um.

6. Wenn die Tafel groß genug ist, schreiben die fünf schnellsten TN jeweils einen ihrer Sätze an die Tafel. Andernfalls schreiben Sie die Sätze selbst an. Besprechen Sie die Lösung anhand des Tafelbilds.

d.

7. Verfahren Sie wie auf ❖ S. 209 bei „Hörverstehen“ in den Schritten 2–7 beschrieben.

e.

8. Die TN berichten über kulturelle Ereignisse. In national heterogenen Gruppen bereiten sich die TN in Ländergruppen vor und berichten dann über das kulturelle Leben in ihrem Land.

Stillarbeit → AB S. 141 | **1**

„Welche kulturellen Veranstaltungen besuchen Sie in Ihrer Freizeit?"

a.

1. Verfahren Sie wie auf ❖ S. 209 bei „Hörverstehen" in den Schritten 1–7 beschrieben. Nach Schritt 2 stellen die TN Vermutungen an, auf wen die Sätze zutreffen könnten. Weisen Sie vor dem Hören darauf hin, dass die Personen der Reihe nach mit A beginnend interviewt werden.

b.

2. Verfahren Sie wie auf ❖ S. 211 bei „Gespräch über ein Thema" in den Schritten 1–6 beschrieben. Schritt 2 fällt weg.

Stillarbeit → AB S. 141 | **2** und S. 142 | **3**

Sechsundsechzig Äpfel

0. In den Übungen **3–5** werden ungewöhnliche Kunstwerke kommentiert.

a. und b.

1. Fragen Sie die TN, ob sie schon einmal ein modernes Kunstwerk gesehen haben, das ihrer Meinung nach keine Kunst war.

2. Verfahren Sie wie auf ❖ S. 209 bei „Hörverstehen" in den Schritten 1–7 beschrieben.

c.

3. Sprechen Sie im Kurs über die Fragen.

d.

4. Die TN lesen still die Vorgaben und die Beispielsätze. Klären Sie unbekannte Wörter.

5. Diskutieren Sie mit den TN über die Bedeutung des Kunstwerks.

6. Gehen Sie auf die Modalverben in Teil b ein, die dort verwendet wurden, um Vermutungen zu graduieren. Bitten Sie die TN, sich für alle Sätze in b außer 1, 5 und 9 zu überlegen, wie sicher sich die Sprecher bezüglich ihrer Vermutungen sind. Geben Sie 100%, 95%, 75% und 50% als Abstufungen an. Die TN schreiben in Partnerarbeit neben die Sätze die passenden Prozentangaben.

7. Besprechen Sie die Lösung. Schreiben Sie währenddessen die ersten beiden Spalten des Tafelbilds an. Weisen Sie darauf hin, dass *kann* mit einer Negation oder mit *nur* Sicherheit ausdrückt, während *könnte* oder *kann* nur eine Vermutung darstellen. Erklären Sie, dass die Fragen mit *sollen* hier bedeuten, dass jemand große Zweifel hat.

	Modalverben	Alternativen
100%	Das **muss** Kunst sein. Das **kann nur** ...	auf jeden Fall; sicher
	Das **kann keine** Kunst sein.	es ist unmöglich
95%	Das **müssten** 66 Äpfel sein.	sehr wahrscheinlich
75%	Das **dürfte** der Mund sein.	wahrscheinlich, wohl
50%	Das **könnte/kann** eine Auge sein.	vielleicht; möglicherweise

Ergänzen Sie eine dritte Spalte im Tafelbild nach → AB S. 142 | **4** mit alternativen Ausdrücken aus der Übung.

Stillarbeit → AB S. 142 | **4**

Zusatzübung

Bilderrätsel

Material

- Kunstpostkarten oder Bilder auf Folie kopiert

Projizieren Sie ein Bild. Decken Sie dabei den größten Teil ab. Die TN raten, was auf dem Bild dargestellt ist. Decken Sie immer mehr auf, bis die TN erraten haben, worum es sich auf dem Bild handelt. Regen Sie die TN dazu an, Modalverben für ihre Vermutungen zu benutzen. Fragen Sie nach, wie sicher sich die TN mit ihren Äußerungen sind, um sie auf die Verwendung des passenden Modalverbs aufmerksam zu machen.

4 Ein modernes Gemälde

Material

- Kopiervorlage **LE 28-1**, pro Kleingruppe eine Kopie, wenn möglich für jede Gruppe verschiedenfarbiges Papier; Kärtchen ausgeschnitten

1. Der Kurs wird in Kleingruppen eingeteilt. Jede Gruppe erhält einen Satz Kärtchen. Regen Sie die TN dazu an, aus den Kärtchen einen korrekten Satz zu bilden. Die TN orientieren sich dabei an Satz 9 aus Übung **3**.
2. Schreiben Sie die Lösung an oder bitten Sie einen TN, den Satz anzuschreiben. Markieren Sie auf Zuruf der TN die Verben und weisen Sie auf deren Stellung hin. Machen Sie die TN auf die Komparativformen aufmerksam, die immer jeweils hinter *je* und *desto* stehen müssen. Weisen Sie darauf hin, dass statt *desto* mit gleicher Bedeutung auch *umso* benutzt werden kann.

Stillarbeit → AB S. 143 | **5**

Zusatzübung Sammeln Sie auf Zuruf der TN Komparativformen von Adjektiven an der Tafel.

Die TN wählen in Partnerarbeit Adjektive von der Tafel aus und erfinden originelle Sätze mit *je ... desto/umso*. Geben Sie ein Beispiel an der Tafel vor (*Je teurer ein Auto ist, desto schneller fährt es.*). Die Sätze werden vorgelesen. Im Kurs wird der witzigste Satz gewählt.

3. Gehen Sie mit den TN die Formulierungen und die Wörter im Kasten durch.
4. Die TN bereiten sich auf die Beschreibung und Interpretation vor. Sie machen sich Notizen.
5. Sprechen Sie im Kurs über das Gemälde und vergleichen Sie die Interpretationen.

5 Ungewöhnliche Kunstwerke

Material

- leere Folien oder Plakate
- bunte (Folien-)stifte

1. Die TN sehen sich das Beispiel auf dem Foto an und lesen still die Erklärung dafür.
2. Die TN lesen die Wörter im Kasten. Erklären Sie ggf. unbekannte Wörter.
3. Die TN erfinden in Kleingruppen ein Kunstwerk, zeichnen es auf eine Folie oder ein Plakat und überlegen sich, was damit ausgedrückt werden soll.
4. Die Kunstwerke werden mithilfe der Folien oder Plakate präsentiert.

29 Fokus Sprechen

Lernziel künstlerische Leistungen bewerten

Aussage oder Frage?

1. Die TN hören die beiden schon mit Satzzeichen versehenen Sätze. Fragen Sie die TN, bei welchem Satz die Melodie am Ende steigt (Frage) und bei welchem die Melodie fällt (Aussage). Schreiben Sie die Sätze an die Tafel. Machen Sie hinter den Satzzeichen jeweils einen kleinen Pfeil nach oben oder nach unten, um den Melodieverlauf zu kennzeichnen.
2. Die TN hören und ergänzen die Satzzeichen.
3. Besprechen Sie die Lösung. Sprechen Sie bei Zweifeln die Sätze mit der entsprechenden Melodie. Machen Sie dabei je nach Satzart eine Handbewegung nach unten oder nach oben.
4. Die TN hören die Sätze noch einmal und sprechen sie nach.
5. Die TN üben zu zweit. Ein TN spricht einen Satz aus der Übung. Der Partner beurteilt, ob es eine Frage oder eine Aussage war.

Ein Kunstwerk wurde aufgegessen.

a.

1. Die TN hören die Sätze und markieren jeweils den Satzakzent.
2. Besprechen Sie die Lösung und gehen Sie auf unbekannte Wörter ein.
3. Die TN hören die Sätze und sprechen sie nach.

b.

4. Besprechen Sie ggf. unbekannte Wörter aus dem Kasten.
5. Die TN erfinden in Partnerarbeit Sätze.
6. Jede Zweiergruppe liest einen Satz mit seinen Variationen vor.

Der Opa grillt ...

a.

1. Die TN decken den Text ab und hören die Sätze, ohne mitzulesen.
2. Verfahren Sie wie auf ❖ S. 210 bei „Nachsprechen“ in den Schritten 2–5 beschrieben.

b.

3. Besprechen Sie die Verben und Partizipien in den Kästen.
4. Die TN ergänzen in Partnerarbeit die Sätze, sodass sich daraus kleine Geschichten ergeben.
5. Die TN lesen ihre Varianten halblaut für sich.
6. Einige der Sätze werden im Kurs laut vorgelesen.

Stillarbeit → AB S. 145 | 1

4 „Hat dir denn das Festival gefallen?“

0. Hier hören die TN einen Dialog, in dem eine kulturelle Veranstaltung bewertet wird. In Übung **5** leisten die TN den Transfer.

a.

1. Fragen Sie die TN, was sie über den Inhalt des Dialogs aus dem Übungstitel und der Zeichnung ableiten können.

2. Die TN hören den Dialog. Fragen Sie die TN, wem von den beiden Personen das Festival gefallen hat. Klären Sie unbekannte Wörter.

3. Die TN lesen den Dialog in Partnerarbeit.

b.

4. Die TN ordnen die Bewertungen aus dem Dialog den Punkten im Buch zu und machen Notizen. Übertragen Sie währenddessen die Punkte, die bewertet werden, an die Tafel.

5. Die TN lesen ihre Lösung vor. Schreiben Sie die Bewertungen an die Tafel.

5 „Wie hat dir denn das Konzert gefallen?“ – „Wie fandest du den Film?“

Material für die Zusatzübung

- Kopiervorlage **LE 29-1A**
- Kopiervorlage **LE 29-1B**

Zusatzübung

Die TN arbeiten bei Teil 1 der Übung zu zweit oder in Kleingruppen zusammen. Sie erhalten einen Satz der ausgeschnittenen Kärtchen von der Kopiervorlage **LE 29-1A**. Sie suchen die vier Kärtchen mit der Kategorienbezeichnung (Frage, Positiv, Negativ und zustimmen/ablehnen). Die TN ordnen den Kategorien die Kärtchen mit den passenden Redemitteln zu.

Die TN arbeiten bei Teil 2 der Übung zu zweit. Sie bekommen die ausgeschnittenen Kärtchen von Kopiervorlage **LE 29-1B**. Die Kärtchen werden mit der beschrifteten Seite nach unten auf einen Stapel gelegt. Ein TN nimmt ein Kärtchen und fragt seinen Partner, wie er die auf dem Kärtchen stehende Sache findet. Dieser antwortet. Der fragende TN äußert sich ebenso dazu. Danach werden die Rollen vertauscht. Ermuntern Sie die TN, die Redemittel aus dem Buch oder von den Kärtchen aus **LE 29-1A** zu benutzen.

a.

1. Die TN lesen still die Vorgaben und das Beispiel in Teil b. Semantisieren Sie unbekannte Wörter.

2. Die TN entscheiden sich zu zweit für eine Situation. Wenn möglich, geht es in dem Dialog der TN um einen Film oder ein Konzert, das beide kennen. Die TN üben ein Gespräch ein.

b.

3. Ein paar Gespräche werden im Kurs vorgespielt.

4. Gehen Sie auf die zweigliedrigen Präpositionen *von … bis (zu) …* und *von … an* ein. Erklären Sie, dass beide temporale Bedeutung haben. Mit *von … an* wird eine Zeitangabe gemacht, die zu einem bestimmten Zeitpunkt beginnt. Die TN lesen die Liste in → AB S. 148 | **8**. Dort werden auch die lokalen Präpositionen *von … aus* (bezeichnet einen bestimmten Anfangspunkt), *an … vorbei* und *um … herum* aufgeführt.

Stillarbeit → AB S. 147 | **5** | **6** und S. 145 | **2** und S. 146 | **3** | **4**

Zusatzübung Musikinteressierte TN finden unter http://www.goethe.de/ins/no/pro/musikreise-neu/index.html einen Überblick über die aktuelle deutsche Musikszene im Rahmen des Spiels „Musikreise“.

30 Fokus Schreiben

Lernziel um Informationen zu einer Veranstaltung bitten; Alternativen zum Ausgang eines Stücks formulieren

Hören Sie zu und schreiben Sie.

1. Verfahren Sie wie auf ❖ S. 212 bei „Diktat" in den Schritten 1–5 beschrieben.

Ein Veranstaltungskalender

a.

1. Sprechen Sie mit den TN darüber, wo man so einen Text finden kann. Fragen Sie die TN, in welcher Stadt die Veranstaltungen stattfinden.

2. Die TN lesen still den Veranstaltungskalender.

3. Wenn es nicht offensichtlich ist, äußern sich die TN darüber, um welche Veranstaltung es sich ihrer Meinung nach jeweils handelt, z.B. welche Art von Musik. Fragen Sie die TN auch, ob sie im Veranstaltungskalender aufgeführte Künstler oder Stücke kennen. Erklären Sie unbekannte Wörter.

b.

4. Verfahren Sie wie auf ❖ S. 209 bei „Leseverstehen" in den Schritten 2–5 beschrieben.

c.

5. Sprechen Sie im Kurs über die Fragen.

Stillarbeit → AB S. 149 | **1**

Zusatzübung für Inlandskurse

Material

• kostenlose Veranstaltungsmagazine

In größeren Städten gibt es meistens kostenlose Veranstaltungsmagazine. Bringen Sie mindestens für jede Kleingruppe eines dieser Hefte mit. Schreiben Sie Fragen zur Orientierung im Magazin an die Tafel, z.B. *Wo ist das Kino- und Theaterprogramm? Wo stehen die Ausstellungen? Wo bekommt man Informationen zur Handlung von Filmen? Wo stehen die Adressen und Telefonnummern? Gibt es ein Fernsehprogramm? Was gibt es noch Interessantes?* etc.

Die TN suchen die entsprechenden Seiten und notieren sich die Seitenzahlen. Die Antworten werden im Kurs besprochen.

Sie können auch die Aufgabe stellen, eine interessante Veranstaltung für den Abend oder das kommende Wochenende zu suchen. Die TN stellen ihre Veranstaltung kurz vor.

Eine Anfrage

Material

• Folie von → AB S. 149 | **2**
• Folie(n)
• verschiedenfarbige Folienstifte
• für die Binnendifferenzierung: für jeden TN eine Kopie der Vorlage **LE 30-1**

1. Erklären Sie den TN die Ausgangssituation.
2. Die TN lesen die Schreibangaben. Klären Sie unbekannte Wörter.
3. Die TN lesen die E-Mail im → AB S. 149 | **2** und unterstreichen zu zweit in verschiedenen Farben die Sätze, die zu den fünf Angaben passen. Zwei TN markieren die Sätze auf der Folie.
4. Besprechen Sie die Lösung anhand der Folie.
5. Verfahren Sie wie auf ❖ S. 212 bei „Texte schreiben“ in den Schritten 1–3 beschrieben. Ein oder zwei TN schreiben ihre Mail auf Folie.
6. Besprechen Sie die auf Folie geschriebenen Mails gemeinsam im Kurs.

Binnendifferenzierung TN, denen das selbstständige Schreiben von Texten noch schwer fällt, ordnen die Sätze auf der Kopie und schreiben die E-Mail. Die Lösung wird im Anschluss an Schritt 6 von den TN vorgelesen.

Lösung (Es können auch andere korrekte Versionen entstehen.):

Lieber Martin,

kommende Woche habe ich beruflich in Köln zu tun. Es wäre schön, wenn wir uns dann treffen könnten. Ich würde gern mal wieder ins Konzert gehen. Im Internet habe ich gesehen, dass „Wir sind Helden“ am Dienstag in der Köln-Arena spielt. Hättest Du Lust mitzukommen?

Könntest Du vielleicht die Karten besorgen? Wenn es keine Karten mehr gibt, können wir auch etwas anderes unternehmen. Vielleicht gehen wir dann einfach ins Kino.

Wenn Du Zeit hast, könnten wir uns ja schon am späten Nachmittag zum Kaffeetrinken in dem netten kleinen Café bei Dir um die Ecke treffen. Ich melde mich in den nächsten Tagen noch mal bei Dir.

Liebe Grüße

Stillarbeit → AB S. 149 | **2**

4 Der Besuch der alten Dame

Material

- Kopiervorlage **LE 30-2**

0. Die Übungen **4** und **5** beschäftigen sich mit dem Drama „Der Besuch der alten Dame“ vom Schweizer Schriftsteller Friedrich Dürrenmatt (1921–1990).

a.

1. Die TN lesen still die Inhaltsangabe. Schreiben Sie währenddessen Stichpunkte zum Inhalt an die Tafel.
2. Klären Sie unbekannte Wörter.

b.

3. Die TN fassen die Handlung anhand der Punkte an der Tafel zusammen.

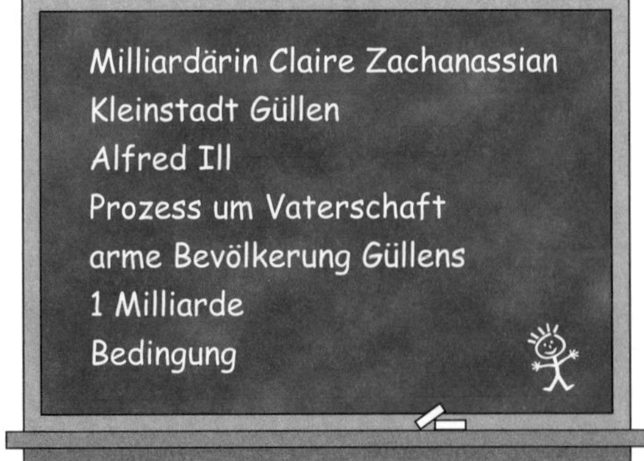

c.

4. Die TN diskutieren über die Bedingung der alten Dame.

d.

5. Die TN lesen still die Szene.

Binnendifferenzierung Bei Schritt 5 machen geübtere TN die Wortschatzübung auf der Kopiervorlage. Dazu knicken Sie die Lösung um. Am Ende vergleichen sie ihre Kombinationen mit der Lösung.
Ungeübtere TN benutzen das Blatt mit der Lösung bei Schritt 5 als Wortschatzhilfe.

6. Klären Sie unbekannte Wörter.

e.

7. Die TN ergänzen in Partnerarbeit den Text.

8. Die einzelnen Sätze werden zur Korrektur von verschiedenen TN vorgelesen. Klären Sie ggf. weitere zum Verständnis notwendige Wörter.

f.

9. Die TN lesen den Dialog von Teil d in Partnerarbeit mit wechselnden Rollen. In einem zweiten Durchgang können die TN die Zeilen mit einem Blatt Papier zur Hälfte oder etwas mehr abdecken und versuchen, den Text mehr und mehr zu rekonstruieren.

10. Die TN lernen den Dialog auswendig.

11. Ein paar TN spielen die Szene vor.

Stillarbeit → AB S. 150 | **3** und S. 151 | **4**

5 Das Ende der Theaterstücks

a.

1. Die TN lesen die Zusammenfassung.

2. Klären Sie zum Verständnis notwendige Wörter.

3. Die TN fassen das Ende in eigenen Worten zusammen.

b.

4. Die TN diskutieren über das Ende.

c.

5. Besprechen Sie die Fragen im Kurs.

6. Die TN diskutieren in Kleingruppen die Fragen.

7. Die Kleingruppen schreiben jeweils ein eigenes Ende.

8. Die Enden werden vorgelesen und im Kurs verglichen.

Stillarbeit → AB S. 151 | **5**

Zusatzübung Eine Frauenzeitschrift möchte einen Artikel über die Lebensgeschichte von Claire Zachanassian schreiben. Die TN haben die Aufgabe, als Journalisten ein Interview vorzubereiten und mit einem TN, der Claire Zachanassian spielt, durchzuführen und schließlich den Artikel zu schreiben. Die TN arbeiten dabei in Kleingruppen.

Fotodoppelseite

Zum Foto „Eine starke Vorstellung"

Sprechen Die TN berichten in Kleingruppen von einer kulturellen Veranstaltung, die sie besucht haben.

Schreiben Die TN entwerfen ein Werbeplakat für die Vorstellung auf dem Foto. Im Kurs wird darüber diskutiert, welches Plakat sich am besten als Werbung eignet.
Brief: Die TN schreiben an einen Freund, der sie bald besuchen wird. Sie fragen in dem Brief, ob der Freund Lust hat, die Vorstellung auf dem Foto zu besuchen.

Projekt In Auslandskursen: Die TN planen in Kleingruppen einen Wochenend-Kulturtrip in verschiedene deutsche Städte. Jeder TN wählt aus Veranstaltungsmagazinen oder von einschlägigen Internetseiten mindestens eine Veranstaltung aus. In der Kleingruppe wird dann das Programm zusammengestellt und über die einzelnen Veranstaltungen diskutiert.

Jede Gruppe stellt ihr Programm wie ein Reiseveranstalter im Kurs vor. Nach den Präsentationen der Reiseprogramme wählen die TN das interessanteste Programm. Die Recherche kann auch ausgedehnt werden. Die TN suchen eine günstige Reisemöglichkeit und Unterkunft. Unter www.dw-world.de (Deutschland-Infos → Deutschland entdecken → Deutschland-Links) gibt es Informationen.

In Inlandskursen: Die TN planen den Besuch einer Kulturveranstaltung im Kursort. Stellen Sie den TN Tageszeitungen, Veranstaltungsmagazine etc. zur Verfügung. Es kann auch im Internet recherchiert werden. Die TN wählen in Kleingruppen eine Veranstaltung aus. Sie sammeln dazu Informationen über Inhalt, Preis, Termin und Ort.

Jede Kleingruppe präsentiert die Ergebnisse ihrer Recherche. Im Kurs wird darüber diskutiert, welche Veranstaltung gemeinsam besucht werden soll. Ein paar TN kümmern sich um die Karten, andere TN finden heraus, wie man zum Veranstaltungsort kommt. Der Kurs besucht gemeinsam die Veranstaltung. Danach wird in der Klasse darüber gesprochen.

Zum Foto „ Leselandschaft"

Sprechen Die TN stellen in einem Referat ihre/n Lieblingsautor/in und deren/dessen Werk vor. Die TN machen ein Interview, in dem sie ihren Partner fragen, welche drei Bücher er auf eine einsame Insel mitnehmen würde.

Recherche Die TN recherchieren im Internet über deutsche Gegenwartsliteratur und stellen ein Werk oder einen Autor vor. Unter http://www.litrix.de gibt es Buchbesprechungen und Leseproben in Deutsch und teilweise auch anderen Sprachen.

Schreiben Die TN schreiben zusammen ein Buch mit kurzen Geschichten. Einigen Sie sich im Kurs auf ein Thema, z.B. Umwelt, Liebe, Kriminalität etc. Die TN arbeiten in Kleingruppen. Jede Kleingruppe überlegt sich eine Handlung und schreibt dann gemeinsam die Geschichte. Alle Geschichten werden korrigiert und danach von den TN verbessert. Kopieren Sie die Geschichten und heften oder binden Sie diese, sodass ein Heft oder Buch entsteht. Jeder TN bekommt ein Exemplar, in dem er schmökern kann.

Weitere Spiele zu den Fotodoppelseiten unter http://www.hueber.de/lagune → Lehren.

Augenzwinkern

Die TN spielen den Dialog nach und variieren ihn. Hängen Sie zum Nachspielen Bilder von modernen Gemälden auf, sowie ein Bild, das die TN, Sie oder ein Kind gemalt haben. Die TN gehen zu den aufgehängten Bildern und kommentieren diese wie im Dialog.

Themenkreis **Sprachen und Begegnungen**

Fotocollage

Material

- Fotos der Fotocollage vergrößert kopiert und auseinandergeschnitten

1. Die Bücher sind geschlossen. Erklären Sie den TN, dass es im folgenden Themenkreis um Sprachen und Begegnungen geht. Schreiben Sie die beiden Wörter in Form von zwei Assoziogrammen an die Tafel. Die TN nennen ihre Assoziationen zu den Wörtern. Notieren Sie diese am Wort-Igel.
2. Die TN werden in Kleingruppen eingeteilt. Jede Kleingruppe bekommt ein Foto der Collage. Geben Sie den TN den Auftrag, die Fotos zu beschreiben und den Bezug zum Thema herzustellen. Geben Sie als Anhaltspunkte ein paar Fragen an der Tafel vor: *Wer/Was ist abgebildet? Was machen die Personen? Woher und wie lange kennen sich die Personen? Was hat das Foto mit dem Thema Sprachen und Begegnungen zu tun?* etc. Weisen Sie darauf hin, dass die Fragen nicht zu allen Fotos passen und nur wahlweise bearbeitet werden. Insbesondere diese Gruppe mit dem Foto mit den Verkehrschildern kann nur die erste und die letzte Frage beantworten. Regen Sie diese Gruppe dazu an, sich vorzustellen, wie es ist, wenn man in einer fremden Stadt unterwegs ist. Die TN machen sich Stichpunkte zu ihren Fotos. Begrenzen Sie die Zeit auf fünf Minuten.
3. Die TN öffnen die Bücher. Die Gruppen erzählen im Plenum nacheinander über ihre Fotos. Die TN äußern sich zu den Fotos der anderen. Gehen Sie ggf. auf neuen Wortschatz ein.

Der Themenkreis schließt sich

Material

- Fotos mit Personen von der Fotocollage vergrößert kopiert und ausgeschnitten
- Gedankenblasen ausgeschnitten
- Für die Aufgabe zum Foto mit der Prüfungssituation: je 2 Blätter mit einer Gedankenblase und je ein Foto von der Prüfungssituation vergrößert

Ideen

- Die TN überlegen sich, zu welchen Fotos die sprachlichen Formeln aus LE 31 (→ KB S. 155) passen.
- Die TN spielen Kursleiter und geben den anderen TN Tipps, wie man leichter lernt.
- In der Prüfung: Die TN schreiben Gedankenblasen für den Prüfer und den Prüfungskandidaten. Sammeln Sie im Kurs erste Ideen, z. B. *Jetzt habe ich da eine Statistik und verstehe überhaupt nicht, was das bedeuten soll.* Die Gedankenblasen werden zum Foto geklebt.
- Fotos mit den beiden Männern und der Gruppe von Jugendlichen: Die TN schreiben jeweils eine Liste mit Stichpunkten, wie sie sich kennengelernt haben und was für ihre Freundschaft wichtig ist.
- Foto mit den sich küssenden Frauen: Die TN möchten mehr über die Freundschaft zwischen den beiden herausfinden. Sie entwerfen Interviewfragen und spielen dann ein Interview, bei dem zwei TN die Rolle der Freundinnen übernehmen.
- Foto mit Dolmetscherinnen: Die TN erfinden eine Sprachbiografie für eine Dolmetscherin. Wie und wo hat sie die Sprache so gut gelernt (Sprachkurs, Schule, Schüleraustausch, Studium im Ausland usw.).
- Die TN versetzen sich in die Gedankenwelt des Tauchers oder des Fisches. Was denken die beiden angesichts ihrer Begegnung?

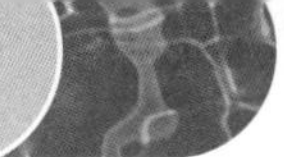

31 Fokus Strukturen

Lernziel sprachliche Formeln angemessen verwenden

Eine kleine Silbe macht den Unterschied

Material

- Zeichnungen von Übung 1 auf Folie kopiert

a.

1. Zeigen Sie den TN die Folie. Die TN beschreiben, was passiert. Falls nötig, geben Sie die dazu notwendigen Verben (*anmachen, aufmachen, einsteigen, umziehen*) vor. Fragen Sie die TN, ob sie noch andere Verben mit den Stämmen *machen, steigen* und *ziehen* kennen, und was diese bedeuten. Schreiben Sie von TN genannte Verben an die Tafel.
2. Die TN ergänzen die Sätze.
3. Zur Korrektur werden die Sätze von TN vorgelesen. Veranschaulichen Sie die Bedeutung der Präfixe an der Tafel.

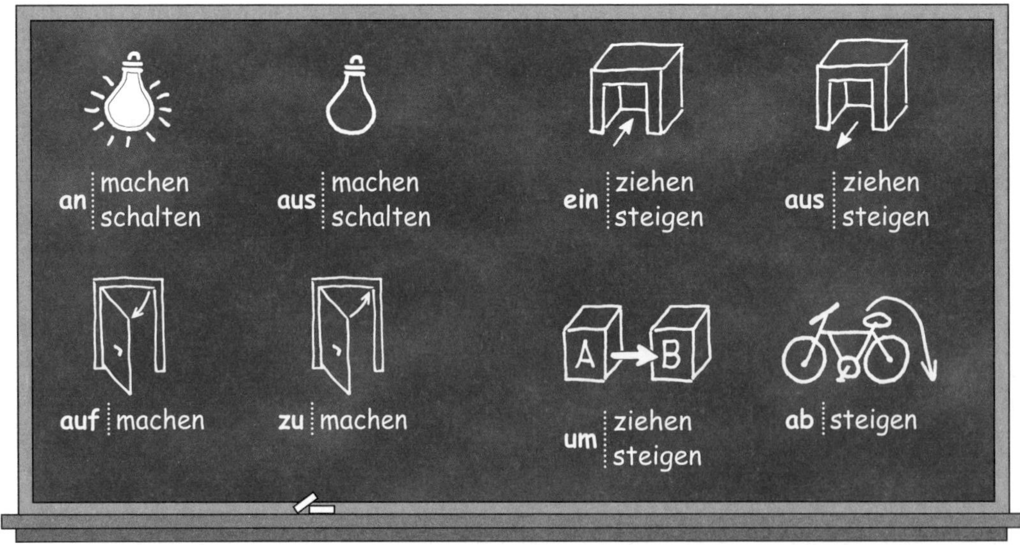

b.

4. Die TN ergänzen in Partnerarbeit die passende Silbe.
5. Die TN lesen die Sätze zur Korrektur vor.

c.

6. Erklären Sie den TN die Aufgabenstellung. Die TN lesen die erste Situationsbeschreibung im Kasten und den Beispieldialog durch.
7. Klären Sie bei Bedarf unbekannte Wörter aus den Situationsbeschreibungen. Fragen Sie nach dem Bedeutungsunterschied zwischen *sich umziehen* und *umziehen*. Die TN wählen in Kleingruppen eine Situation aus.
8. Die TN bereiten kleine Dialoge vor. Dazu schreiben sie sich Stichpunkte auf. Die TN üben die Dialoge ein.
9. Mehrere Gruppen spielen ihren Dialog vor.

Stillarbeit → AB S. 155 | 1

2 Ein Verb – zwei Bedeutungen

a.

1. Machen Sie die TN anhand des Übungstitels darauf aufmerksam, dass in den Sätzen Homonyme verwendet werden.
2. Die TN suchen zu zweit die passenden Sätze. Geben Sie den Hinweis, dass sich die TN nicht zu lange mit einem Satz beschäftigen sollen, sondern zunächst versuchen sollen, die ihnen leicht fallenden Kombinationen zu finden.
3. Besprechen Sie die Lösung im Kurs. Klären Sie dabei unbekannte Wörter.

b.

4. Semantisieren Sie mithilfe der entsprechenden Nomen aus der Tabelle die Bedeutungen von *abmachen* und *aufgeben*. Erklären Sie den TN die Aufgabenstellung. Die TN lesen die Beispiele.
5. Die TN erfinden in Partnerarbeit Sätze, in denen die Homonyme in beiden Bedeutungen vorkommen.
6. Jede Gruppe liest ihre Sätze zu einem Homonym vor.

Stillarbeit → AB S. 156 | **2** | **3**

Zusatzübung

Teilen Sie die TN in zwei Großgruppen ein. Von jeder Gruppe kommt ein TN nach vorne. Die TN stellen sich mit dem Rücken zur Tafel, sodass sie nicht sehen, was an die Tafel geschrieben wird. Schreiben Sie eins der in Übung **1** und **2** behandelten Verben an die Tafel. Die TN, die auf ihren Plätzen geblieben sind, stellen das Verb pantomimisch dar. Die beiden TN an der Tafel raten. Die Gruppe des TN, der das Verb als erstes erraten hat, bekommt einen Punkt. Bei der nächsten Runde kommen zwei andere TN nach vorne, um zu raten.

Sprechen Sie vor Beginn mit dem Kurs ab, in welcher Person und welchem Tempus das Verb genannt werden muss, z. B. *Ihr zieht euch an*. Diese Übung eignet sich auch gut, um die Perfektformen zu üben, also z. B. *Ihr habt euch angezogen*.

3 Fährst du mit dem Fahrrad zur Arbeit?

a.

1. Die TN lesen die Fragen und ergänzen in Einzelarbeit die Verben.
2. Zur Korrektur werden die Sätze vorgelesen. Fragen Sie die TN nach Beispielsätzen für die in dieser Übung nicht passenden Verben.

b.

3. Erklären Sie die Aufgabenstellung. Die TN lesen das Beispielgespräch zu Satz 1 durch. Ergänzen Sie gemeinsam einen weiteren Satz.
4. Die TN lesen die Ausdrücke im Kasten und fragen nach unbekannten Wörtern.
5. Die TN erfinden zu zweit kurze Gespräche zu einer ausgewählten Frage. Dazu machen sie sich Notizen. Die TN üben die Gespräche ein.
6. Zu jeder Frage wird ein Gespräch im Plenum vorgespielt.

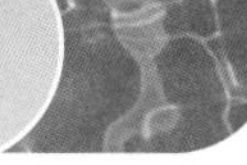

4 Die Reihenfolge der Wortteile macht den Unterschied.

1. Schreiben Sie die Sätze a und b an die Tafel. Lassen Sie jeweils eine Lücke beim Kompositum und fragen Sie die TN, was hier fehlen könnte. Vervollständigen Sie die Sätze. Weisen Sie darauf hin, dass es bei Satz a um eine Blume geht und bei Satz b um eine Wiese. Unterstreichen Sie dazu in Satz a *eine Blume* sowie den Artikel und das Grundwort im Kompositum *eine Wiesenblume*. Bei Satz b wird folgendermaßen unterstrichen: *eine Wiese*, *eine Blumenwiese*. Erklären Sie, dass das zweite Wort im Kompositum die Grundbedeutung wiedergibt und daher auch das Genus bestimmt. Das erste Wort im Kompositum charakterisiert das Grundwort genauer.
2. Die TN ergänzen zu zweit die Sätze.
3. Zur Korrektur werden die Sätze von den TN vorgelesen. Klären Sie unbekannten Wortschatz.

Stillarbeit → AB S. 157 | 4

5 Traumstrände – Strandträume

1. Die TN lesen sich still das Beispiel durch.
2. Machen Sie das zweite Beispiel mit den TN an der Tafel. Hier fehlt das Subjekt *man*. Weisen Sie die TN darauf hin, dass das Verb in die passende Form gebracht werden muss.
3. Die TN ergänzen die Sätze in Partnerarbeit.
4. Zur Korrektur werden die Sätze vorgelesen. Erklären Sie unbekannte Wörter.

Binnendifferenzierung Nennen Sie TN, die schneller fertig sind, Komposita (z. B. *Kaffeemaschine, Winterpullover, Bergschuhe, Reisetasche, Schreibtisch*), zu denen sie Definitionen in Form von Relativsätzen wie in der Übung erfinden sollen. Die TN lesen ihre Definitionen vor.

Zusatzübung 1

Die TN werden in zwei Großgruppen eingeteilt.
Nennen Sie ein beliebiges Kompositum, z. B. *Küchenschrank*.
Die TN haben die Aufgabe, ein neues Kompositum zu bilden, das mit *Schrank-* beginnt. Ein TN nennt also z. B. *Schranktür*. Aus *Schranktür* wird von einem anderen TN (aus der ersten oder zweiten Gruppe) wieder ein Kompositum gebildet, das mit *Tür-* beginnt, z. B. *Türschloss*. Das Spiel wird auf diese Weise weitergeführt.
Immer wenn ein TN ein passendes Kompositum genannt hat, bekommt seine Mannschaft einen Punkt.
Es werden auch Punkte für Komposita mit Fugenelementen wie z. B. *Arbeitsamt* oder *Straßenbahn* gegeben. Korrigieren Sie die TN, falls die Fugenelemente vergessen werden. Legen sie zu Beginn fest, dass es z. B. zehn Runden geben wird.
Schreiben Sie am Anfang ein paar Beispiele an die Tafel, um das Prinzip zu erklären.

Zusatzübung 2

Material

- für jeden TN einen leeren Papierstreifen mit 6 Spalten (siehe Tafelbild)

Jeder TN bekommt einen Papierstreifen und schreibt ein Kompositum darauf. Das Bestimmungswort soll in der ersten und das Grundwort in der zweiten Spalte stehen (z. B. FAHRRAD | KELLER). Der TN gibt den Streifen an seinen Nachbarn weiter. Dieser ergänzt, wenn er eine Idee hat, das zweite Wort, sodass ein neues Kompositum entsteht (z. B. KELLER | TREPPE). Danach knickt er die erste Spalte des Streifens um, so dass nur noch KELLER | TREPPE zu lesen ist und gibt den Streifen weiter.

Veranschaulichen Sie das Vorgehen vor der Übung, indem Sie einen Streifen an die Tafel zeichnen und Beispiele machen.

Wenn einem TN nichts einfällt, nimmt er einen anderen Streifen.

Die Papierstreifen können so lange weitergereicht werden, bis die letzte Spalte beschriftet ist. Es empfiehlt sich aber, die Übung nach einer bestimmten Zeit zu beenden. Der TN, der dann den Papierstreifen hat, öffnet ihn und liest alle Komposita vor.

6 Was kann man da sagen?

a.

1. Sprechen Sie mit den TN über die Zeichnung. Fragen Sie, wie man die Frau in dieser Situation ansprechen könnte.

2. Die TN lesen die Texte und ergänzen die Wendungen.

3. Besprechen Sie die Zuordnung. Klären Sie unbekannte Wörter.

Zusatzübung Die TN erfinden in Partnerarbeit eine kurze Szene, in der man eine der Formeln anwenden kann. Die TN spielen ihre Szene pantomimisch vor. Die übrigen TN raten, welche Formel passt. Diese Übung dient zur Auflockerung, bevor die TN Gespräche vorspielen.

b.

4. Die TN wählen eine Situation aus und bereiten ein Gespräch vor. Sie machen sich Stichpunkte. Die TN üben das Gespräch ein.

5. Verschiedene Gespräche werden im Kurs vorgespielt.

Stillarbeit → AB S. 157 | **5**

32 Fokus Lesen

Lernziel Erfahrungen versprachlichen, über Freundschaften sprechen, Äußerungen indirekt wiedergeben, sprachliche Irrtümer kommentieren

1 Freundinnen

0. Hier werden zwei Freundinnen vorgestellt. In Übung **2** wird Freundschaft dann aus männlicher Perspektive dargestellt.

Material

- Text A und B auf Folie kopiert
- Folienstifte

a.

1. Verfahren Sie wie auf ❖ S. 209 bei „Hörverstehen“ in den Schritten 1–7 beschrieben.

b.

2. Die TN lesen die Texte. Semantisieren Sie den Lernwortschatz.
3. Die TN unterstreichen in den Texten die Informationen, die unterschiedlich sind. Machen Sie ein paar Beispiele gemeinsam auf der Folie. Zwei TN arbeiten auf der Folie.
4. Die TN vergleichen ihre Unterstreichungen mit der Folie.
5. Die TN hören die CD und entscheiden, welchen Text sie gehört haben.
6. Besprechen Sie die Lösung im Kurs. Spielen Sie den Text bei großen Unsicherheiten noch einmal vor.

c.

7. Machen Sie zusammen mit den TN anhand des Textes B eine Liste der Themen, die im Hörtext angesprochen werden (Karten aus dem Urlaub, telefonieren, Tipps für Referate, herzlich und nett, bequem, aufräumen, sich verstehen, sich regelmäßig sehen).
8. Die TN hören die CD noch einmal.
9. Die TN fassen den Text zu zweit mündlich zusammen.
10. Sprechen Sie im Kurs darüber, wie sich die Freundschaft der beiden wohl weiterentwickeln wird, wenn sie ihr Studium abgeschlossen haben. Die TN berichten über eigene Erfahrungen. Diskutieren Sie auch darüber, ob es besser ist, wenn Freunde unterschiedlich oder ähnlich sind.
11. Gehen Sie auf die indirekte Rede ein. Schreiben Sie Beispiele für indirekte Rede aus Text B an die Tafel. Fragen Sie, was Clara sagen würde. Schreiben Sie die Sätze in direkter Rede daneben. Erklären Sie den TN, dass es sich hier um die indirekte und direkte Rede handelt. Verweisen Sie auf weitere Beispiele im Grammatikkasten im Buch.

    Fragen Sie die TN nach den Unterschieden und markieren Sie die Verben im Konjunktiv und die veränderten Personen. Weisen Sie auch auf die Satzzeichen hin. Fragen Sie nach dem Modus der Verben. Die Konjunktiv II-Formen sind den TN bekannt. Erklären Sie, dass man für die indirekte Rede den Konjunktiv II (Formen mit *würde* und Infinitiv oder eigene Konjunktivformen) und nur in der 3. Person Singular den Konjunktiv I benutzt. Veranschaulichen Sie an der Tafel, dass die Verben im Konjunktiv I in der 3. Person auf *-e* enden.

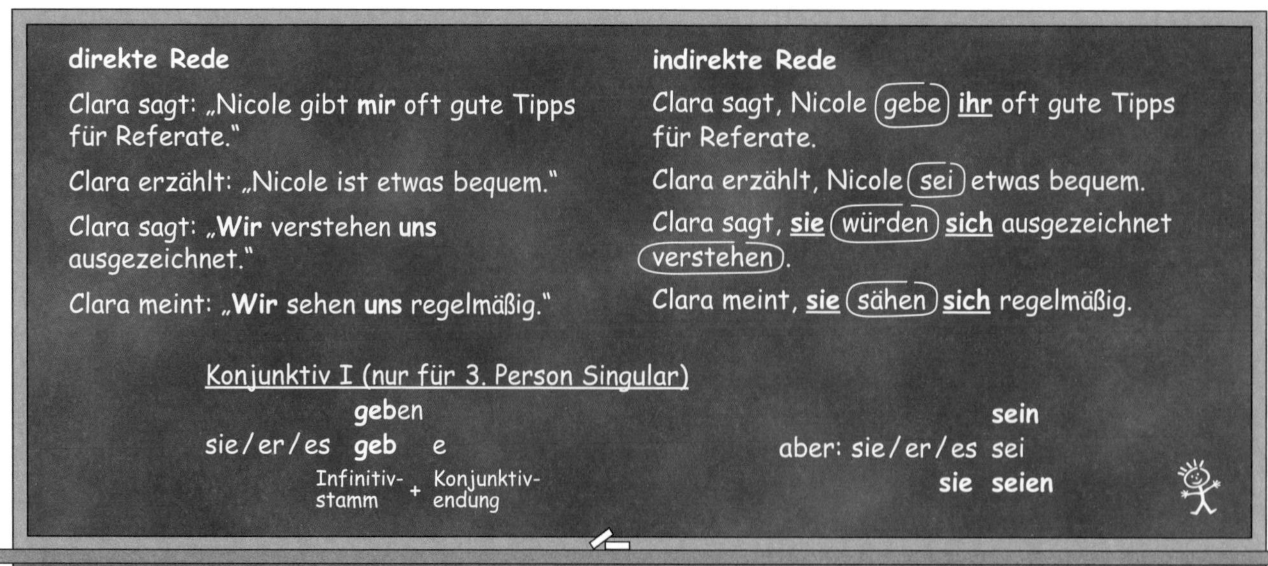

Weisen Sie darauf hin, dass die Konjunktiv I-Formen von *sein* unregelmäßig sind. Außerdem ist bei diesem Verb der Konjunktiv I auch in der 3. Person Plural gebräuchlich. Schreiben Sie die Formen der 3. Person Singular und Plural an. Machen Sie die TN darauf aufmerksam, dass die indirekte Rede fast immer in der 3. Person (Singular und Plural) vorkommt.

Sagen Sie den TN, dass die indirekte Rede vor allem schriftlich benutzt wird. Insbesondere in den Medien wird die indirekte Rede oft benutzt, um deutlich zu machen, dass eine andere Person etwas gesagt hat.

Für die TN ist es wichtig, die indirekte Rede zu verstehen. Die aktive Beherrschung wird auf diesem Niveau noch nicht verlangt.

Stillarbeit → AB S. 159 | **1** | **2**

Freunde

a. und b.

1. Sprechen Sie mit den TN kurz über das Foto und den Titel.
2. Verfahren Sie wie auf ❖ S. 209 bei „Leseverstehen" in den Schritten 2–5 beschrieben.
3. Sprechen Sie darüber, ob es einen Unterschied zwischen Männer- und Frauenfreundschaften gibt.
4. Gehen Sie auf die indirekte Rede in der Vergangenheit ein. Schreiben Sie Beispielsätze in der direkten Rede an die Tafel. Die TN versuchen die Sätze jeweils in die indirekte Rede umzuformen. Die Sätze im Buch dienen als Hilfe.

   Unterstreichen Sie die Hilfsverben und die Partizipien. Erklären Sie, dass die indirekte Rede in der Vergangenheit mit der Konjunktiv I-Form (bei *haben*: nur 3. Person Singular; bei *sein*: 3. Person Singular und Plural) bzw. Konjunktiv II-Form des Hilfsverbs und dem Partizip II gebildet wird. Erklären Sie den TN, dass es für die Vergangenheit im Konjunktiv I und II nur ein Tempus gibt, während im Indikativ drei Tempora (Präteritum, Perfekt, Plusquamperfekt) existieren. Besprechen Sie die Tabelle im AB S. 162 | **10**.

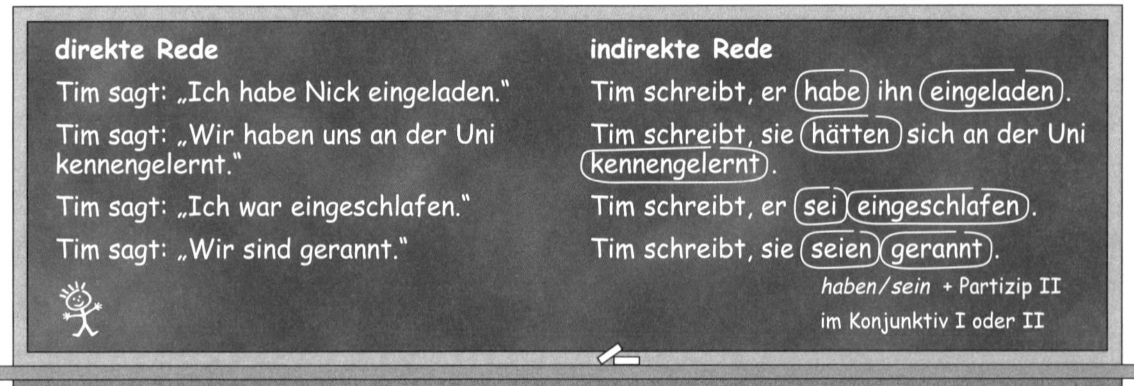

direkte Rede	indirekte Rede
Tim sagt: „Ich habe Nick eingeladen."	Tim schreibt, er habe ihn eingeladen.
Tim sagt: „Wir haben uns an der Uni kennengelernt."	Tim schreibt, sie hätten sich an der Uni kennengelernt.
Tim sagt: „Ich war eingeschlafen."	Tim schreibt, er sei eingeschlafen.
Tim sagt: „Wir sind gerannt."	Tim schreibt, sie seien gerannt.
	haben/sein + Partizip II im Konjunktiv I oder II

Stillarbeit → AB S. 160 | **3** | **4**

Freundschaften

a.

1. Verfahren Sie wie auf ❖ S. 211 bei „Gespräch über ein Thema“ in den Schritten 1, 4, 5 und 6 beschrieben.

b.

2. Erklären Sie den TN die Bedeutung des Reziprokpronomens *einander*. Machen Sie dazu ein Tafelbild.

Clara ruft Nicole an.
Nicole ruft Clara an. = Clara und Nicole rufen _sich_ an. = Clara und Nicole rufen _einander_ an.

Clara telefoniert **mit** Nicole.
Nicole telefoniert **mit** Clara. = Sie telefonieren **mit***einander*.

Stillarbeit → AB S. 160 | **5** | und S. 161 | **6**

3. Besprechen Sie mit den TN die Ausdrücke im Kasten.

4. Die TN überlegen sich die drei ihrer Meinung nach wichtigsten Aktivitäten für eine Freundschaft sowie eine Aktivität, auf die sie keinen Wert legen.

5. Die TN sprechen im Kurs über Freundschaft.

Falsche Freunde

0. In den Übungen **4–6** beschäftigen sich die TN mit dem Lesetext von → KB S. 159, in dem es um Freundschaft und „falsche Freunde“ geht.

1. Die TN lesen die Einleitung und kreuzen die Lösung an.

2. Besprechen Sie die Lösung im Kurs. Klären Sie unbekannten Lernwortschatz.

Die Geschichte eines Missverständnisses

Material für die Binnendifferenzierung

• Kopien der Vorlage **LE 32-1**

a.

1. Verfahren Sie wie auf ❖ S. 209 bei „Leseverstehen“ in den Schritten 2–5 beschrieben. Die TN lesen die Zusammenfassungen in der Aufgabenstellung nach dem Text.

Binnendifferenzierung Geübtere TN schließen das Buch und arbeiten mit der Kopie. Sie ordnen die Textabschnitte. Danach öffnen sie das Buch und vergleichen ihre Lösung. Im Anschluss daran lösen Sie im Buch Teil a der Übung.

b.

2. Sprechen Sie im Kurs über die Missverständnisse aus dem Text (drittletzter Abschnitt).

Stillarbeit → AB S. 161 | **7** | **8**

6 Sprachliche Irrtümer

1. Wenn Sie Lust haben, berichten Sie über eigene Erfahrungen.

2. Die TN bereiten sich kurz vor. Sie machen sich ggf. Stichpunkte.

3. Sprechen Sie im Kurs über die Erlebnisse der TN.

7 „Gefährliche" deutsche Wörter

Material
- Plakate mit der Überschrift „Vorsicht!"
- dicke Stifte

1. Die TN arbeiten in Kleingruppen. In national heterogenen Gruppen finden sich TN mit der gleichen Muttersprache zusammen.

2. Die TN sammeln in der Kleingruppe Wörter, mit denen sie schon einmal Schwierigkeiten hatten. Sie schreiben diese auf Plakate und schreiben oder zeichnen dazu, was das Wort bedeutet und worin die Verwechslungsgefahr liegt.

b.

3. Die TN wählen ein Beispiel aus ihrer Liste aus und erfinden einen Dialog dazu.

4. Die Dialoge werden vorgespielt.

5. Die TN stellen ihre Plakate vor. Achten Sie darauf, dass jede Gruppe nur auf die Wörter von ihrem Plakat eingeht, die noch von keiner anderen Gruppe genannt wurden.

33 Fokus Hören

Lernziel von Missverständnissen erzählen; Tipps zum Sprachenlernen formulieren

1 „Welche Fremdsprachen sprechen Sie?"

0. In den Übungen 1–3 geht es um Fremdsprachen und wie man sie lernt.

a.

1. Verfahren Sie wie auf ❖ S. 209 bei „Hörverstehen" in den Schritten 1–3 und 6 beschrieben.

b.

2. Verfahren Sie jeweils wie auf ❖ S. 209 bei „Hörverstehen" in den Schritten 2–7 beschrieben. Schritt 4 (Vergleich der Lösung mit dem Nachbarn) wird weggelassen.

c.

3. Die TN lesen still die Fragestellung und die Beispiele. Diskutieren Sie im Kurs über das Spachenlernen. Fragen Sie auch, ob Alter und Geschlecht eine Rolle spielen.

Stillarbeit → AB S. 164 | 1 | 2

„So habe ich Deutsch gelernt."

a.

1. Die Bücher sind geschlossen. Kündigen Sie an, dass im folgenden Hörtext der Iraner Alireza Karazim erzählt wie er Deutsch gelernt hat.
2. Die TN hören die CD.
3. Die TN öffnen das Buch und lösen die Aufgabe. Die TN fragen nach unbekannten Wörtern.
4. Die TN vergleichen ihre Lösung mit ihrem Nachbarn.
5. Die TN hören die CD noch einmal und überprüfen dabei ihre Zuordnung. Bitten Sie geübtere TN, auf weitere Details aus dem Hörtext zu achten.
6. Besprechen Sie die Lösung im Kurs.

b.

7. Sprechen Sie im Kurs über die Erfahrungen der TN mit Träumen in einer Fremdsprache.

Stillarbeit → AB S. 165 | **3**

Tipps, die beim Sprachenlernen helfen.

Material

• Texte kopiert und auseinandergeschnitten, pro Gruppe einen Satz

a.

1. Die TN arbeiten zu sechst zusammen. Die TN innerhalb einer Sechsergruppe bekommen jeweils einen Text. Die TN lesen ihren Text und schreiben sich maximal fünf Stichwörter dazu auf. Klären Sie bei Bedarf unbekannte Wörter. Falls keine Sechsergruppen gebildet werden können, werden die TN in etwa gleich große Gruppen aufgeteilt und TN, die möchten, können auch zwei Texte bearbeiten.
2. Jeder TN fasst den von ihm gelesenen Beitrag für seine Gruppe mündlich zusammen.
3. Die TN diskutieren innerhalb der Gruppe, wie sie die Tipps finden.

b.

4. Diskutieren Sie im Kurs über die Tipps aus dem Internet und die Strategien der TN.

Stillarbeit → AB S. 165 | **4**

Erlebnisse mit der deutschen Sprache

0. In den Übungen **4** und **5** hören die TN Erlebnisse mit fremden Ländern und Sprachen.

a.

1. Die Bücher sind geschlossen. Kündigen Sie an, dass die TN hören werden, was Teilnehmer eines Deutschkurses mit der deutschen Sprache erlebt haben.
2. Die TN hören die CD.
3. Die TN öffnen die Bücher und machen die Übung in Partnerarbeit.
4. Die Sätze werden von verschiedenen TN in der richtigen Reihenfolge laut vorgelesen. Erklären Sie unbekannte Wörter.

b.

5. Verfahren Sie wie auf ❖ S. 209 bei „Hörverstehen" in den Schritten 2–7 beschrieben.

c.

6. Verfahren Sie wie auf ❖ S. 209 bei „Hörverstehen" in den Schritten 2–7 beschrieben. Schritt 4 (Vergleich mit dem Nachbarn) wird weggelassen.

d.

7. Die TN sprechen über die Geschichten und berichten, soweit nicht schon in LE 32 geschehen, über eigene Erfahrungen.

Stillarbeit → AB S. 165 | **5**

„Hier versteht bestimmt keiner Deutsch."

Material

- Folie von Kopiervorlage **LE 33-1**

a.

1. Projizieren Sie die Folie. Die TN stellen Vermutungen über das Foto an.

b.

2. Die TN kombinieren die Satzhälften in Partnerarbeit. Erklären Sie bei Bedarf unbekannte Wörter.

3. Die TN überlegen sich in Partnerarbeit die genaueren Umstände und erfinden eine Geschichte.

4. Ein paar Geschichten werden im Kurs erzählt.

c.

5. Die TN hören die CD.

6. Die TN überprüfen ihre Zuordnung aus b.

7. Besprechen Sie die Lösung von b.

8. Die TN suchen zu zweit die Unterschiede zu ihrer Geschichte und sprechen darüber im Kurs.

d.

9. Die TN erfinden zu zweit ein Telefongespräch. Sie machen sich Notizen und üben das Gespräch ein.

10. Ein paar Gespräche werden im Kurs vorgestellt.

e.

11. Gehen Sie mit den TN den Wortschatz im Kasten durch. Die TN schreiben in Kleingruppen die Fortsetzung der Geschichte.

12. Lesen Sie die Geschichten vor.

Stillarbeit → AB S. 166 | **6** | **7** | **8**

34 Fokus Sprechen

Lernziel über die Entwicklung der eigenen Sprachkenntnisse berichten; Beitrag in einer Sprachprüfung bewerten

Leicht zu verwechseln

Material für die Zusatzübung

- für jeden TN und für Sie zwei Kärtchen in zwei verschiedenen Farben, das eine mit *i*, das andere mit *e* beschriftet

a.

Variante für Schritt 1

Das Buch ist geschlossen. Die TN hören die Wörter und schreiben mit. Danach öffnen sie das Buch und vergleichen. Die TN erklären die Bedeutung der Wörter. Machen Sie mit Schritt 2 weiter.

1. Die TN lesen still die Wörter und erklären, worum es sich handelt.
2. Die TN hören die CD und sprechen die Wörter nach.
3. Die TN erfinden in Partnerarbeit Sätze, in denen von den Wörtern so viele wie möglich vorkommen.
4. Die TN lesen ihre Sätze laut vor.

b.

Zusatzübung Die Bücher sind geschlossen. Erklären Sie den TN, dass sie verschiedene Wörter hören. Die Aufgabe der TN ist es, immer wenn im Wort der Laut *e* oder *i* vorkommt, das entsprechende Kärtchen hochzuhalten. Weisen Sie darauf hin, dass es auch Wörter gibt, in denen es keinen der beiden Laute gibt.

Die TN hören die CD und halten das entsprechende Kärtchen hoch. Wenn nicht alle TN einen Laut richtig identifiziert haben, drücken Sie die Pausentaste und halten das entsprechende Kärtchen hoch. Gleichzeitig sprechen Sie das Wort noch einmal. Machen Sie mit Schritt 5 weiter.

5. Die TN hören bei geöffnetem Buch die CD und sprechen die Wortpaare nach. Wenn den TN dieser Schritt schwer fällt, können Sie ihn wiederholen.
6. Die TN erfinden in Partnerarbeit zu den einzelnen Wortpaaren jeweils zwei Sätze.
7. Es werden zu jedem Wortpaar mindestens zwei Sätze von verschiedenen TN vorgelesen.

2 Setzen oder sitzen?

1. Die TN lesen still Satz a. und die Auswahl der Verben unten.
2. Die TN hören den Satz und schreiben das fehlende Verb in die Lücke. Zur Korrektur liest ein TN vor. Schreiben Sie die Verben in der Reihenfolge wie in den Sätzen im Buch an die Tafel. Verfahren Sie mit den weiteren Sätzen wie mit Satz a.
3. Die TN hören alle Sätze noch einmal und sprechen jeweils zwei Sätze nacheinander nach. Bei Bedarf kann dieser Schritt wiederholt werden.
4. Die Bücher werden geschlossen. Die TN hören den Text Satz für Satz und sprechen nach.

Stillarbeit → AB S. 168 | 1 | 2

Buchstabenspiele

a.

1. Die TN hören den ersten Satz und lesen still mit. Machen Sie eine Pause. Beantworten Sie ggf. Wortschatzfragen. Verfahren Sie mit den übrigen Sätzen ebenso.
2. Die TN hören die Sätze noch einmal und lesen halblaut mit.
3. Die TN hören den Text Satz für Satz ein drittes Mal. Machen Sie nach jedem Satz eine Pause. Die TN versuchen, die Sätze frei nachzusprechen.

b.

4. Regen Sie die TN dazu an, in Partnerarbeit möglichst lange Sätze zu bilden.
5. Jede Zweiergruppe liest ihre zwei besten Sätze vor.

Zusatzübung Die TN werden in zwei Großgruppen eingeteilt. Die Gruppen führen miteinander ein Gespräch, als würden zwei Personen miteinander sprechen. Bei diesem Gespräch müssen die Sätze der Reihe nach immer mit einem Buchstaben des Alphabets beginnen. Ein TN einer Gruppe beginnt z. B.: „Also, heute habe ich etwas Tolles erlebt." Ein beliebiger TN aus der anderen Gruppe reagiert z. B. folgendermaßen: „Bei dir ist das doch immer so."

Um die Übung etwas leichter zu gestalten, werden die Buchstaben C, X und Y ausgeschlossen. Zur besseren Orientierung wird zu Beginn das Alphabet ohne die ausgeschlossenen Buchstaben an die Tafel geschrieben.

Wortschatzspiel: Alles zehnmal

Material

- 20 Zettel mit den Zahlen 1–20 beschriftet und zusammengefaltet
- Behälter, z. B. Schachtel oder Hut

a.

1. Die TN lesen die Aufgaben.
2. Sammeln Sie auf Zuruf der TN an der Tafel Nomen, die mit *M* beginnen.

b.

3. Die TN entscheiden sich für eine Variante.
4. Legen Sie alle Zettel in einen Behälter. Ziehen Sie eine Nummer. Die Aufgabe mit dieser Nummer wird von den TN wie bei der ausgewählten Variante beschrieben durchgeführt.

   Um den Wettbewerbscharakter zu verstärken, können Sie bei Variante 2 der Gruppe mit den meisten Wörtern (bzw. bei Variante 3 der Gruppe, die am schnellsten fertig ist) jeweils einen Punkt geben. Diese Gruppe darf dann jeweils die nächste Nummer ziehen.

   Am Ende der Übung wird die Siegergruppe festgestellt. Machen Sie die Übung solange Sie Zeit und die TN Lust dazu haben.

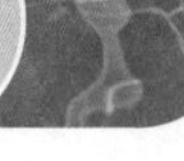

5 „Sprechen Sie Deutsch?“

0. In den Übungen **5–7** geht es um (Fremd)sprachen.

a. und b.

1. Verfahren Sie wie auf ❖ S. 211 bei „Gespräche hören und nachspielen“ in den Schritten 1–9 beschrieben.

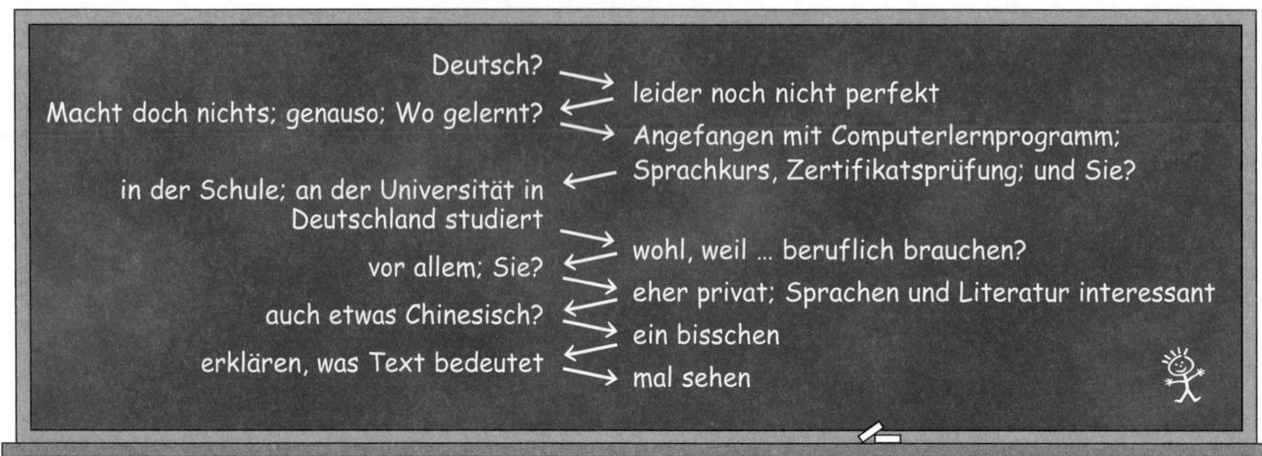

c.

2. Verfahren Sie wie auf ❖ S. 211 bei „Gespräche variieren“ in den Schritten 1–3 beschrieben. Wenn es Ihnen für Ihren Kurs sinnvoll erscheint, führen Sie die Binnendifferenzierung oder die Variante durch.

Stillarbeit → AB S. 169 | **3** | **4**

6 Beispiel für eine mündliche Zertifikatsprüfung

a.

1. Weisen Sie die TN anhand des Titels darauf hin, dass diese Grafik Teil einer mündlichen Zertifikatsprüfung sein könnte. Die TN betrachten die Grafik und lesen still die Beispielsätze. Erklären Sie unbekannte Wörter.

2. Fragen Sie die TN, was das Thema der Grafik ist, welche Zahlen besonders groß und welche besonders klein sind und was sie besonders interessant/merkwürdig finden. Schreiben Sie die Fragen stichpunktartig an die Tafel. Erklären Sie den TN, dass diese Punkte bei jeder Grafikbeschreibung zur Orientierung dienen können und dass es nicht darum geht, jedes Detail und jede Zahl wiederzugeben. Wichtig ist es insbesondere, zu Beginn genau das Thema zu nennen.

Die TN beantworten die Fragen. Schreiben Sie die Antworten in Stichpunkten an die Tafel. Regen Sie die TN dazu an, soweit wie möglich die Redemittel aus den Beispielsätzen zu benutzen.

b.

3. Die TN lesen die Beurteilungen. Klären Sie unbekannte Wörter.

4. Die TN hören die Prüfungssimulation von der CD.

5. Die TN beurteilen die Leistung des Prüfungskandidaten. Weisen Sie an dieser Stelle darauf hin, dass der Kandidat erst auf Nachfragen des Prüfers das Thema nennt. Eine Aufzählung aller Sprachen wäre hier außerdem nicht nötig gewesen.

7 Eine zweite Grafik zum Üben

Material

- Kopiervorlage **LE 34-1**

1. Führen Sie (wie auf der Kopiervorlage anhand des Beispiels *50 %*) ein, wie man Zahlenangaben runden kann (*circa, ungefähr, fast, mehr als* etc.).
2. Die TN bekommen die Kopiervorlage und machen in Partnerarbeit Übung **1** auf der Vorlage.
3. Besprechen Sie die Lösung im Kurs.
4. Die TN machen Übung **2** von der Kopiervorlage.
5. Besprechen Sie die Lösung im Kurs.
6. Die TN bereiten sich ungefähr fünf Minuten in Partnerarbeit auf die Statistikbeschreibung vor. Die TN können sich dabei Notizen machen, sollen aber keinen vollständigen Text schreiben. Erinnern Sie an die Leitpunkte für die Statistikbeschreibung aus Übung **6** Schritt 2. Ermuntern Sie die TN dazu, die Redemittel von der Kopiervorlage zu benutzen.
7. Ein paar TN spielen das Gespräch vor.
8. Sprechen Sie im Kurs darüber, aus welchen Gründen die TN Deutsch lernen.

Zusatzübungen

Grafikbeschreibung

Material

- Zwei ähnliche Grafiken aus Zeitungen, Zeitschriften, dem Internet (z. B. unter http://newsaktuell.pictures.de/) oder aus einem Übungstest zum Zertifikat Deutsch (→ KB S. 189).

Die TN bereiten sich in Einzelarbeit auf die Beschreibung vor. Die TN beschreiben sich in Partnerarbeit gegenseitig ihre Grafik und sprechen über das Thema.

Sprachlerngeschichte

Die TN schreiben einen Text darüber, wann sie welche Fremdsprache zu lernen angefangen und wie sie weitergelernt haben. Dabei müssen sie sich nicht auf Deutsch als Fremdsprache beschränken. Ein interessanter Aspekt ist auch, wer oder was sie besonders beeinflusst hat.

Eine chronologische Übersicht der Sprachlerngeschichte ist Teil des Europäischen Sprachenportfolios. Wenn Sie dieses im Kurs einsetzen, schreiben die TN den Text für ihr persönliches Portfolio.

35 Fokus Schreiben

Lernziel über ungewöhnliche Begegnungen und Erlebnisse berichten

Hören Sie zu und schreiben Sie.

Verfahren Sie wie auf ❖ S. 212 bei „Diktat“ in den Schritten 1–5 beschrieben.

2 Ein Problem im Straßenverkehr

0. In den Übungen **2** und **3** geht es um Probleme, die unterwegs auftauchen können.

a.

1. Fragen Sie die TN, um was für eine Straße es sich hier handelt (Einbahnstraße). Sprechen Sie mit den TN über das Foto. Achten Sie darauf, dass die TN noch nicht die Zeitungsmeldung lesen.

b.

2. Die Bücher sind geschlossen. Lesen Sie den Text bis zum Satz … *aber die weitere Suche sei ohne Erfolg geblieben* vor.

3. Fragen Sie die TN nach ihren Vermutungen, was passiert ist.

4. Die TN öffnen das Buch und lesen den Text still von Anfang an.

5. Fragen Sie die TN, was tatsächlich das Problem war. Semantisieren Sie unbekannten Lernwortschatz.

c.

6. Die TN lesen die Anweisung und das Beispiel.

7. Machen Sie den zweiten Satz gemeinsam an der Tafel. Weisen Sie besonders darauf hin, dass das Verb im richtigen Tempus steht.

8. Die TN schreiben zu zweit den Text.

d.

9. Die Texte werden mit einer anderen Gruppe ausgetauscht. Die Gruppen korrigieren und vergleichen ihre Texte gegenseitig.

10. Ein Text wird als Beispiel laut vorgelesen.

Stillarbeit → AB S. 171 | **1**

In einer fremden Stadt

1. Verfahren Sie wie auf ❖ S. 211 bei „Gespräch über ein Thema“ in den Schritten 1 und 4–6 beschrieben. Sprechen Sie nach Schritt 1 darüber, was die Schilder bedeuten.

Stillarbeit → AB S. 172 | **2** (Mit dieser Übung soll die Phantasie der TN für Übung **4** angeregt werden.)

4 Begegnungen

a.

1. Die TN wählen in Kleingruppen drei Fotos aus und notieren dazu spontan ihre Ideen.

b.

2. Die Notizen zu den einzelnen Fotos werden nacheinander vorgelesen und miteinander verglichen. Schreiben Sie Stichpunkte an der Tafel mit.

c.

3. Die TN wählen zu zweit ein Foto aus. Sie überlegen sich anhand der Fragen die genaueren Umstände und schreiben dann einen Dialog. Geben Sie eine bestimmte Zeit vor, z. B. 15 Minuten.
4. Die TN lesen oder spielen ihre Gespräche vor. Es können verschiedene Gespräche zum selben Foto miteinander verglichen werden.

5 Eine ungewöhnliche Begegnung

Material

- ein paar leere Folien
- Folienstifte

1. Erzählen Sie den TN zur Anregung von einer (erfundenen) ungewöhnlichen Begegnung. Je nach Lust und Laune kann es sich z. B. um den Traummann (die Traumfrau) oder um ein Marsmännchen handeln. Benutzen Sie die Redemittel aus dem Buch.
2. Die TN lesen still die Vorgaben. Beantworten Sie eventuelle Fragen.
3. Die TN schreiben zu zweit eine E-Mail. Geben Sie eine bestimmte Zeit vor (z. B. 20 Minuten). Ermuntern Sie ein paar TN mit originellen Mails, ihre Texte auf Folie zu übertragen.
4. Die Folien werden aufgelegt und vorgelesen.

Zusatzübung Die TN suchen unter http://www.goethe.de/z/jetzt/forumler/forumneu.htm einen E-Mail Partner und schreiben eine E-Mail, oder sie chatten mit anderen Deutschlernenden und Tutoren (z. B. unter http://www.goethe.de/z/jetzt/dejchat/dejsecon.htm).

Stillarbeit → AB S. 174 | **3** | **4** (Beide Übungen sind für den Kursabschluss gedacht; den Übungen sollte ein Gespräch in der Gruppe folgen.)

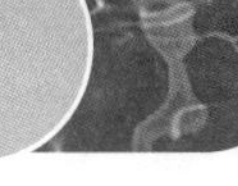

Fotodoppelseite

Zum Foto „Eine lange Wegbeschreibung"

Sprechen Die Touristin nimmt mit dem Stelzenläufer Kontakt auf und fragt ihn nach dem Weg. Möglicherweise gibt es Verständigungsschwierigkeiten, weil die Touristin nicht gut Spanisch spricht und lieber Deutsch sprechen würde.

Die TN erfinden einen Dialog zwischen dem Stelzenläufer und der Touristin und spielen ihn vor.

Schreiben Die junge Frau ist in einem spanischsprachigen Land, weil sie Spanisch lernt. Die TN erfinden ihre Sprachlerngeschichte.

Die TN schreiben eine E-Mail aus der Perspektive der jungen Frau. Die Frau schreibt aus ihrem Urlaub eine E-Mail an ihre beste Freundin. Sie schreibt über die ungewöhnliche Begegnung mit dem Stelzenläufer.

Zum Foto „Handzeichen unter Wasser"

Sprechen Beschreiben Sie den TN die Situation, dass einer ihrer Freunde die Taucherprüfung (nicht) bestanden hat. Die TN sagen, mit welchen Formeln sie darauf reagieren könnten.

Referat Falls Sie in Ihrem Kurs Hobby-Taucher haben, können diese ein Referat über ihren Sport halten. Dabei gehen sie auch auf die gebräuchlichen Handzeichen ein und berichten darüber, welchen Tieren sie schon begegnet sind.

Recherche Die TN recherchieren über die Bedeutung von Emoticons und stellen die wichtigsten und deren Bedeutung im Kurs vor. Informationen findet man z. B. unter http://de.wikipedia.org/wiki/Emoticon.

Schreiben Brief: Eine oder mehrere Kleingruppen schreiben in der Rolle des Tauchers Briefe an einen Freund. Der Taucher schildert darin, was er im Tauchurlaub erlebt hat und dass er die Taucherprüfung abgelegt und bestanden hat.

Andere TN antworten jeweils auf einen Brief. Während die Briefe des Tauchers geschrieben werden, beschäftigt sich die Gruppe, die diese beantworten möchte, mit anderen Aktivitäten zur Foto-Doppelseite und erfindet z. B. einen Dialog zwischen Stelzenläufer und Touristin. Korrigieren Sie die Briefe, bevor sie beantwortet werden.

Zeitungsmeldung: Die TN schreiben eine Zeitungsmeldung wie in LE 35 (➔ KB S. 168). Sie denken sich eine Geschichte aus, in der es um ein Missverständnis des Tauchers mit seinen Tauchkollegen geht.

In der Meldung wird in der indirekten Rede wiedergegeben, wie sich der Taucher später über die Geschichte geäußert hat.

Zu beiden Fotos

Das Wortschatzspiel aus LE 34 (➔ KB S. 165) kann hier fortgeführt werden. Die TN suchen 10 Sportarten; 10 Dinge, die man im Sprachurlaub braucht; 10 Dinge, die es am/im Wasser gibt.

Weitere Spiele zu den Fotodoppelseiten unter http://www.hueber.de/lagune ➔ Lehren.

Augenzwinkern

Die TN lesen den Dialog und spielen ihn nach.

Die TN erfinden einen Dialog zwischen zwei Kollegen im Büro. Dabei spielen sie mit den beiden Bedeutungen von *Maus* (Tier, Computerzubehör).

höflich bitten	**auf eine Bitte reagieren**
Entschuldigen Sie bitte / Entschuldige bitte.	Natürlich. Wie kann ich Ihnen/dir helfen?
Dürfte ich Sie/dich um einen Gefallen bitten?	Was kann ich für Sie/dich tun?
Dürfte ich Sie/dich etwas fragen?	Das ist doch kein Problem.
Würden Sie / Würdest du mir bitte ...	Aber gern.
Könnten Sie / Könntest du mir vielleicht ...?	
Es wäre sehr nett, wenn Sie/du ...	

sich bedanken	**auf den Dank reagieren**
Das ist sehr freundlich.	Bitte sehr.
Danke schön. / Vielen Dank.	Keine Ursache.
Das ist sehr nett von Ihnen/dir.	

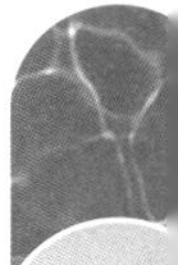

Artikel + gesteigertes Adjektiv + Nomen

Indefiniter Artikel + Komparativ + Nomen

	Nominativ	Akkusativ: für …	Dativ: mit …	Genitiv: wegen …
M.	ein besser___ Computer	einen besser___ Computer	einem besser___ Computer	eines besser___ Computers
F.	eine schöner___ Lampe	eine schöner___ Lampe	einer schöner___ Lampe	einer schöner___ Lampe
N.	ein größer___ Haus	ein größer___ Haus	einem größer___ Haus	eines größer___ Hauses
Pl.	jünger___ Geschwister	jünger___ Geschwister	jünger___ Geschwister**n**	jünger___ Geschwister

Definiter Artikel + Komparativ + Nomen

	Nominativ	Akkusativ: für …	Dativ: mit …	Genitiv: wegen …
M.	der teurer___ Pullover	den teurer___ Pullover	dem teurer___ Pullover	des teurer___ Pullovers
F.	die heller___ Wohnung	die heller___ Wohnung	der heller___ Wohnung	der heller___ Wohnung
N.	das neuer___ Handy	das neuer___ Handy	dem neuer___ Handy	des neuer___ Handys
Pl.	die höher___ Schuhe	die höher___ Schuhe	den höher___ Schuh**en**	der höher___ Schuhe

Definiter Artikel + Superlativ + Nomen

	Nominativ	Akkusativ: für …	Dativ: mit …	Genitiv: wegen …
M.	der jüngst___ Mitarbeiter	den jüngst___ Mitarbeiter	dem jüngst___ Mitarbeiter	des jüngst___ Mitarbeiters
F.	die ältest___ Schwester	die ältest___ Schwester	der ältest___ Schwester	der ältest___ Schwester
N.	das größt___ Problem	das größt___ Problem	dem größt___ Problem	des größt___ Problems
Pl.	die schönst___ Geschenke	die schönst___ Geschenke	den schönst___ Geschenk**en**	der schönst___ Geschenke

Wenn ich mein Leben noch einmal leben könnte (Autor unbekannt)

Wenn ich mein Leben noch einmal leben könnte,
im nächsten Leben würde ich versuchen, mehr Fehler zu machen.
Ich würde nicht so perfekt sein wollen,
ich würde mich mehr entspannen.

Ich wäre ein bisschen verrückter, als ich es gewesen bin,
ich würde viel weniger Dinge so ernst nehmen.
Ich würde nicht so gesund leben.
Ich würde mehr riskieren,
würde mehr reisen,
Sonnenuntergänge betrachten,
mehr bergsteigen,
mehr in Flüssen schwimmen.

Ich war einer dieser klugen Menschen,
die jede Minute ihres Lebens fruchtbar verbrachten;
freilich hatte ich auch Momente der Freude,
aber wenn ich noch einmal anfangen könnte,
würde ich versuchen, nur mehr gute Augenblicke zu haben.
Falls du es noch nicht weißt,
aus diesen besteht nämlich das Leben;
nur aus Augenblicken;
vergiss nicht den jetzigen.

Wenn ich noch einmal leben könnte,
würde ich von Frühlingsbeginn an
bis in den Spätherbst hinein barfuß gehen.
Und ich würde mehr mit Kindern spielen,
wenn ich das Leben noch vor mir hätte.
Aber sehen Sie … ich bin 85 Jahre alt
und weiß, dass ich bald sterben werde.

Wenn ich meine Kindheit / meine Jugend noch einmal leben könnte,

im nächsten Leben würde ich versuchen, ...

Ich würde nicht so .... sein wollen,

ich würde ....

Ich wäre ein bisschen ...., als ich es gewesen bin,

ich würde ....

Ich würde nicht so ....

Ich würde mehr .... ,

würde mehr .... ,

.... ,

mehr .... ,

mehr ....

Über Diäterfahrungen sprechen

Fragen Sie eine Person aus dem Kurs.

1. Hast du / Haben Sie schon einmal versucht abzunehmen?
   Wie hast du / haben Sie das gemacht? Hattest du / Hatten Sie Erfolg?

2. Was hältst du / halten Sie von Diäten?

3. Wie kann man deiner Meinung nach / Ihrer Meinung nach am besten abnehmen?

4. Warum gibt es so viele Diäten in Frauenzeitschriften?

Ernährungspyramide der Deutschen Gesellschaft für Ernährung (DGE)

Ergänzen Sie die Pyramide.

◎ Nudeln ◎ Wasser ◎ Schokolade ◎ Eier ◎ Fette ◎ Butter ◎ Reis ◎ Tee ◎ Milchprodukte ◎
◎ Zucker ◎ Salat ◎ Säfte ◎ Getreide ◎ Öl ◎ Kartoffeln ◎ Obst ◎ Kuchen ◎ Gemüse ◎
◎ Früchte ◎ Vollkornbrot ◎ Fisch ◎ ~~Rohkost~~ ◎ Fleisch ◎

Ernährungspyramide

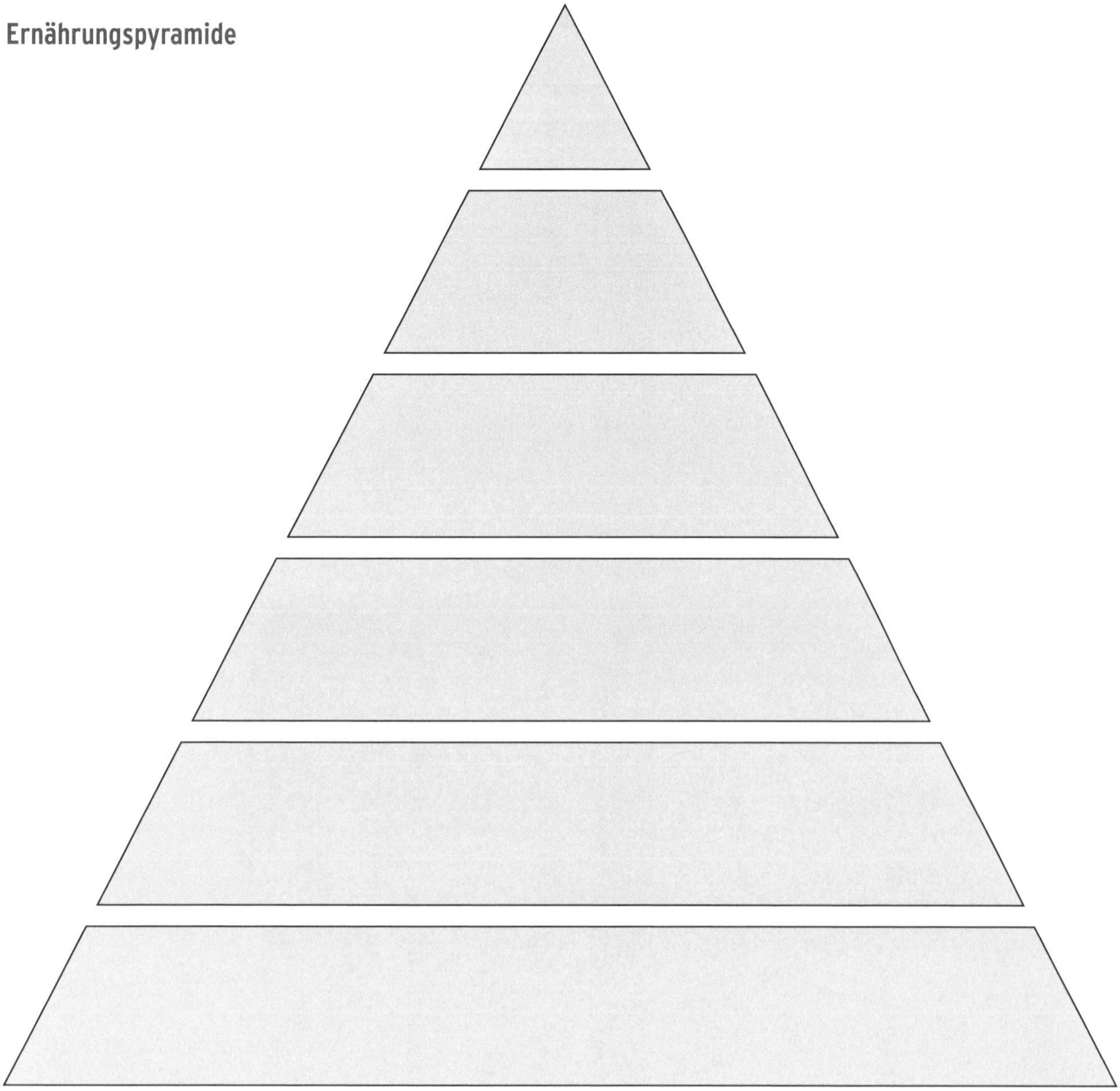

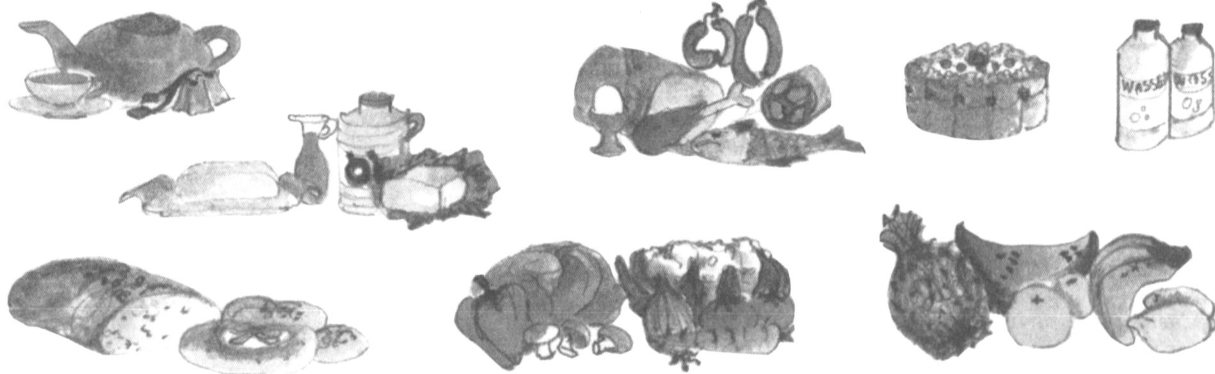

Adjektiv + Nomen ohne Artikel

Ergänzen Sie die Endungen.

	Nominativ	**Akkusativ**	**Dativ**	**Genitiv**
	Gesund ist / sind …	Ich esse nur …	Ich lebe von …	Ich möchte Schokolade statt …
M.	frisch ___ Salat	frisch ___ Salat	frisch ___ Salat	frisch ___ Salat**es**
F.	wertvoll ___ Rohkost	wertvoll ___ Rohkost	wertvoll ___ Rohkost	wertvoll ___ Rohkost
N.	frisch ___ Obst	frisch ___ Obst	frisch ___ Obst	frisch ___ Obst**es**
Pl.	dünn ___ Suppen	dünn ___ Suppen	dünn ___ Suppen	dünn ___ Suppen

Version A

1a. Wie geht es Onkel Franz?	**1b.** Sie hat gefragt, …
2a. Wie lange muss er noch im Krankenhaus bleiben?	**2b.** Sie hat sich erkundigt, …
3a. Darf er schon aufstehen?	**3b.** Sie will wissen, …
4a. Hat er schon Besuch bekommen?	**4b.** Sie hat gefragt, …
5a. Wann kann man ihn besuchen?	**5b.** Sie hat sich erkundigt, …
6a. Was kann man ihm mitbringen?	**6b.** Sie will wissen, …
7a. Darf er Schokolade essen?	**7b.** Sie hat gefragt, …

Version B

1a. geht es?	**1b.** Sie hat gefragt, …
2a. Wie lange Krankenhaus ?	**2b.** Sie hat sich erkundigt, …
3a. schon aufstehen?	**3b.** Sie will wissen, …
4a. schon Besuch bekommen?	**4b.** Sie hat gefragt, …
5a. Wann besuchen?	**5b.** Sie hat sich erkundigt, …
6a. Was mitbringen?	**6b.** Sie will wissen, …
7a. darf Schokolade?	**7b.** Sie hat gefragt, …

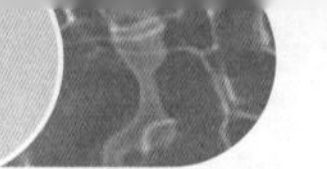

Was passt zusammen?

a. auf etwas stoßen
b. in Kontakt kommen mit jemandem
c. alles auf eine Karte setzen
d. sich kaum mehr vor etwas retten können
e. sich etwas anschaffen
f. sein Herz an jemanden / an etwas verlieren
g. Vorlieben haben

1. etwas gern mögen
2. zu viel von etwas bekommen
3. beginnen jemanden / etwas sehr zu mögen, sich verlieben
4. jemanden kennenlernen
5. etwas kaufen; sich etwas besorgen
6. alles riskieren
7. etwas zufällig finden

hier knicken

Lösung: a 7 b 4 c 6 d 2 e 5 f 3 g 1

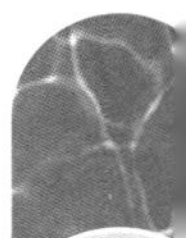

Überraschung	Information	Nachfrage	Aussicht	Sprung	Zeitunglesen
Entscheidung	Produktion	Liebe	Fahrt	Anruf	Frühstücken
Beratung	Reaktion	Hilfe	Ankunft	Antrag	Einkommen
Genehmigung	Diskussion	Analyse	Abfahrt	Auftrag	
Anwendung		Lage	Arbeit	Finanzplan	
Werbung		Suche	Vorschrift	Stand	
Vermittlung				Umgang	
Einrichtung					
überraschen	informieren	nachfragen	sehen	springen	lesen
entscheiden	produzieren	lieben	fahren	anrufen	frühstücken
beraten	reagieren	helfen	ankommen	beantragen	kommen
genehmigen	diskutieren	analysieren	abfahren	beauftragen	
anwenden		liegen	arbeiten	planen	
werben		suchen	vorschreiben	stehen	
vermitteln				umgehen	
einrichten					

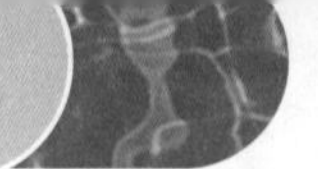

1. Beschreiben Sie Ihrem Partner die Grafik genau. Ihr Partner zeichnet mit.

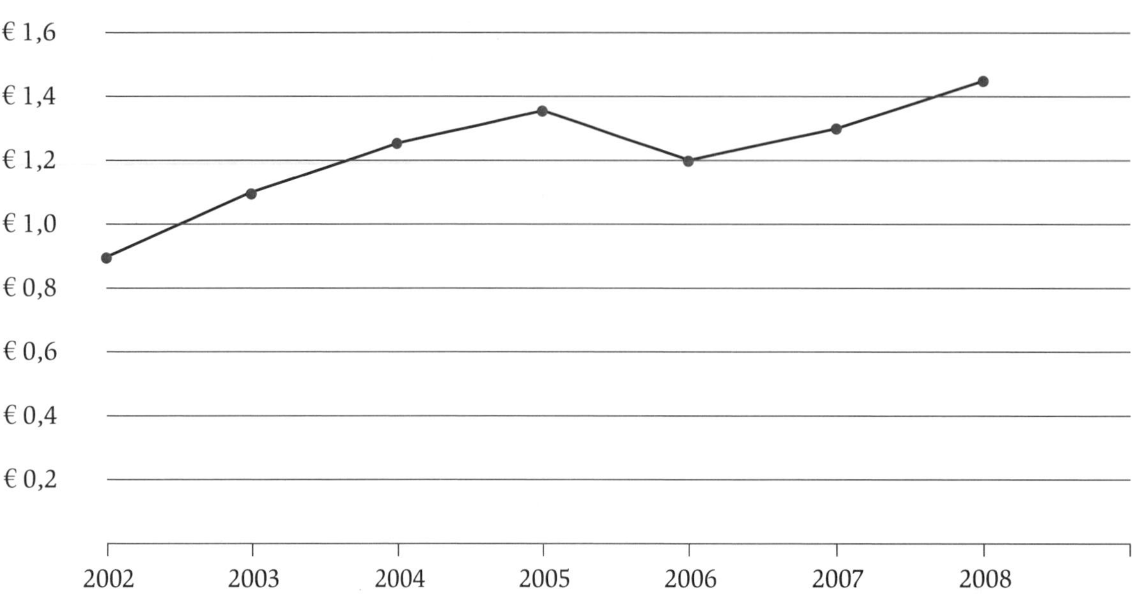

hier knicken

**2. Ihr Partner beschreibt eine Grafik. Zeichnen Sie mit.
Am Ende vergleichen Sie die beiden Grafiken.**

Jahresdurchschnittspreise für Nordseeöl (Brent) in US-Dollar pro Barrel.

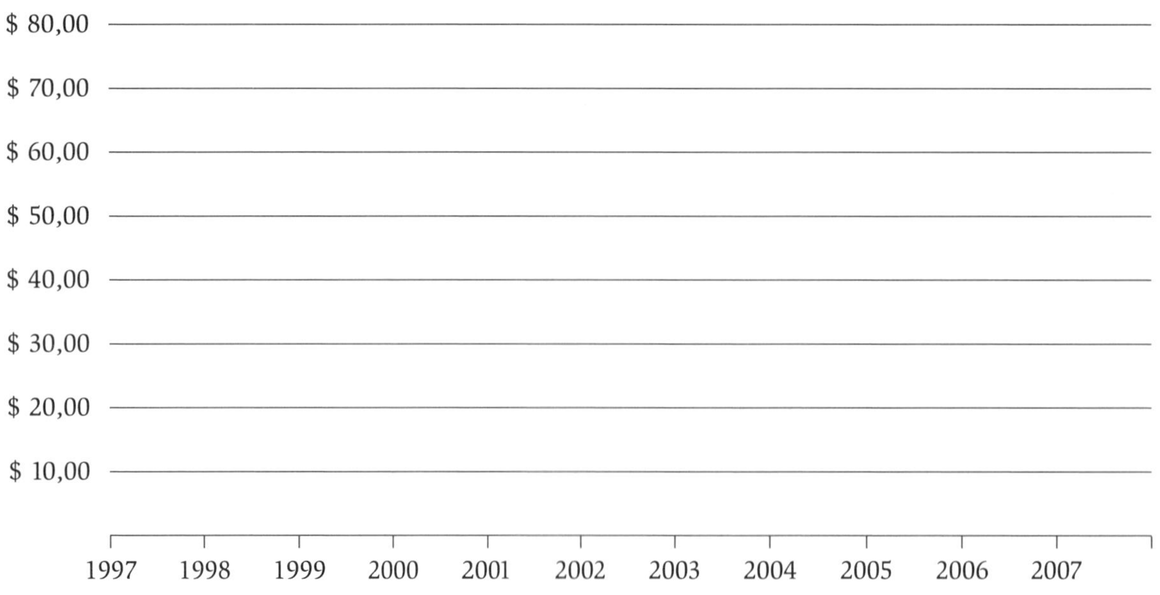

**1. Ihr Partner beschreibt eine Grafik. Zeichnen Sie mit.
Am Ende vergleichen Sie beide Grafiken.**

B

Wechselkurs Euro / US-Dollar

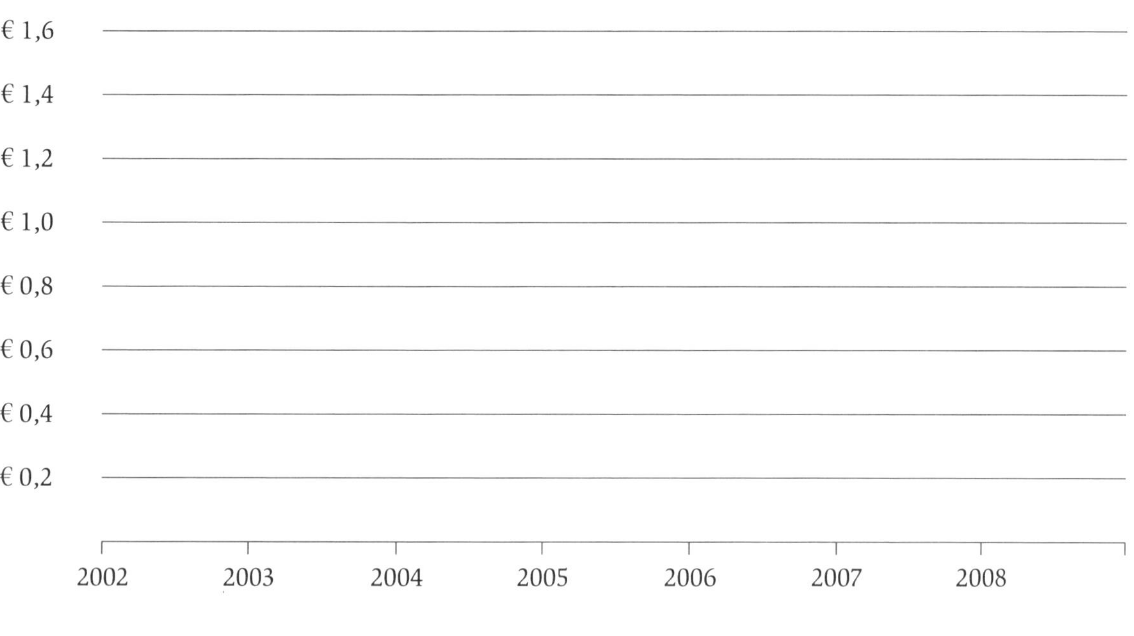

hier knicken

2. Beschreiben Sie Ihrem Partner die Grafik genau. Ihr Partner zeichnet mit.

Jahresdurchschnittspreise für Nordseeöl (Brent) in US-Dollar pro Barrel.

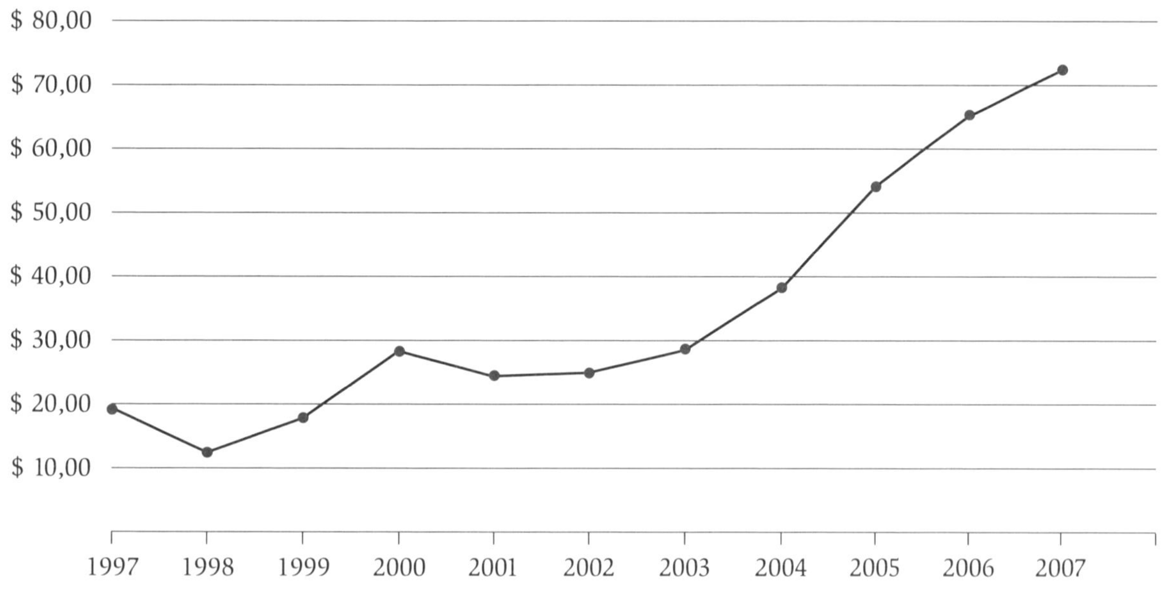

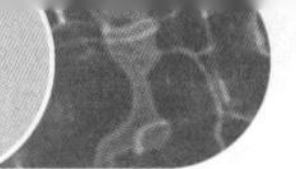

Preise für Butter wieder gesunken

Ordnen Sie die Sätze. Schreiben Sie im Perfekt.

1. Preise – Butter – sinken – wieder – Die – für

Die ....

....

2. die – nach – zurückgehen – Mitteilung der Milchindustrie – Nachfrage – Milchprodukten – stark – Nach

Nach ....

....

3. die – Deshalb – Milchindustrie – senken – die – Preise – wieder

Deshalb ....

....

4. für – Milchprodukte – letzten Jahr – müssen (Präteritum) – bezahlen – Verbraucher – 15 Prozent mehr – Im – ungefähr – die

Im ....

....

Foto → KB S. 79:
Frau mit Regenschirm

Aufgaben

Machen Sie Notizen. Stellen Sie Ihre Ergebnisse im Kurs vor.

Ihr Foto hat den Titel **Pfütze**. Warum?
Was braucht man, um bei Regen nicht nass zu werden? Was kann man bei Regen nicht machen? Was machen Sie gern bei Regen?

Foto → KB S. 79:
Insel

Aufgaben

Machen Sie Notizen. Stellen Sie Ihre Ergebnisse im Kurs vor.

Ihr Foto hat den Titel **Einsame Insel**. Warum?
Was braucht man auf einer einsamen Insel? Was ist gefährlich? Wie kann man eine einsame Insel wieder verlassen?

Foto → KB S. 79:
Mann mit Babyflasche

Aufgaben

Machen Sie Notizen. Stellen Sie Ihre Ergebnisse im Kurs vor.

Ihr Foto hat den Titel **Komiker**. Warum?
Kennen Sie diese Person?

> **Otto Waalkes**, 1948 geboren, deutscher Komiker, Comiczeichner, Sänger und Schauspieler

Was ist an diesem Foto lustig? Welche anderen Komiker kennen Sie?

Foto → KB S. 79:
Klavier mit Noten und Bild

Aufgaben

Machen Sie Notizen. Stellen Sie Ihre Ergebnisse im Kurs vor.

Ihr Foto hat den Titel **Große Meister**. Warum?
Wer war dieser Mann? Wann hat er gelebt? Kennen Sie ein Musikstück von ihm?

> **Beethoven**, Ludwig van, * 1770 in Bonn; † 1827 in Wien; Komponist der Wiener Klassik; bekannteste Werke: Beginn der 5. Sinfonie „Schicksalssinfonie"; Chorfinale der 9. Sinfonie „Ode an die Freude"

Kennen Sie andere große Meister?

Foto → KB S. 79:
Gruppe mit lachenden Personen

Aufgaben

Machen Sie Notizen. Stellen Sie Ihre Ergebnisse im Kurs vor.

Ihr Foto hat den Titel **Witze erzählen**. Warum?
Warum lachen die Leute? Erzählen Sie gerne Witze? Können Sie einen Witz erzählen?

Foto → KB S. 79:
Radfahrer

Aufgaben

Machen Sie Notizen. Stellen Sie Ihre Ergebnisse im Kurs vor.

Ihr Foto hat den Titel **Mit dem Fahrrad unterwegs**.
Fahren Sie in der Stadt mit dem Rad? Welche Probleme gibt es, wenn man mit dem Rad in der Stadt unterwegs ist? Macht der Radfahrer etwas falsch?

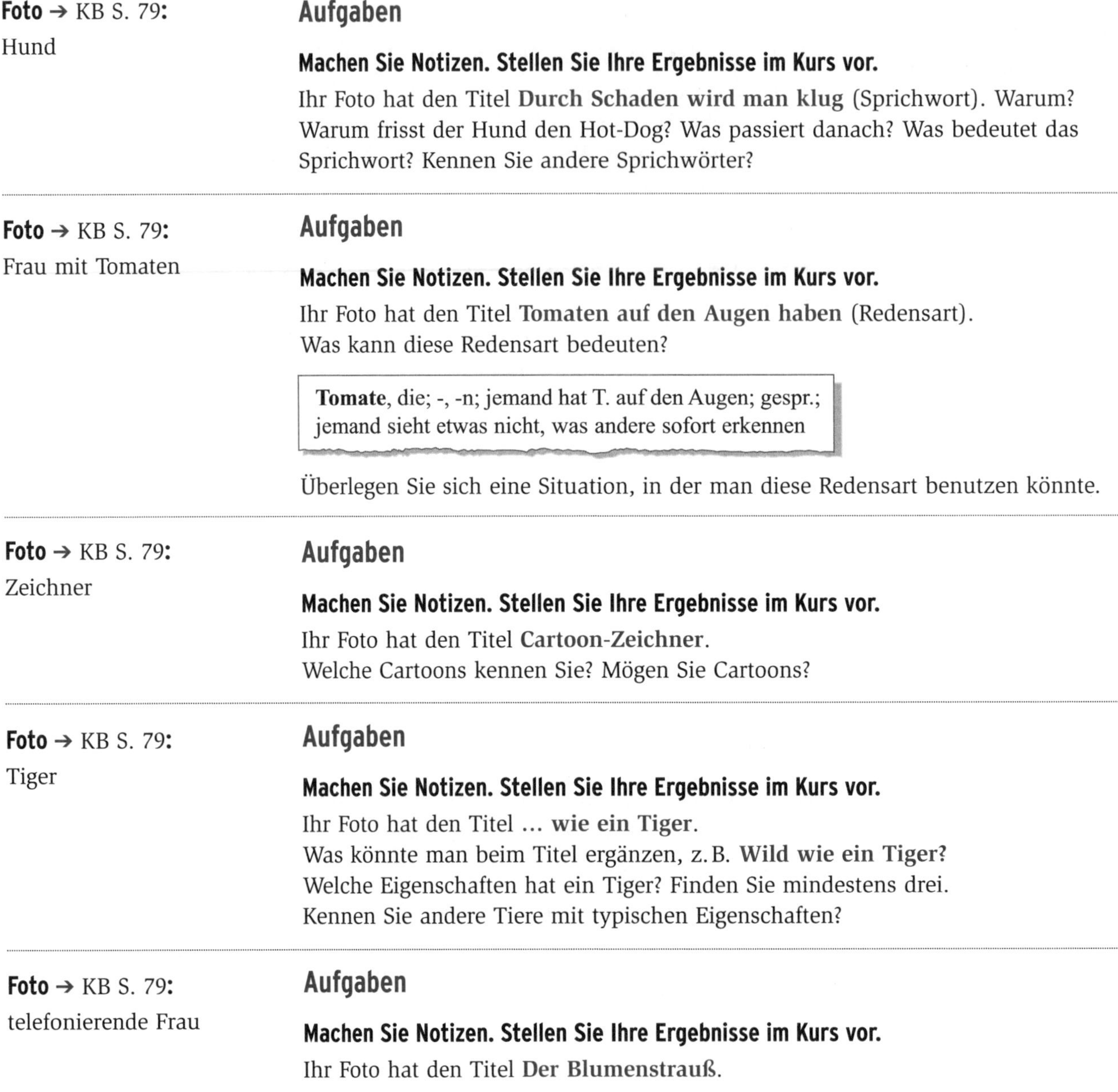

Foto → KB S. 79:
Hund

Aufgaben

Machen Sie Notizen. Stellen Sie Ihre Ergebnisse im Kurs vor.

Ihr Foto hat den Titel **Durch Schaden wird man klug** (Sprichwort). Warum? Warum frisst der Hund den Hot-Dog? Was passiert danach? Was bedeutet das Sprichwort? Kennen Sie andere Sprichwörter?

Foto → KB S. 79:
Frau mit Tomaten

Aufgaben

Machen Sie Notizen. Stellen Sie Ihre Ergebnisse im Kurs vor.

Ihr Foto hat den Titel **Tomaten auf den Augen haben** (Redensart).
Was kann diese Redensart bedeuten?

> **Tomate**, die; -, -n; jemand hat T. auf den Augen; gespr.; jemand sieht etwas nicht, was andere sofort erkennen

Überlegen Sie sich eine Situation, in der man diese Redensart benutzen könnte.

Foto → KB S. 79:
Zeichner

Aufgaben

Machen Sie Notizen. Stellen Sie Ihre Ergebnisse im Kurs vor.

Ihr Foto hat den Titel **Cartoon-Zeichner**.
Welche Cartoons kennen Sie? Mögen Sie Cartoons?

Foto → KB S. 79:
Tiger

Aufgaben

Machen Sie Notizen. Stellen Sie Ihre Ergebnisse im Kurs vor.

Ihr Foto hat den Titel **... wie ein Tiger**.
Was könnte man beim Titel ergänzen, z. B. **Wild wie ein Tiger?**
Welche Eigenschaften hat ein Tiger? Finden Sie mindestens drei.
Kennen Sie andere Tiere mit typischen Eigenschaften?

Foto → KB S. 79:
telefonierende Frau

Aufgaben

Machen Sie Notizen. Stellen Sie Ihre Ergebnisse im Kurs vor.

Ihr Foto hat den Titel **Der Blumenstrauß**.

In welcher Beziehung stehen die Frau und der Mann? Wie kommunizieren sie miteinander? Warum hat er einen Blumenstrauß in der Hand?

Schneiden Sie die Kärtchen aus.

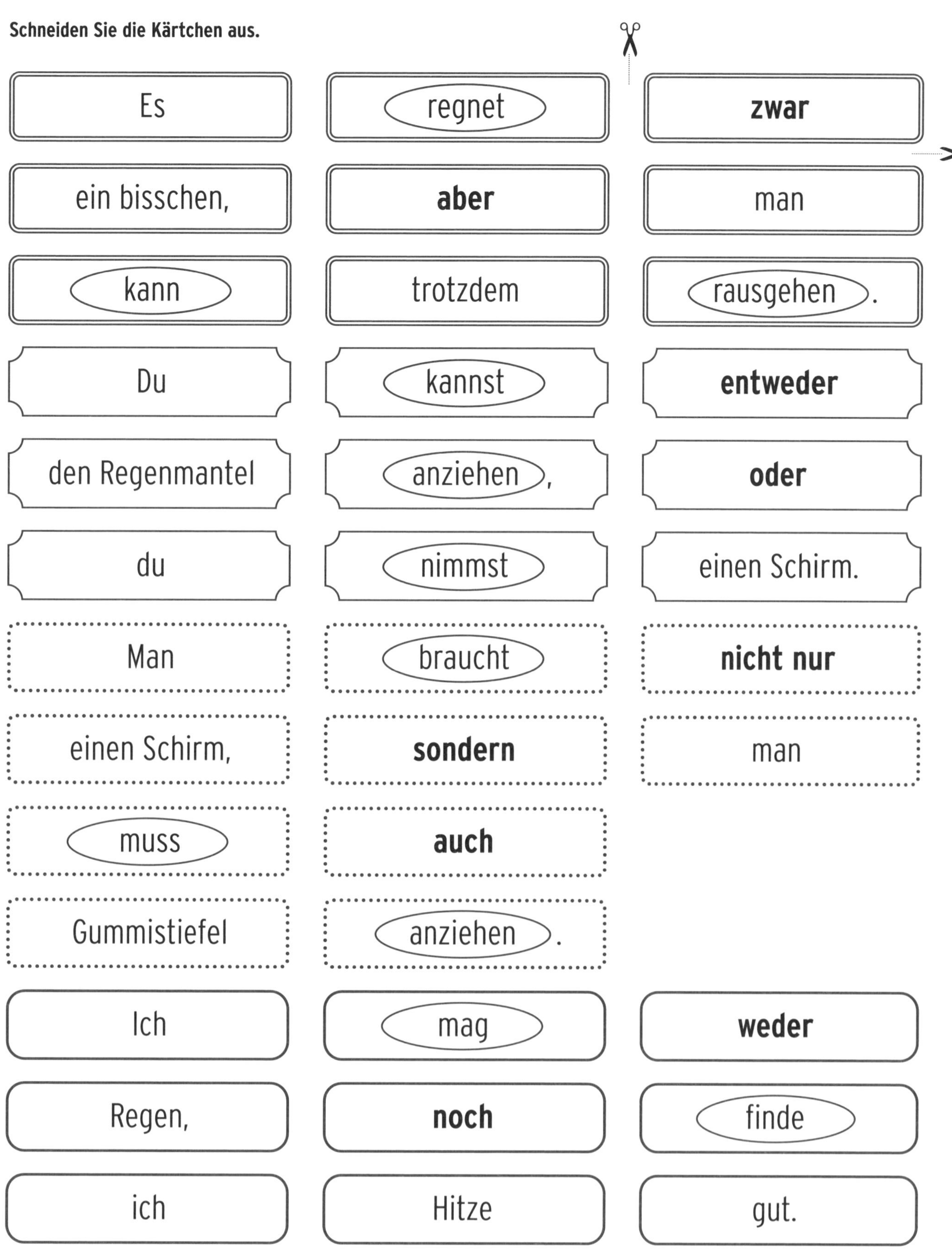

Kopieren Sie die Fragen und die Zahlenkärtchen (Kopiervorlage 3A und 3B) für jede Spielgruppe einmal. Schneiden Sie die Fragen je nach Spielerzahl in einer Gruppe auseinander, sodass für jeden Mitspieler gleich viele Fragen vorhanden sind, z.B. bei 3 Spielern pro Gruppe Frage 1-8, 9-16 und 17-24; oder bei 4 Spielern Frage 1-6, 7-12, 13-18 und 19-24.
Schneiden Sie auch die Zahlenkärtchen aus.

1	2	3	4
5	6	7	8
9	10	11	12
13	14	15	16
17	18	19	20
21	22	23	24
Joker	Joker	Joker	Joker

1. Nimmst du dem Mann den Parkplatz weg?	→ Ja, ich nehme ihn ihm weg. → Nein, ich nehme ihn ihm nicht weg.
2. Hat Michaela den Polizisten den Pass gezeigt?	→ Ja, sie hat ihn ihnen gezeigt. → Nein, sie hat ihn ihnen nicht gezeigt.
3. Habt ihr uns die Geschichte nicht schon erzählt?	→ Ja, wir haben sie euch schon erzählt. → Nein, wir haben sie euch noch nicht erzählt.
4. Leiht der Lehrer den Kursteilnehmern die CD?	→ Ja, er leiht sie ihnen. → Nein, er leiht sie ihnen nicht.
5. Nimmst du dir das letzte Stück Kuchen?	→ Ja, ich nehme es mir. → Nein, ich nehme es mir nicht.
6. Gibt Stefan seiner Frau beim Frühstück die Zeitung?	→ Ja, er gibt sie ihr. → Nein, er gibt sie ihr nicht.
7. Kannst du dir dieses teure Auto überhaupt leisten?	→ Ja, ich kann es mir leisten. → Nein, ich kann es mir nicht leisten.
8. Lässt das Kind den anderen Kindern den Ball?	→ Ja, es lässt ihn ihnen. → Nein, es lässt ihn ihnen nicht.
9. Holst du mir bitte die Post?	→ Ja, ich hole sie dir. → Nein, ich hole sie dir nicht.
10. Schickt Lisa den Großeltern die Fotos?	→ Ja, sie schickt sie ihnen. → Nein, sie schickt sie ihnen nicht.
11. Nimmst du dem Kind das Spielzeug weg?	→ Ja, ich nehme es ihm weg. → Nein, ich nehme es ihm nicht weg.
12. Hat die Sekretärin dem Chef die E-Mail geschickt?	→ Ja, sie hat sie ihm geschickt. → Nein, sie hat sie ihm nicht geschickt.
13. Zeigst du uns dein Zeugnis?	→ Ja, ich zeige es euch. → Nein, ich zeige es euch nicht.
14. Hast du deinem Freund den Witz schon erzählt?	→ Ja, ich habe ihn ihm schon erzählt. → Nein, ich habe ihn ihm noch nicht erzählt.
15. Leihst du uns das Buch?	→ Ja, ich leihe es euch. → Nein, ich leihe es euch nicht.
16. Lässt du deiner Schwester bitte das Eis?	→ Ja, ich lasse es ihr. → Nein, ich lasse es ihr nicht.
17. Hat Markus seinem Opa den Brief gegeben?	→ Ja, er hat ihn ihm gegeben. → Nein, er hat ihn ihm nicht gegeben.
18. Kannst du dir den Urlaub überhaupt leisten?	→ Ja, ich kann ihn mir leisten. → Nein, ich kann ihn mir nicht leisten.
19. Hat die Polizei Kurt den Führerschein genommen?	→ Ja, sie hat ihn ihm genommen. → Nein, sie hat ihn ihm nicht genommen.
20. Gibst du uns die Theaterkarte?	→ Ja, ich gebe sie euch. → Nein, ich gebe sie euch nicht.
21. Hat Gerd dem Baby die Zeitung weggenommen?	→ Ja, er hat sie ihm weggenommen. → Nein, er hat sie ihm nicht weggenommen.
22. Leihst du uns diese DVD?	→ Ja, ich leihe sie euch. → Nein, ich leihe sie euch nicht.
23. Lässt du mir die letzte Tasse Kaffee?	→ Ja, ich lasse sie dir. → Nein, ich lasse sie dir nicht.
24. Hat die Frau den Gästen das Hotelzimmer gegeben?	→ Ja, sie hat es ihnen gegeben. → Nein, sie hat es ihnen nicht gegeben.

Was passt zusammen?

A der Beamte

B absteigen

C eine Verwarnung ausschreiben

D jemanden auffordern etwas zu tun

E ein Auge zudrücken

F sich nähern

G Passant

H der Schein

I Geld einnehmen

J das Rad schieben

K sich umdrehen

1. Einen Fehler von einer anderen Person ignorieren, obwohl man ihn gesehen hat.
2. näher kommen
3. Person, die beim Staat oder der Stadt arbeitet; hier: Polizist
4. Geld bekommen oder verdienen
5. Fußgänger
6. Geld aus Papier
7. vom Fahrrad heruntersteigen
8. zu Fuß gehen und ein Fahrrad dabei haben
9. jemandem sagen, dass er etwas tun muss
10. nach hinten sehen
11. Ein Polizist schreibt jemanden auf, weil er etwas Verbotenes getan hat.

hier abknicken

Lösung: A-3, B-7, C-11, D-9, E-1, F-2, G-5, H-6, I-4, J-8, K-10

hier knicken

breit	e Breite
groß	e Größe
kalt	e Kälte
lang	e Länge
schwach	e Schwäche

s Telefon	telefonisch
r Tourist	touristisch
s Tier	tierisch
r Sturm	stürmisch
s Ausland	ausländisch

hier knicken

möglich	e Möglichkeit
öffentlich	e Öffentlichkeit
schwierig	e Schwierigkeit
selbstständig	e Selbstständigkeit
wirklich	e Wirklichkeit

e Angst	ängstlich
r Arzt	ärztlich
r Beruf	beruflich
r Mann	männlich
r Sport	sportlich

hier knicken

einzeln	e Einzelheit
frei	e Freiheit
gesund	e Gesundheit
krank	e Krankheit
sicher	e Sicherheit

e Eile	eilig
e Geduld	geduldig
e Kraft	kräftig
e Ruhe	ruhig
s Salz	salzig

Kopieren Sie die Vorlage auf Folie und schneiden Sie sie in Streifen.

⊙ Stellen Sie sich vor, was...	
	◆ Erzählen ... doch mal.
⊙ 8 Uhr, gebadet, vor dem Fernseher; klingelt	
	◆ Besuch bekommen?
⊙ Freunde vor der Tür, mit Blumen + Geschenken Geburtstag feiern	
	◆ Überraschungsparty?
⊙ nein eingeladen; aber für nächste Woche	
	◆ Warum schon gestern?
⊙ aus Versehen falsches Datum auf Einladung	
	◆ peinlich! Wieder nach Hause?
⊙ Natürlich nicht. Aber nichts vorbereitet: essen; Getränke	
	◆ Was gemacht?
⊙ Pizza-Service; Getränke von der Tankstelle; bis 4 Uhr	
	◆ sicher sehr lustig

Schneiden Sie die Sätze aus.

Mein Handy funktioniert nicht.

Mein Notebook funktioniert nicht.

Ich verstehe die Hausaufgabe nicht.

Ich habe nichts davon gewusst.

Ich habe Kopfschmerzen.

Mein Finger blutet.

Mir ist so schlecht.

Ich habe 10 Kilo zugenommen.

Ich habe Husten.

Ich bin krank.

Ich bin so müde.

Ich bin durch die Prüfung gefallen.

Mein Chef hat mich entlassen.

Mein Mann / Meine Frau ist sauer auf mich.

Ich habe Rückenschmerzen.

Ich bin hingefallen.

Mein Hund ist weggelaufen.

Ich habe kein Geld.

Ich habe viele Fehler gemacht.

Ich muss 50 Euro Strafe zahlen.

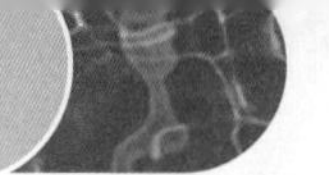

Schneiden Sie die Sätze aus.

Du hättest die Gebrauchsanweisung lesen sollen.
Du hättest den Akku aufladen sollen.
Du hättest die Grammatik lernen sollen.
Du hättest die E-Mail lesen sollen.
Du hättest gestern nicht so viel trinken sollen.
Du hättest besser aufpassen sollen.
Du hättest weniger Schokolade essen sollen.
Du hättest dich gesünder ernähren sollen.
Du hättest weniger rauchen sollen.
Du hättest dich wärmer anziehen sollen.
Du hättest mehr schlafen sollen.
Du hättest dich besser vorbereiten sollen.
Du hättest nicht immer zu spät kommen sollen.
Du hättest dich entschuldigen sollen.
Du hättest mehr Gymnastik machen sollen.
Du hättest nicht so schnell laufen sollen.
Du hättest netter sein sollen.
Du hättest mehr arbeiten sollen.
Du hättest den Text noch einmal durchlesen sollen.
Du hättest langsamer fahren sollen.

Schneiden Sie die Kärtchen auseinander.

sich verabreden	mit Freunden einen Termin ausmachen; (Wann und wo trifft man sich? Was macht man?)
sich weigern etwas zu tun	sagen, dass man etwas nicht tun will
der Festnetzapparat	normales Telefon, das man nicht wie ein Handy unterwegs benutzen kann
etwas aus dem Internet herunterladen	Daten aus dem Internet speichern
Bankgeschäfte	z.B. Geld auf ein Konto überweisen
Gesetze	Regeln/Normen, die von Politikern gemacht wurden
Vertrauen haben	das Gefühl haben, dass man sicher sein kann
etwas unterscheiden können	Unterschiede von etwas sehen können
jemanden benachrichtigen	jemanden informieren
unter etwas leiden	große Probleme wegen etwas haben
der Klimawandel	die Temperaturen auf der Erde steigen
jemanden überwachen	jemanden längere Zeit genau beobachten; die Polizei kann das z.B. machen

Was passt?

Andrea

Die hat schon bego_ _ _ _. Die verschiedenen Ger_ _ _ wac_ _ _ _ zusammen, und zwar auf der Ba_ _ _ vom Internet. Comp_ _ _ _ und Fern_ _ _ _ _ wi_ _ man bald nicht mehr unters_ _ _ _ _ _ _ können. Die Fernse_ _ _ _ _ _ _ werden kein festes Prog_ _ _ _ mehr sen_ _ _, sondern Datenbanken anbieten, aus de_ _ _ man sich Fi_ _ _, Dokumentationen und Nachr_ _ _ _ _ _ selbst auss_ _ _ _ _ kann. I_ _ Internet kommt m_ _ schon mit der heut_ _ _ _ Handy-Generation und fern_ _ _ _ _ kann man damit auch längst.

Lösung: → KB S. 111 rechts oben

Diskussion: Handy, Computer und Internet – Chancen und Risiken

Schneiden Sie die Karten aus.

Max Grün (50 Jahre, Lehrer)

Seit vielen Jahren ist er Mitglied bei Greenpeace.

Max Grün ist aktiv beim Umweltschutz.

Er demonstriert gegen die Handy-Masten in der Nähe seiner Wohnung.

Seinen alten Computer nutzt er nur für die Arbeit.

Caro Fritsch (26 Jahre, Grafik-Designerin)

Sie möchte immer erreichbar sein.

Es ist ihr wichtig, immer das neueste Handy und Notebook zu haben.

Auch unterwegs surft sie im Internet.

Sie hat Freunde in aller Welt, mit denen sie per Internet telefoniert.

Um mit den Freunden in Kontakt zu bleiben, nutzt sie die Internet-Plattform „Facebook".

Stefan Kugler (50 Jahre, Beamter)

Er arbeitet beim Staat für den Datenschutz.

Er glaubt, dass das die Daten im Internet nicht sicher sind.

Die Leute sind zu unvorsichtig mit ihren Daten, denkt Stefan Kugler.

Martin Becker (35 Jahre, Software-Entwickler)

Er arbeitet in der IT-Branche an der Weiterentwicklung der Mobiltelefone.

Begeistert kann er von den Möglichkeiten der neuen Medien erzählen.

Petra Wiesinger (45 Jahre, Sekretärin)

Sie arbeitet im Büro am Computer.

Sie hat zwei Kinder im Alter von 14 und 16 Jahren.

Die Kinder haben jeden Monat eine Handyrechnung von über 50 Euro.

Ihr Sohn (14 Jahre) sitzt fast den ganzen Tag vor dem Computer. Darüber macht sie sich große Sorgen.

Felix (14 Jahre, Schüler)

Er spielt jeden Tag mehrere Stunden Computerspiele.

Felix schickt ständig SMS an seine Freunde und telefoniert viel mit dem Handy.

Auch in der Schule hat er sein Handy dabei.

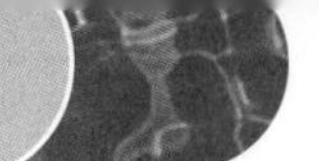

Parteien und Wahlen in Deutschland

Was passt zusammen?

1. die Koalition
2. die Fünfprozentklausel
3. CDU
   Christlich Demokratische Union
4. SPD
   Sozialdemokratische Partei Deutschlands
5. FDP
   Freie Demokratische Partei
6. die Grünen
   Bündnis 90 Die Grünen
7. die Linke

CDU

a. ....
Das ist eine sehr junge Partei. Sie entstand 2007 aus der Linkspartei.PDS und einer linksgerichteten westdeutschen Partei (WASG).
Diese kleine Partei ist linksgerichtet.

b. ....
Diese Partei gibt es schon seit 1890. Sie ist eine der beiden großen Volksparteien.
Sie hat soziale Ziele.
Farbe: rot

c. ....
Wenn eine Partei bei einer Wahl nicht die absolute Mehrheit bekommt (mehr als die Hälfte der Stimmen), muss sie, um regieren zu können, mit einer anderen Partei eine Koalition bilden.

d. ....
Diese kleinere Partei ist bürgerlich-liberal. Sie tritt für die Freiheit der Bürger und der Wirtschaft ein.
Diese Partei hat in der Vergangenheit schon mit der CDU und der SPD eine Koalition gebildet.
Farbe: gelb

e. *die Fünfprozentklausel*
In Deutschland kommen nur Parteien ins Parlament, die bei der Wahl mindestens 5% der Stimmen erhalten haben.

f. ....
Diese Partei vertritt eher bürgerlich-konservative Ziele und ist eine der beiden großen Volksparteien.
Die Bundeskanzlerin Angela Merkel gehört dieser Partei an.
Farbe: schwarz

g. ....
Diese kleine Partei kam 1980 zum ersten Mal in den Bundestag. Sie ist tendenziell links gerichtet.
Sie kämpft besonders für den Umweltschutz und für Frieden.
Von 1998 bis 2005 bildete diese Partei mit der SPD die Regierung.
Farbe: grün

Die Arbeitswelt in 50 Jahren

Reisen in 100 Jahren

Die Natur in 150 Jahren

Die Welt in 200 Jahren

Welche Sätze passen zusammen?

1. In den Weltmeeren und an den Küsten passieren merkwürdige Dinge. ( )
2. Wale und Quallen greifen Menschen an. ( )
3. Krebse vergiften das Trinkwasser. ( )
4. Experten verdächtigen Terroristen. ( )
5. Sigur Johanson glaubt, dass die Menschen die Krise selbst verursacht haben. ( )
6. Seiner Meinung nach führen die Bewohner des Meeres Krieg gegen die Menschen, die ihren Lebensraum zerstören. ( )
7. Der Biologe sucht mit anderen Forschern nach dem Feind im Meer. ( )

A Ein norwegischer Biologe denkt, die Menschheit ist selbst schuld.

B Eine Gruppe von Wissenschaftlern macht sich auf den Weg, um nachzuforschen, was eigentlich los ist.

C Experten glauben, dass Terroristen schuld sind.

D In und an den Meeren geschehen rätselhafte Dinge.

E Man kann das Wasser nicht mehr trinken.

F Durch Meerestiere kommen Menschen in Lebensgefahr.

G Nach Ansicht des Biologen kämpfen die Tiere und Pflanzen des Meeres gegen die Menschheit, die ihre Umwelt zerstört.

Zu Übung 4 a. (Leseproben aus „Der Schwarm")

Was passt zu welchem Abschnitt (1, 2 oder 3) im ersten Textauszug (Kursbuch S. 135)?

Abschnitt ....
Eigentlich kannte Anawak das Verhalten von Tieren gut. Während das Boot über das Wasser fuhr, dachte er nach. Er konnte einfach nicht verstehen, warum sich die Tiere plötzlich so verhielten.

Abschnitt ....
Anawak sagte, dass sie Probleme mit den herumschwimmenden Walen bekommen würden. Er erklärte, dass die Grau- und die Buckelwale die Boote zerstören und die Orkas die Menschen töten würden. Shoemaker bekam große Angst.

Abschnitt ....
Die Orkas kamen schnell näher. Der Mann verstand nicht, was er sah. Denn normalerweise waren Orcas für den Menschen nicht gefährlich.

Zu Übung 4 c. (Leseproben aus „Der Schwarm")

Welche Sätze sind richtig? (X)

Textauszug 2

a. ◯ Ein Mann namens Bauer fiel hin, weil das Schiff plötzlich nach unten stürzte.

b. ◯ Der Mann blieb in seiner Kammer, denn er hatte große Angst.

c. ◯ Die Wellen sahen ganz normal aus.

d. ◯ Bauer fiel mit dem Gesicht auf den Boden. Dabei ging seine Brille kaputt und es tat sehr weh.

e. ◯ Er konnte ohne Brille nicht sehen, dass das Wasser über dem Schiff zusammenschlug.

Textauszug 3

a. ◯ Ein Mann namens Johanson sah plötzlich, dass das Meer weit zurückgegangen war.

b. ◯ Er sah eine kleine Welle, die langsam auf den Strand zukam.

Textauszug 4

a. ◯ Ein Mann und eine Frau rannten vor Krebsen davon.

b. ◯ Der Mann dachte, dass die Krebse nicht gefährlich sind.

b. ◯ Der Mann fiel hin.

c. ◯ Von weiter oben konnte man sehen, dass es Unmengen von Krebsen waren.

Kopieren Sie die Vorlage – wenn möglich – für jede Kleingruppe auf verschiedenfarbiges Papier.
Schneiden Sie die Kärtchen aus.

JE	ES.	IST	,

EIN KUNSTWERK	BEKANNTER

KOSTET	MEHR	DESTO

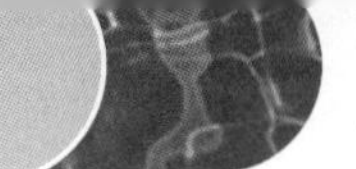

Kopieren Sie die Vorlage für jede Kleingruppe einmal. Schneiden Sie die Redemittel aus.

Fragen
- Wie hat dir … gefallen?
- Wie fandest du …?
- Was meinst du zu …?
- Welchen Eindruck hattest du von …?
- Wie war … für dich …?

positiv
- Für mich war … erstaunlich gut.
- Am allerbesten war …
- … gefiel mir ausgezeichnet.
- … machte auf mich einen guten Eindruck.
- … hat mich sehr beeindruckt.
- … fand ich beeindruckend.
- … war besser, als ich erwartet hatte.
- … war sehr gut, finde ich.
- … war richtig gut.
- … hat mir gut gefallen.
- … war hervorragend.
- … war ganz okay.

negativ
- Ich fand … nicht so gut.
- Es war schade, dass …
- … hat mir nicht so gefallen.
- … war nicht so gut, wie ich erwartet hatte.
- …war total enttäuschend.

zustimmen/ablehnen
- Diesen Eindruck hatte ich auch.
- Da hatte ich einen anderen Eindruck.
- Gerade … hat mir gut gefallen.

Kopieren Sie die Vorlage für jede Zweiergruppe einmal. Schneiden Sie die Kärtchen aus.

„Der Schwarm" von Frank Schätzing

das Kunstwerk „Sechsundsechzig Äpfel"

die Szene aus dem Theaterstück mit der Königstochter und dem Minister

das moderne Gemälde im Kursbuch auf S. 139

das Konzert, das du zuletzt besucht hast

den Film, den du zuletzt gesehen hast

das Buch, das du zuletzt gelesen hast

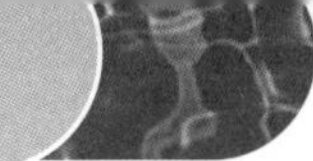

Ordnen Sie die Sätze und schreiben Sie die E-Mail.

A Ich würde gern mal wieder ins Konzert gehen.

B Lieber Martin,

C Ich melde mich in den nächsten Tagen noch mal bei Dir.

D Vielleicht gehen wir dann einfach ins Kino.

E Es wäre schön, wenn wir uns dann treffen könnten.

F Wenn es keine Karten mehr gibt, können wir auch etwas anderes unternehmen.

G Liebe Grüße …

H Wenn Du Zeit hast, könnten wir uns ja schon am späten Nachmittag zum Kaffeetrinken in dem netten kleinen Café bei Dir um die Ecke treffen.

I Könntest Du vielleicht die Karten besorgen?

J Hättest Du Lust mitzukommen?

K Im Internet habe ich gesehen, dass „Wir sind Helden" am Dienstag in der Köln-Arena spielt.

L kommende Woche habe ich beruflich in Köln zu tun.

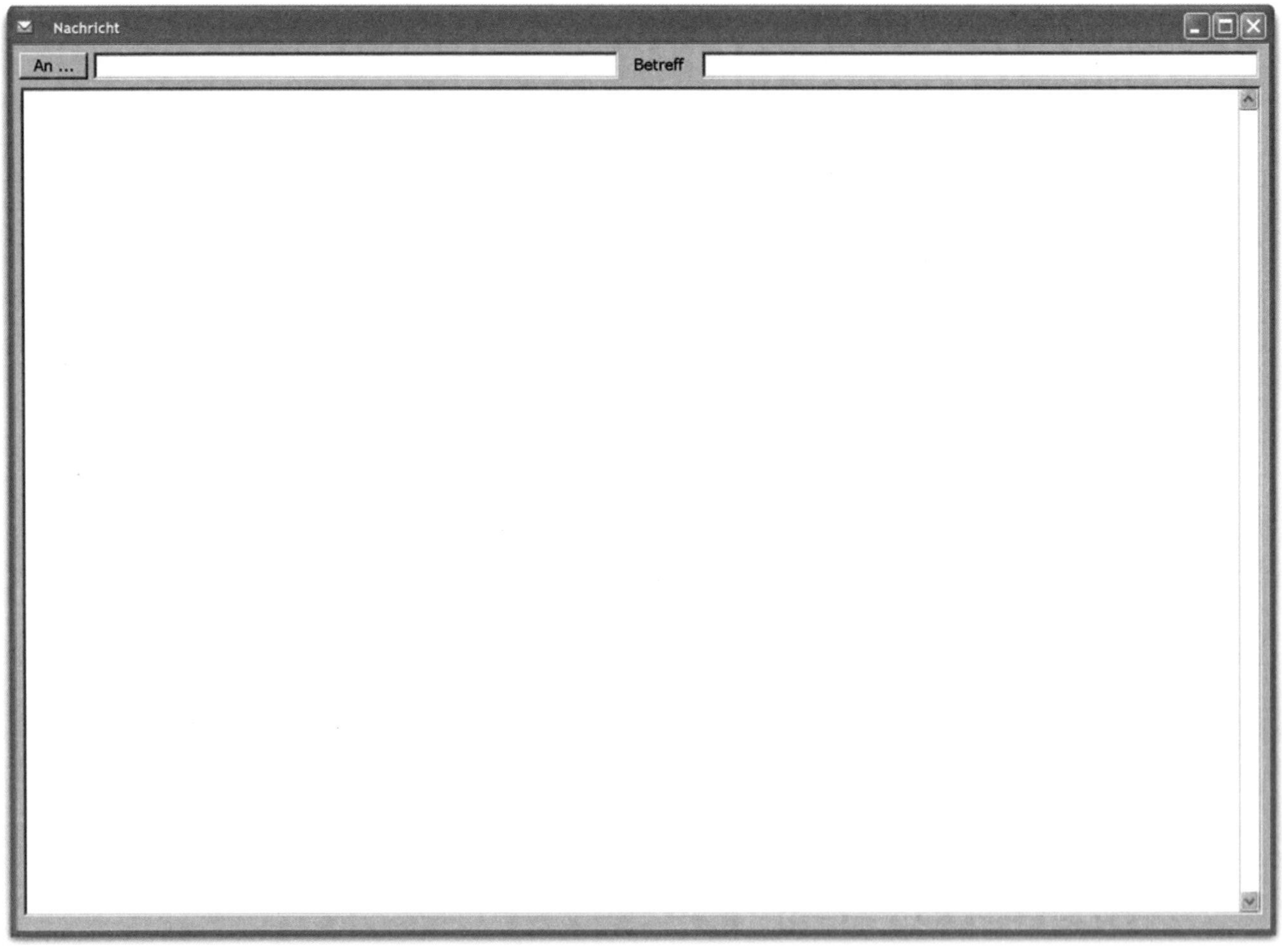

Nachricht

An … | Betreff

Was passt?

A jemanden verhaften	**1.** etwas machen, durchführen
B etwas verlangen, etwas fordern	**2.** klar sagen, dass man etwas will
C etwas vornehmen	**3.** etwas, was man tun muss
D die Anstiftung	**4.** jemandem sagen, dass er jemanden töten soll
E die Pflicht	**5.** eine Person dazu bringen, dass sie etwas tut
F etwas bieten	**6.** jemanden ins Gefängnis bringen
G der Mordauftrag	**7.** jemandem die Möglichkeit geben, etwas zu bekommen

hier knicken

Lösung: A – 6 B – 2 C – 1 D – 5 E – 3 F – 7 G – 4

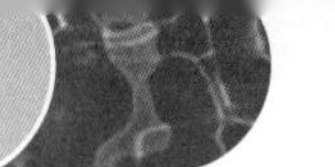

Bringen Sie den Text in die richtige Reihenfolge.

Von falschen und richtigen Freunden

Niederländer bellen, bevor sie ein Haus betreten. Dänen trinken gern Öl. In Großbritannien gibt es spezielle Läden, in denen man Gift frei kaufen kann. – Deutsche Vorurteile? Nein, hier handelt es sich um „falsche Freunde", also Missverständnisse, die dadurch entstehen, dass ein Wort in zwei Sprachen existiert, aber ganz unterschiedliche Bedeutungen haben kann. „Klingeln" heißt auf Niederländisch „bellen", „øl" ist das dänische Wort für „Bier" und „gift" ist im Englischen nichts anderes als ein „Geschenk". Felix Kämper, 35, heute Deutschlehrer, berichtet über ein Missverständnis, aus dem eine wunderbare Freundschaft wurde.

☐ Bei unseren gemeinsamen Unternehmungen lernte ich in den folgenden Monaten viel über sprachliche und kulturelle Unterschiede – und unterlag immer wieder mal kleinen Irrtümern. So wollte ich einmal meine „salzige" Wäsche zur Reinigung bringen, glaubte eine Zeit lang, dass das Rathaus ein „Hotel" sei, und konnte nicht begreifen, dass ein musikalischer Schüler in seiner Band auf einer „Batterie" spielte.

☐ Wegen meiner eigenen Erfahrungen verstehe ich heute ganz gut die Probleme, die meine Kursteilnehmer und Kursteilnehmerinnen mit der deutschen Sprache haben – glaube ich jedenfalls. Sprachliche Missverständnisse lassen sich meistens leicht aufklären. Schwieriger sind fremde Traditionen und Verhaltensweisen, besonders wenn man nicht weiß, ob man darüber reden soll. So ist es mir heute noch ein Rätsel, warum mir ein Teilnehmer des letzten Zertifikatskurses eine Packung Küchenrollen zu Weihnachten geschenkt hat.

[2] So richtig Gelegenheit für Missverständnisse, Verwechslungen und Bekanntschaft mit „falschen Freunden" bekam ich dann, als ich mein Studium unterbrach und für ein ganzes Jahr nach Frankreich ging, um an dem einzigen Gymnasium einer französischen Kleinstadt Deutsch zu unterrichten.

☐ Marc und ich sind übrigens immer noch dicke Freunde (obwohl wir beide eigentlich eher schlank sind), und wir besuchen uns, sooft es nur geht.

[1] Schon auf mehreren Urlaubsreisen hatte ich komische Situationen erlebt, weil ich in der fremden Sprache nicht ganz sicher war. Eine spanische Fischverkäuferin platzte vor Lachen, als ich einen Fisch zum „Bügeln" verlangte. Dabei hatte ich logisch geschlossen: Wenn eine „plancha" eine Grillplatte ist, muss „grillen" doch „planchar" bedeuten.

☐ Meine Überraschung am nächsten Morgen kann man sich vorstellen, als ich sah, wer da neben mir am Frühstückstisch Platz nahm: Jener Mensch, der mich umsonst quer durch die Stadt geschickt hatte! Und er lächelte mich auch noch an! Ich fragte ihn, ob er Spaß daran hätte, sich über Fremde lustig zu machen. Er wurde bleich und wollte wissen, wie ich das gemeint hätte. Ich erklärte es ihm. „Aber du hast mich doch nach der Sporthalle gefragt! Ich dachte, du wärst Sportler und wolltest zum Training!", antwortete er ernst – selbstverständlich auf Französisch. Jetzt begriff ich, dass ich selbst der Schuldige war und nach dem „gymnase" statt, wie es richtig gewesen wäre, nach dem „lycée" gefragt hatte.

☐ Wir mussten beide lachen und reichten uns die Hände. Marc – so hieß mein neuer Freund – umarmte mich sogar, was in Deutschland zwischen Männern nicht üblich ist. Es kam dann heraus, dass Marc Italienisch studierte und nebenbei in der Schule arbeitete.

☐ Es begann gleich bei meiner Ankunft am Bahnhof. Da ich keinen Stadtplan hatte, fragte ich einen sympathisch wirkenden jungen Mann, wo das Gymnasium sei. Jedenfalls meinte ich, dass ich ihn das gefragt hätte. Er erklärte mir den Weg und ich ging los, mit meinem schweren Koffer und dem dicken Rucksack. Nach einer halben Stunde kam ich zu der Stelle, die er mir beschrieben hatte. Ich schaute mich um: ein riesiger Sportplatz mit einer großen Sporthalle daneben, von einer Schule war nichts zu sehen. Langsam wurde ich ärgerlich. Ich zog den Zettel mit der Adresse der Schule aus dem Rucksack. Die Straße hieß ganz anders als diese hier! Der junge Mann hatte sich mit mir offenbar einen Scherz erlaubt. Kurz entschlossen und obwohl ich nicht viel Geld dabeihatte, hielt ich ein Taxi an. Ich zeigte dem Fahrer die Adresse und stand zehn Minuten später im Sekretariat der Schule. Sie lag übrigens höchstens fünf Gehminuten vom Bahnhof entfernt. Man stellte mich dem Direktor vor und zeigte mir mein Zimmer.

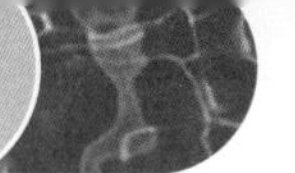

Grafiken beschreiben

1. Zahlen: Was kann man sagen?

50 %	=	die Hälfte
≈ 50 %	=	circa, ungefähr
> 50 %	=	(etwas) mehr als
< 50 %	=	(etwas) weniger als, fast

◎ fast ◎ circa ◎ ungefähr ◎ (etwas) mehr als ◎
◎ (etwas) weniger als ◎ ein Viertel ◎ ein Drittel ◎ die Hälfte ◎

50 % ....

26 % ....

32 % *fast / circa / ungefähr ein Drittel / etwas weniger als ein Drittel*

49 % ....

34 % ....

25 % ....

51 % ....

24 % ....

2. Was passt wo?

◎ ~~Die Grafik/Statistik zeigt …~~ ◎ Man sieht, dass … ◎ Man kann feststellen, dass … ◎
◎ An erster/zweiter/dritter/…/letzter Stelle kommt/liegt/ist … ◎
◎ In der Grafik/Statistik geht es um … ◎ Man kann erkennen, dass … ◎
◎ Die Grafik/Statistik bezieht sich auf … ◎ Die meisten … ◎
◎ ~~Anscheinend spielt …(k)eine wichtige Rolle.~~ ◎ Nur ganz wenige … ◎
◎ Ich finde es merkwürdig/überraschend, dass … ◎ Zuletzt kommt … ◎
◎ Mir fällt auf, dass … ◎ ~~Die wenigsten …~~ ◎

Thema	Beschreibung	persönlicher Eindruck
Die Grafik / Statistik zeigt …	*Die wenigsten …*	*Anscheinend spielt … (k)eine wichtige Rolle …*

Was ist richtig? Kreuzen Sie a., b., oder c. an. ☒

1. ⊙ Weißt du, was Peter und Elke im Urlaub machen?

◆ Ja, sie fahren nach Paris. Aber Peter .... lieber ans Meer ....

☐ a. würde … fahren

☐ b. würdet … fahren

☐ c. würden… fährt

2. ⊙ Hast du ein Auto?

◆ Nein, aber ich .... gern eins. Dann .... ich mit dem Auto zur Arbeit fahren.

☐ a. würde … hätte

☐ b. wäre … würde

☐ c. hätte … könnte

3. ⊙ Was würdest du machen, wenn du 1000 Euro auf der Straße finden würdest?

◆ Wenn ich so viel Geld finden würde, ...

☐ a. ich würde mich freuen

☐ b. ich mich freuen würde

☐ c. würde ich mich freuen

4. ⊙ Glaubst du, dass es irgendwann eine Wunderpille gegen das Altern geben wird?

◆ Meiner Ansicht nach ....

☐ a. das könnte sein

☐ b. könnte das sein

☐ c. das sein könnte

5. ⊙ In Deutschland sind die meisten Leute ziemlich pünktlich.

◆ Ich finde nicht, dass die .... besonders pünktlich sind.

☐ a. deutschen Leute

☐ b. Deutschen

☐ c. Deutsche

6. ⊙ Dürfte ich dich ....?

◆ Natürlich. Wie kann ich dir helfen?

☐ a. einen Gefallen tun

☐ b. fragen

☐ c. um einen Gefallen bitten

7. ⊙ Kannst du mir einen Rat geben? Ich weiß nicht ob ich den neuen Job annehmen soll oder nicht.

◆ An .... würde ich das Angebot annehmen.

☐ a. deiner Stelle

☐ b. deinem Platz

☐ c. deinem Fall

8. ⊙ Wenn es ...., eine Entscheidung zu treffen!

◆ Ich kann dir leider auch nicht weiterhelfen.

☐ a. doch nicht so schwer wäre

☐ b. nicht so schwer wäre

☐ c. wäre nicht so schwer

9. ⊙ Wie war denn dein Urlaub?

◆ Schrecklich. Ich habe das .... Angebot aus dem Katalog ausgesucht. Jetzt würde ich ein .... nehmen.

☐ a. billig … teuer

☐ b. billigere … teuerstes

☐ c. billigste … teureres

10. ⊙ Weißt du eigentlich, dass ich die Leitung der neuen Filiale übernehmen soll?

◆ Herzlichen Glückwunsch zu dieser tollen ....

☐ a. Gelegenheit

☐ b. Gewohnheit

☐ c. Ursache

| 10 | |

Richtig oder Falsch ? Was steht im Text?

11.	In Deutschland nimmt die Zahl der Alten zu.	Richtig	Falsch
12.	Ältere Mitarbeiter könnten der Wirtschaft Nachteile bringen.	Richtig	Falsch
13.	Menschen über 50 schaffen es oft nicht, einen neuen Job zu bekommen.	Richtig	Falsch
14.	20% der 60–65-jährigen arbeiten nicht mehr.	Richtig	Falsch
15.	Wenn sie nicht mehr arbeiten, werden die meisten Alten spätestens nach einem Jahr unzufrieden.	Richtig	Falsch

Arbeit im Alter
20 Millionen Deutsche sind über 60. Im Jahr 2030 werden es 28 Millionen sein, denn die durchschnittliche Lebenserwartung steigt weiter. Die Gesellschaft verändert sich. Ältere Menschen bleiben heutzutage geistig und körperlich länger fit als früher. Mit ihrer Lebenserfahrung und ihren Kenntnissen könnten berufstätige Alte ein großer Gewinn für die Wirtschaft sein.
Doch die Wirklichkeit sieht anders aus: Wenn sich ein Mitarbeiter über 50 bei einer Firma bewirbt, lehnen die meisten Firmen dankend ab. Die Statistik zeigt, dass in der Gruppe der 60–65-jährigen nur noch 20% berufstätig sind.
An den Alten liegt es übrigens nicht; die meisten möchten spätestens nach einem Jahr in Rente an ihren alten Arbeitsplatz zurück. Wirtschaft, Politik und Wissenschaft müssen endlich Modelle entwickeln, wie auch ältere Mitarbeiter beschäftigt werden können.

5 |

Schreiben Sie eine Antwort auf den Brief.

Liebe(r) ...,

wie geht es Dir? Ich bin total aufgeregt. Denn mein Chef hat mir angeboten, für ein Jahr in einer Filiale unserer Firma im Ausland zu arbeiten, und stell Dir vor, diese Filiale ist in Deiner Heimatstadt! So ein Zufall! Natürlich habe ich das Angebot sofort angenommen.

Aber wie Du weißt, war ich noch nie in Deinem Land und brauche ein paar Tipps von Dir. Es gibt noch ein paar Probleme: Ich kann die Sprache nicht. Außerdem habe ich noch keine Wohnung. Wie sind eigentlich die Preise für Wohnen und Essen?

Es wäre gut, wenn Du mir bald antworten könntest.

Ich freue mich schon sehr, dass wir uns bald öfter sehen können.

Liebe Grüße

Deine
Maria

10 |

Insgesamt
25 |

Schreiben Sie zu folgenden Punkten:
- Tipp, wie man die Sprache lernen kann,
- Rat, wie man eine Wohnung finden kann,
- berichten, wie die Preise für Essen und Wohnen sind.

Vergessen Sie Datum und Anrede nicht. Schreiben Sie eine passende Einleitung und einen passenden Schluss.

Bewertungsschlüssel
25 – 22 = 1
21 – 19 = 2
18 – 16 = 3
15 – 13 = 4
12 – 0 = nicht bestanden

Was ist richtig? Kreuzen Sie a., b., oder c. an. ☒

1. ⊙ Was hast du gesagt?

◆ Ich habe dich gefragt, ………… Ritas Party beginnt.

☐ a. ob
☐ b. wann
☐ c. wenn

2. ⊙ Ich habe keine Ahnung. Ich weiß nur, ………… sie feiert.

◆ Das weiß ich auch.

☐ a. das
☐ b. dass
☐ c. ob

3. ⊙ Aber wo ist denn die Einladung. Da muss es doch stehen.

◆ Ach, die habe ich bei Rita ………… lassen.

☐ a. gelegen
☐ b. gelegt
☐ c. liegen

4. ⊙ Wozu brauchst du denn so viel Sahne?

◆ Wozu wohl? Natürlich ………… Kochen.

☐ a. damit
☐ b. für
☐ c. zum

5. ⊙ Hast du denn auch ………… Wurst gekauft?

◆ Nein, ich habe ………… Schinken mitgebracht. Den mag ich lieber.

☐ a. frische … rohen
☐ b. frischer … roher
☐ c. frischem…..rohes

6. ⊙ Petra ist krank.

◆ Was ………… ihr denn?

☐ a. fehlt
☐ b. hat
☐ c. untersucht

7. ⊙ Du siehst plötzlich so blass aus. ………… schlecht?

◆ Ja, ich vertrage das Autofahren nicht so gut.

☐ a. Ist dir
☐ b. Bist du
☐ c. Hast du

8. ⊙ Hast du schon ein Geburtstagsgeschenk für mich?

◆ Ja, aber ich werde dir nicht …………, was es ist.

☐ a. erfahren
☐ b. raten
☐ c. verraten

9. ⊙ Dein Finger ist ja ganz blau. Wie ist denn das passiert?

◆ Ich habe ein Bild aufhängen …………. Dabei habe ich mir mit dem Hammer auf den Finger ………….

☐ a. gewollt … geschlagen
☐ b. wollen … schlagen
☐ c. wollen … geschlagen

10. ⊙ Was hast du denn mit deinem Bein gemacht?

◆ Ich bin beim Skifahren hingefallen und habe es mir ………….

☐ a. erbrochen
☐ b. gebrochen
☐ c. gestoßen

10	

Lesen Sie zuerst die Texte. Lesen Sie dann die Überschriften. Welche Überschrift passt am besten?

11. ☐ Sie haben schon alle möglichen Diäten ausprobiert, aber das Abnehmen hat nie geklappt? Kommen Sie zu uns. Wir geben Ihnen Tipps, wie Sie sich gesund ernähren und dabei schlank werden. Bei uns treffen Sie andere, die beschlossen haben, etwas gegen ihre Figurprobleme zu tun. Durch diese Treffen mit Gleichgesinnten steigt ihre Motivation. Keine Voranmeldung nötig.

12. ☐ „Rezepte für die Traumfigur" (Hauer, 230 S. 19,80 Euro) – ein Buch, das durch leckere Rezepte zum Kochen animiert. Hier wird keine Wunderdiät vorgestellt, sondern gesunde, vitaminreiche, fettarme Gerichte zum Nachkochen. Dieses Buch macht es leicht, ein paar Pfunde zu verlieren.

13. ☐ Nachts hungrig zum Kühlschrank schleichen und ihn leer essen, sich an dünne Suppen ohne Geschmack gewöhnen, im Fitness-Studio schwitzen, ständig Diäten machen und trotzdem zunehmen, wer kennt das nicht? Jeanette Hoffer hat alles erlebt und in ihrem neuen Buch erzählt (Wind-Verlag, 123 S., 14,80 Euro).

14. ☐ Mal ehrlich, wollten Sie nicht schon längst etwas für ihre Figur tun? Wir machen es Ihnen leicht. Kommen Sie in unser neu eröffnetes Fitness-Studio am Marktplatz. Bei uns finden Sie modernste Geräte, Sauna und Solarium und natürlich eine angenehme Atmosphäre.

15. ☐ Möchten Sie sportlich aktiv sein, haben aber keine Lust auf ein Fitness-Studio? Schaffen Sie sich doch einen Heimtrainer an. Mit nur 20 Minuten Training täglich tun Sie viel für Ihre Gesundheit und halten gleichzeitig mühelos ihr Gewicht. Probieren Sie es aus. Bei uns finden auch Sie das passende Gerät.

A Bewegung zu Hause
B Buch über eine Wunderdiät
C Ernährungsberatung
D Gesund abnehmen und dabei Leute treffen
E keine Misserfolge mehr bei Diäten
F Kochbuch zum Abnehmen
G Neues Fitness-Studio
H Bücher über persönliche Erfahrungen beim Abnehmen
I Probetraining im Fitness-Studio
J Weg zur Traumfigur

5 |

Schreiben Sie eine E-Mail.

Ihnen ist ein kleines Missgeschick passiert. Deshalb müssen Sie eine Radtour mit einem Freund / einer Freundin absagen. Erklären Sie, was passiert ist.

Schreiben Sie zu folgenden Punkten:

- Entschuldigung,
- nach Hause kommen, über eine Tasche stolpern und hinfallen,
- rechtes Bein verletzt.

Vergessen Sie nicht, einen passenden Schluss zu schreiben.

10 |

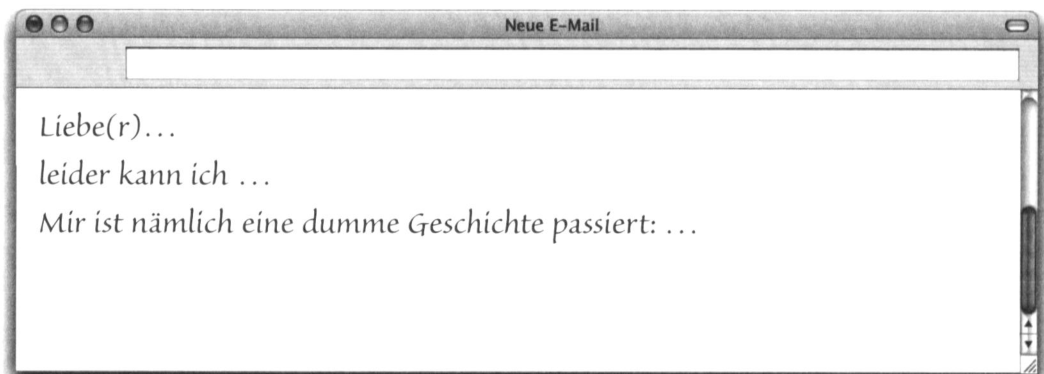

Insgesamt

25 |

Bewertungsschlüssel
25 – 22 = 1
21 – 19 = 2
18 – 16 = 3
15 – 13 = 4
12 – 0 = nicht bestanden

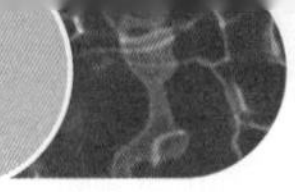

Was ist richtig? Kreuzen Sie a., b., oder c. an. ☒

1. ⊙ Kann ich dir irgendwie helfen? Was soll ich machen?

◆ Es gibt schon noch viel zu tun. Z.B. ………… das Geschirr ………….

☐ a. muss … werden wegräumen
☐ b. müssen … weggeräumt werden
☐ c. muss … weggeräumt werden

2. ⊙ Wie alt ist das Schloss denn schon?

◆ Es ………… 1830 gebaut ………….

☐ a. ist … worden
☐ b. wird … werden
☐ c. ist … geworden

3. ⊙ Wie viel kostet es, wenn ich mich beraten lasse?

◆ ………… Beratung ist kostenlos.

☐ a. Der
☐ b. Die
☐ c. Das

4. ⊙ Wie läuft denn die Firma von deiner Frau?

◆ Ausgezeichnet. Sie hat die …………, eine zweite Filiale zu eröffnen.

☐ a. Plan
☐ b. Absicht
☐ c. Antrag

5. ⊙ Hast du in den Nachrichten gehört, dass der Strom endlich wieder billiger geworden ist?

◆ Na, ja so viel wird der Preis nicht ………… sein.

☐ a. gestiegen
☐ b. abgenommen
☐ c. gesunken

6. ⊙ Warum wird ………… denn hier gestreikt.

◆ ………… wird nicht gearbeitet, weil die Konzernleitung das Werk schließen will.

☐ a. es … Es
☐ b. – … –
☐ c. – … Es

7. ⊙ Was? Dann wird sicher vielen gekündigt.

◆ In der Zeitung steht, dass die Konzernleitung 200 Arbeitnehmer ………… soll.

☐ a. entlassen
☐ b. verlassen
☐ c. gelassen

8. ⊙ Hast du schon das Geburtstagsgeschenk für Oma besorgt und die Karte geschrieben?

◆ Ja, es ………… alles schon …………. Ich habe das Geschenk sogar schon zur Post gebracht.

☐ a. wird … erledigt
☐ b. ist … erledigt
☐ c. wird … erledigen

9. ⊙ Ist der Beamer schon an den Computer angeschlossen?

◆ Oh, das habe ich vergessen. Der ………… noch ………….

☐ a. muss … angeschlossen werden
☐ b. ist … anschließen werden
☐ c. ist … angeschlossen worden

10. ⊙ Es wird schon so dunkel. Kannst du bitte das Licht ………….

◆ Ja, klar.

☐ a. ausschalten
☐ b. einschalten
☐ c. sorgen

10	

Lesen Sie die Situationsbeschreibungen. Auf welche Anzeige könnten sich die Personen melden? (Jede Anzeige passt nur zu einer Person, für eine Person gibt es keine passende Anzeige.)

11. Vera P. ist Köchin und wurde arbeitslos. Sie möchte einen Party-Service eröffnen. Sie braucht Hilfe bei der Vorbereitung, um den Sprung in die Selbstständigkeit zu schaffen.

12. Jürgen S. arbeitet in einem großen Konzern, in dem es viele Vorschriften gibt. Er hat sich entschlossen, seine Stelle aufzugeben und sein Leben zu ändern. Er weiß noch nicht, was er machen will.

13. Sandra H. ist Programmiererin. Sie war wegen ihrer Kinder drei Jahre nicht berufstätig. Jetzt möchte sie wieder in ihrem Beruf arbeiten. Aber ihre Kenntnisse sind nicht auf dem neuesten Stand.

14. Johanna P. führt ein kleines Familienunternehmen. Das IT-System der Firma ist veraltet. Sie braucht dringend Beratung.

15. Studentin Heike L. hat im Urlaub zu viel Geld ausgegeben. Sie muss dringend Geld verdienen, bevor die Universität im Oktober wieder anfängt.

Anzeigen aus dem Wirtschaftsteil

A. Jobangebot! ☐
Junge Damen und Herren
Für internationalen Auto-Event
Flexible Arbeitszeiten und Aufgaben
20.8. – 14.9.
Jetzt schnell bewerben!
Zeit-Team GmbH/Heike Scheffler/069-26022216
info@zeit-team-gmbh.com

B. Wollen Sie endlich Ihr eigener Chef sein? ☐
Unser Team analysiert Ihren Finanzbedarf.
Wir vermitteln Sonderkredite.
Wir helfen bei Anträgen und Genehmigungen.
Mit uns hat Ihre Geschäftsidee Aussichten auf Erfolg!

C. Coaching für berufliche Orientierung ☐
Arbeitsplatz verloren? Unzufrieden im Job?
Ohne Aufträge?
Unser Team analysiert Ihre Wünsche und was Sie besonders gut können.
Mit uns finden Sie ihren ganz persönlichen beruflichen Weg – kompetent und schnell.

D. IT- Weiterbildung ☐
Wir bieten
- IT-System-Analyse
- Software- Anwendung
- Programmierung

So steigen Ihre Karriereaussichten!
Eine Broschüre über unsere Kurse finden Sie im Internet unter www.itw.com

5 |

Ergänzen Sie den Werbetext.

16. .... Sie ein Auto, das nicht nur auf der Straße fährt, sondern auch schwimmt? Kein Problem. Das Umbauen geht ganz einfach. Warten Sie zuerst, bis der Motor abgekühlt **17.** .... Bevor Sie ins Wasser fahren, **18.** .... nur die Autotüren fest geschlossen **19.** .... Achten Sie **20.** ...., dass die Türen wirklich dicht sind. **21.** .... Kofferraum befindet sich ein Ruder, **22.** .... Sie an der Stoßstange **23.** .... Und schon kann es losgehen. **24.** .... Sie das Autodach abmontieren, haben Sie noch mehr Sonne und Spaß. Übrigens, im Kofferraum befindet sich ein Grill. **25.** .... können Sie am Strand schon ihre Würstchen essen, während die anderen noch mühsam den Grill zusammenschrauben.

10 |

a DIE **b** DAS **c** AUF **d** IM **e** DARAUF **f** MÖCHTEN
g MÜSSEN **h** KÖNNEN **i** FESTMACHEN **j** ABBAUEN
k WERDEN **l** WIRD **m** IST **n** WENN **o** OB **p** SO

Insgesamt
25 |

Bewertungsschlüssel
25 – 22 = 1
21 – 19 = 2
18 – 16 = 3
15 – 13 = 4
12 – 0 = nicht bestanden

Was ist richtig? Kreuzen Sie a., b., oder c. an. ☒

1. ⊙ Warum ist denn Sandra nicht gekommen?

◆ Ich weiß auch nicht. Es gibt nur zwei Möglichkeiten: Sie ist .... krank, ... sie hat den Zug verpasst.

☐ a. zwar … aber
☐ b. weder … noch
☐ c. entweder … oder

2. ⊙ Du bist ja gar nicht nass geworden, obwohl es ziemlich regnet.

◆ Ich habe ja auch nicht nur einen Regenschirm dabei, sondern .... Gummistiefel.

☐ a. ich trage auch
☐ b. auch ich trage
☐ c. trage ich auch

3. ⊙ Du kannst doch das Kind nicht mit der Schere spielen lassen.

◆ Ja, ja. Ich nehme .... ja schon weg.

☐ a. ihm sie
☐ b. sie ihm
☐ c. ihr es

4. ⊙ Was? Die Polizei hat dich gestoppt, als du mit dem Fahrrad durch die Fußgängerzone gefahren bist?

◆ Ja, und nachdem ich 20 Euro Strafe ...., konnte ich nichts mehr einkaufen.

☐ a. bezahlte
☐ b. bezahlt habe
☐ c. bezahlt hatte

5. ⊙ Bist du dann weitergefahren?

◆ Nein, natürlich nicht. Ich habe mein Fahrrad ....

☐ a. abgestiegen
☐ b. geschoben
☐ c. gefahren

6. ⊙ Ich bräuchte den Föhn. Kannst du .... mal bringen?

◆ Ja. Ich bring .... gleich.

☐ a. mir den … ihn dir
☐ b. den mir … dir ihn
☐ c. den mir … ihn dir

7. ⊙ Es war nicht gut, dass du diesen Scherz mit deiner Oma gemacht hast.

◆ Ach, das .... sie mir sicher. Sie versteht Spaß.

☐ a. entschuldigt
☐ b. verzeiht
☐ c. erschreckt

8. ⊙ Ich habe so Hunger.

◆ Ich auch. Aber leider haben wir .... zu essen im Haus.

☐ a. nichts
☐ b. nicht
☐ c. kein

9. ⊙ Aber warte mal. Vielleicht habe ich noch etwas .... da.

◆ Oh ja, ein bisschen Schokolade wäre super.

☐ a. süß
☐ b. Süßes
☐ c. süße

10. ⊙ Musst du keine Strafe bezahlen? Du hast doch im Halteverbot geparkt.

◆ Nein der Polizist ....

☐ a. hat die Daumen gedrückt.
☐ b. hat ein Auge zugedrückt.
☐ c. ist aus allen Wolken gefallen.

10 |

Richtig oder Falsch ? Was steht im Text?

11. Karajan wurde 1989 geboren. Richtig Falsch

12. Nachdem ein paar Minuten vergangen waren, kam Karajan aus der Oper. Richtig Falsch

13. Als sich Karajan näherte, machte der Fahrer sofort die Autotür auf. Richtig Falsch

14. Der Meister forderte den Taxifahrer auf, endlich zu fahren. Richtig Falsch

15. Karajan schien nicht zu wissen, wohin er wollte. Richtig Falsch

Anekdote über Herbert von Karajan

Herbert von Karajan (1908–1989)
Dirigent der Wiener Philharmoniker;
musikalischer Leiter der Berliner
Philharmoniker auf Lebenszeit;
Leiter der Wiener Oper und der
Salzburger Festspiele

Für Herbert von Karajan hatte man ein Taxi zur Wiener Oper bestellt. Der Fahrer musste über eine halbe Stunde warten, bevor er den Meister schließlich mit eiligen Schritten aus dem Opernhaus kommen sah. Schnell stieg er aus und öffnete ihm die Wagentür. Nachdem der Dirigent auf dem Rücksitz Platz genommen hatte, startete der Taxifahrer den Motor und sah seinen prominenten Fahrgast fragend an. Aber der brummt nur ungeduldig: „Mann, worauf warten Sie noch?" – „Ja wohin woll'n S'denn, Herr Direktor?" erkundigte sich der Taxifahrer höflich. „Ganz egal!" rief Karajan nervös. „Zum Dirigieren erwartet man mich überall."

5 |

Schreiben Sie eine kurze Geschichte zu folgenden Stichpunkten.

- zwei Autofahrer: gleichzeitig eine Parklücke sehen und hineinfahren wollen
- nicht beide gleichzeitig hineinfahren können
- aussteigen und anfangen zu streiten
- ein anderer Autofahrer: inzwischen von der anderen Seite kommen; in die Parklücke fahren; sich freuen
- zwei Autofahrer: schimpfen; keinen Parkplatz haben

10 |

Wenn zwei sich streiten, freut sich der Dritte.

Insgesamt

25 |

Bewertungsschlüssel

25 – 22 = 1
21 – 19 = 2
18 – 16 = 3
15 – 13 = 4
12 – 0 = nicht bestanden

Was ist richtig? Kreuzen Sie a., b., oder c. an. ☒

1. ⊙ Bei all den Kriegen in der Welt frage ich mich schon, wozu die UNO gut sein soll.

◆ Es hätte seit 1945 sicher noch mehr Kriege gegeben, wenn man die UNO nicht ....

☐ a. gegründet würde
☐ b. gegründet hätte
☐ c. gegründet wäre

2. ⊙ Ich habe einen starken Husten.

◆ Du .... nicht so viel ....

☐ a. wärest … rauchen sollen
☐ b. würdest … rauchen sollen
☐ c. hättest … rauchen sollen

3. ⊙ Was glaubst du, wie werden die Wahlen ausgehen?

◆ Die FDP .... wohl nicht mehr ins Parlament gewählt ....

☐ a. wird … werden
☐ b. wird … geworden
☐ c. wird … worden

4. ⊙ Freust du dich schon auf deinen neuen Job?

◆ Ja, schon, aber ich werde wohl viele Geschäftsreisen ....

☐ a. muss gemacht
☐ b. machen müssen
☐ c. machen muss

5. ⊙ Deine Tochter hat ja schon ein Handy.

◆ Ja, das haben .... die Großeltern geschenkt.

☐ a. sie
☐ b. der Tochter
☐ c. ihr

6. ⊙ Soll ich Herrn Kern heute noch zurückrufen?

◆ Nein, das .... du heute nicht mehr zu machen.

☐ a. sollst
☐ b. musst
☐ c. brauchst

7. ⊙ Wer wird denn jetzt regieren?

◆ Das weiß man noch nicht. Die SPD hat keine .... und muss sich erst noch auf eine Koalition festlegen.

☐ a. Opposition
☐ b. Mehrheit
☐ c. Regierung

8. ⊙ Ich verstehe gar nicht, warum sich die Umweltminister dauernd treffen.

◆ In der Umweltpolitik .... eben noch viel zu tun.

☐ a. ist
☐ b. braucht
☐ c. hat

9. ⊙ .... doch nur die CDU mehr Stimmen bekommen.

◆ Ach, wegen der Wahl musst du doch nicht so enttäuscht sein.

☐ a. Wenn
☐ b. Wäre
☐ c. Hätte

10. ⊙ Ach, Herr Merz ist nicht da. Könnten Sie ihm ...., er möchte mich zurückrufen?

◆ Gern. Wann sind Sie denn zu erreichen?

☐ a. Bescheid geben
☐ b. verbinden
☐ c. ausrichten

10	

Was steht im Text? Was sagen die Personen?

	Jo	Andy	Klaus	Petra	niemand
Kinder und Jugendliche beschäftigen sich zu viel mit dem Handy.	☒	☐	☐	☐	☐
11. Das Telefonieren mit dem Handy ist zu teuer.	☐	☐	☐	☐	☐
12. Handys sind gut für die medizinische Versorgung.	☐	☐	☐	☐	☐
13. Handys sind wichtig für Notfälle.	☐	☐	☐	☐	☐
14. Ich muss erreichbar sein.	☐	☐	☐	☐	☐
15. Ich will mir ein Handy anschaffen.	☐	☐	☐	☐	☐

Braucht man wirklich ein Handy?

Hallo,
wie oft sieht man eine Gruppe Jugendlicher, die zusammensitzt ohne ein Wort zu sprechen. Jeder beschäftigt sich nur mit seinem Handy. Ich finde das erschreckend. Auch Babys haben heute oft schon Spielzeughandys, obwohl sie noch nicht einmal sprechen können. Also ich weigere mich, ein Handy zu kaufen, nur weil es alle haben.
Jo

Also Jo, ich verstehe dich nicht, ohne Handy kann man doch heute gar nicht mehr leben. Stell dir nur mal vor, du bis allein unterwegs und es gibt einen Unfall. Wer soll dann den Krankenwagen rufen? Man muss das Handy ja nicht immer einschalten, aber man sollte es mindestens dabeihaben.
Andy

Früher war für mich die Vorstellung, immer erreichbar zu sein auch schrecklich. Aber jetzt benutze ich selbst seit Jahren eins. Ich bin beruflich viel unterwegs und man muss mich auch dann anrufen können, wenn ich nicht im Büro bin. Sonst wüsste ich nie, ob sich ein Termin geändert hat oder nicht.
Klaus

Denkt denn niemand von euch an die gesundheitlichen Risiken? Das Handy trägt man doch meistens nah am Körper. Das kann doch nicht gesund sein.
Und erst die Kosten! Erst neulich hatte mein Sohn eine Handyrechnung von über 200 Euro, weil er die ganze Nacht mit seiner Freundin telefoniert hat. Also mir reicht schon die Telefonrechung für den Festnetzapparat.
Ich selbst kaufe mir bestimmt kein Handy.
Petra

5 |

Schreiben Sie eine Zukunftsprognose zu folgenden Stichpunkten:

10 |

Die Welt in 100 Jahren

- Menschen mehr Freizeit
- Computer übernehmen Hausarbeit
- Automaten übernehmen industrielle Produktion
- Klima auf der Erde wärmer
- für alle Menschen Flüge ins Weltall möglich

Insgesamt

25 |

Bewertungsschlüssel
25 – 22 = 1
21 – 19 = 2
18 – 16 = 3
15 – 13 = 4
12 – 0 = nicht bestanden

Was ist richtig? Kreuzen Sie a., b., oder c. an. ☒

1. ⊙ Was passiert eigentlich in der ersten Szene des Theaterstücks?

◆ Eine ……… Prinzessin zerschneidet ……… Blumen.

☐ a. schweigend – weinende
☐ b. schweigende – weinende
☐ c. schweigende – weinend

2. ⊙ Und was macht die Prinzessin am Ende?

◆ Die ……… Königstochter hilft einem ……… Minister bei der Flucht.

☐ a. verliebende … einsperrenden
☐ b. verliebte … eingesperrten
☐ c. verliebt … eingesperrt

3. ⊙ Ist die Hauptfigur des Romans durch einen Unfall gestorben?

◆ Nein, es sieht nur so aus, als ……… es ein Unfall gewesen wäre.

☐ a. –
☐ b. ob
☐ c. wie

4. ⊙ Glaubst du, dass es ……… zwischen der Klimaveränderung und den Naturkatastrophen gibt?

◆ Ich glaube schon.

☐ a. eine Tatsache
☐ b. eine Schuld
☐ c. einen Zusammenhang

5. ⊙ Hast du in der Ausstellung dieses merkwürdige Kunstwerk gesehen?

◆ Meinst du die ……… Schuhe?

☐ a. Wand geklebten
☐ b. an die Wand geklebten
☐ c. an der Wand kleben

6. ⊙ Ich weiß nicht, mir gefällt die moderne Kunst überhaupt nicht.

◆ Also ich finde, je moderner ein Kunstwerk ist, desto ……….

☐ a. ist es interessanter
☐ b. interessanter ist es
☐ c. interessanter es ist

7. ⊙ Ich versteht wirklich nicht, was dir an diesem Konzert gefallen hat.

◆ Also, ich finde es war ein hervorragendes Konzert und die Sängerin war ……….

☐ a. ausgezeichnet
☐ b. enttäuschend
☐ c. wahnsinnig

8. ⊙ Das finde ich nicht. Sie war viel schlechter, ……… ich erwartet hatte.

◆ Na, ja. Dann hast du eben zu viel erwartet.

☐ a. als
☐ b. wie
☐ c. als ob

9. ⊙ Hast du eigentlich noch Karten für die „Zauberflöte" bekommen?

◆ Nein, leider nicht. Die waren schon ……….

☐ a. gekauft
☐ b. ausverkauft
☐ c. eingekauft

10. ⊙ Warum hat Claire Zachanassian eigentlich diese unbekannte Kleinstadt besucht?

◆ Weil sie dort ihre Jugend ……… hat.

☐ a. gewesen
☐ b. gemacht
☐ c. verbracht

10 |

Richtig oder Falsch? Was steht im Text?

11. Die Hauptfigur wird verdächtigt, einen Mord begangen zu haben. Richtig Falsch
12. Jacop zweifelt daran, dass der Tod des Dombaumeisters ein Unfall war. Richtig Falsch
13. Alle, die etwas über Jacops Beobachtung wissen, sind in Lebensgefahr. Richtig Falsch
14. Zwei Personen haben angeblich den Unfall gesehen. Richtig Falsch
15. Das Buch ist nicht spannend. Richtig Falsch

Frank Schätzing: Tod und Teufel
Köln im Jahr 1260. Der Dom wird gebaut. In dieser Zeit lebt das einfache Volk in sehr armen Verhältnissen. Viele haben nichts zu essen. Auch Jacop der Fuchs, die sympathische Hauptfigur des Romans, hat wie immer Hunger. Deshalb stiehlt er Äpfel im Garten neben der Dombaustelle. Dabei beobachtet er, dass der Dombaumeister aus großer Höhe auf den Boden fällt. Jacop hat jedoch auch gesehen, dass der Baumeister nicht alleine auf der Baustelle war. Jemand hat den Baumeister, der tot liegen bleibt, gestoßen.
Merkwürdig findet Jacop, dass es bei dem Unfall zwei Zeugen gegeben haben soll, obwohl er außer dem Baumeister und dem Täter niemand auf der Baustelle gesehen hat.
Zwei Freunde, denen er von der unheimlichen Tat erzählt hat, werden ermordet. Da begreift Jacop, dass auch er verfolgt wird.
Ob und wie der Mord aufgeklärt wird, empfehle ich, selbst zu lesen. Denn es ist ein großes Lesevergnügen. Wenn man mal damit angefangen hat, kann man das Buch nicht mehr aus der Hand legen. Außerdem lernt man sehr viel über das Leben im Mittelalter.

5 |

Schreiben Sie eine Anfrage als E-Mail.

Nehmen Sie an, Sie wollen, das kommende Wochenende in Frankfurt verbringen. In einem Veranstaltungskalender haben Sie gelesen, dass am kommenden Samstag das Musical „Riverdance“ gespielt wird. Das würden Sie gerne besuchen.
In Frankfurt wohnt ein Bekannter / eine Bekannte von Ihnen. Bitten Sie Ihn um Hilfe bei der Organisation Ihres Besuchs.

Schreiben Sie zu folgenden Punkten:

10 |

- Sie wollen das Musical „Riverdance“ besuchen.
- Kann Ihr Bekannter / Ihre Bekannte eine Eintrittkarte besorgen / reservieren?
- Hat er / sie vielleicht Lust mitzukommen?
- Wo und wann können Sie sich treffen?

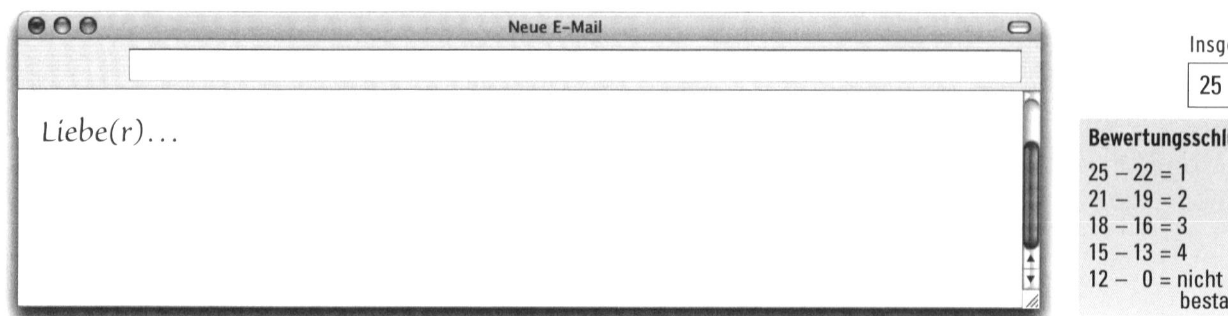

Insgesamt
25 |

Bewertungsschlüssel
25 – 22 = 1
21 – 19 = 2
18 – 16 = 3
15 – 13 = 4
12 – 0 = nicht bestanden

Was ist richtig? Kreuzen Sie a., b., oder c. an. ☒

1. ⊙ Fährt der Zug direkt nach München?

◆ Nein, Sie müssen in Leipzig ....

☐ a. aussteigen

☐ b. einsteigen

☐ c. umsteigen

2. ⊙ Los, komm schon! Wir wollen endlich joggen gehen.

◆ Warte kurz. Ich .... schnell ....

☐ a. ziehe ...um

☐ b. ziehe mich ... um

☐ c. ziehe ... an

3. ⊙ Was sagt man auf Deutsch, wenn man sich von jemandem verabschiedet, der krank ist?

◆ Man sagt: „.........."

☐ a. Auf Ihr Wohl!

☐ b. Ich wünsche Ihnen gute Besserung.

☐ c. Gesundheit!

4. ⊙ Was hat Clara über ihre Freundin Nicole in der Radiosendung erzählt?

◆ Sie hat gesagt, dass Nicole etwas unordentlich ...., aber trotzdem immer alles blitzschnell finden würde.

☐ a. seien

☐ b. würde

☐ c. sei

5. ⊙ Hat sich dein Freund bei dir entschuldigt?

◆ Ja, er hat gesagt, dass es ihm leid tun würde und dass er gestern einen Fehler ....

☐ a. gemacht habe

☐ b. mache

☐ c. macht

6. ⊙ .... du eigentlich gut Französisch?

◆ Na ja, es geht so.

☐ a. Kennst

☐ b. Kannst

☐ c. Weißt

7. ⊙ Und wie gut ist dein Englisch?

◆ Ach, ich kann nicht einmal eine .... Unterhaltung führen.

☐ a. perfekte

☐ b. auswendige

☐ c. vernünftige

8. ⊙ Worum geht es in der Statistik?

◆ Die Statistik .... sich auf Sprachen, die in Europa gesprochen werden.

☐ a. bezieht

☐ b. geht

☐ c. zeigt

9. ⊙ Hat der Teilnehmer die Statistik in der mündlichen Prüfung gut beschrieben?

◆ Meiner Meinung nach hat er zu viele Zahlen ....

☐ a. gezählt

☐ b. genannt

☐ c. geheißen

10. ⊙ Musst du eigentlich für deinen Job viel reisen?

◆ Ja, leider schon. Ich bin fast die ganze Woche ....

☐ a. auf der Reise

☐ b. auf dem Weg

☐ c. unterwegs

10 |

Richtig oder Falsch ? Was steht im Text?

11. Clara und Nicole haben Freundschaft geschlossen, als sie angefangen haben zu studieren. Richtig Falsch

12. Clara und Nicole rufen sich selten an. Richtig Falsch

13. Nicole motiviert Clara, Sport zu machen. Richtig Falsch

14. Nicole hat Probleme, rechtzeitig aufzustehen. Richtig Falsch

15. Nicole und Clara sind einander in allen Dingen sehr ähnlich. Richtig Falsch

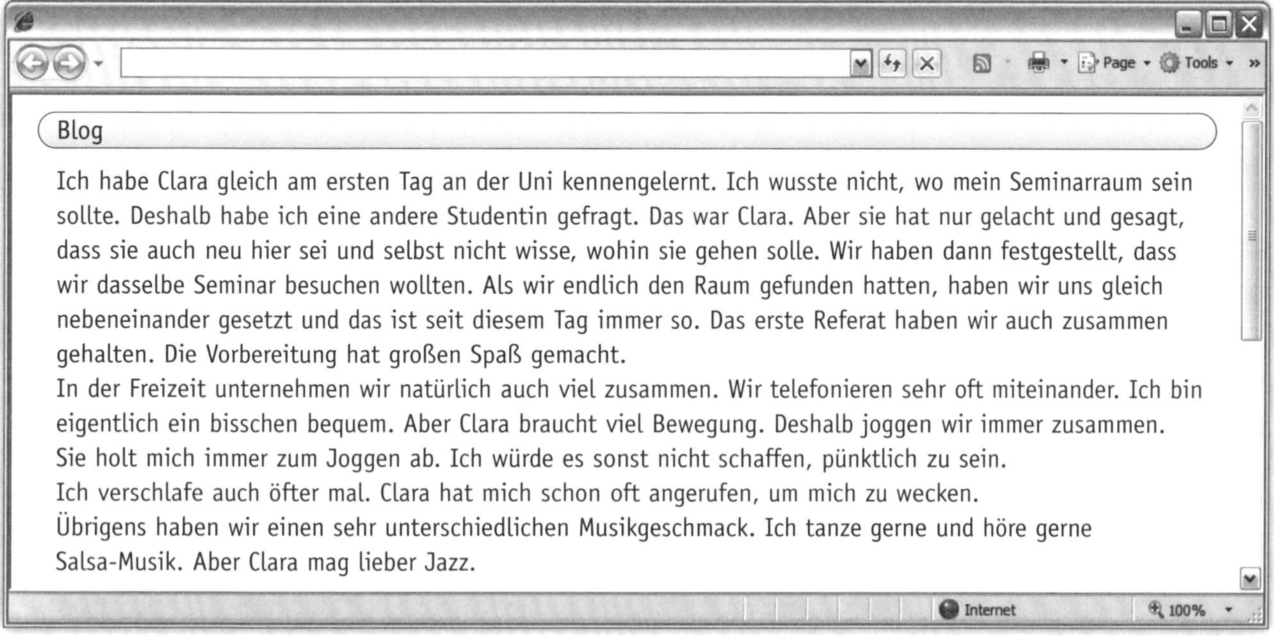

Blog

Ich habe Clara gleich am ersten Tag an der Uni kennengelernt. Ich wusste nicht, wo mein Seminarraum sein sollte. Deshalb habe ich eine andere Studentin gefragt. Das war Clara. Aber sie hat nur gelacht und gesagt, dass sie auch neu hier sei und selbst nicht wisse, wohin sie gehen solle. Wir haben dann festgestellt, dass wir dasselbe Seminar besuchen wollten. Als wir endlich den Raum gefunden hatten, haben wir uns gleich nebeneinander gesetzt und das ist seit diesem Tag immer so. Das erste Referat haben wir auch zusammen gehalten. Die Vorbereitung hat großen Spaß gemacht.
In der Freizeit unternehmen wir natürlich auch viel zusammen. Wir telefonieren sehr oft miteinander. Ich bin eigentlich ein bisschen bequem. Aber Clara braucht viel Bewegung. Deshalb joggen wir immer zusammen. Sie holt mich immer zum Joggen ab. Ich würde es sonst nicht schaffen, pünktlich zu sein.
Ich verschlafe auch öfter mal. Clara hat mich schon oft angerufen, um mich zu wecken.
Übrigens haben wir einen sehr unterschiedlichen Musikgeschmack. Ich tanze gerne und höre gerne Salsa-Musik. Aber Clara mag lieber Jazz.

5 |

Schreiben Sie eine E-Mail.

Nehmen Sie an, Sie sind in einem fremdsprachigen Land in Urlaub. Schreiben Sie ihrem Bruder / ihrer Schwester eine E-Mail.

Schreiben Sie zu folgenden Punkten:

10 |

- mit einem Freund / einer Freundin in Urlaub in … sein
- in einem Café sitzen und eine/n sympathische/n Mann / Frau am Nebentisch sehen
- sich mit dem Freund / der Freundin über den fremden Mann / die fremde Frau in der eigenen Muttersprache unterhalten
- überrascht sein: fremder Mann / fremde Frau spricht Sie in Ihrer eigenen Muttersprache an

Insgesamt

25 |

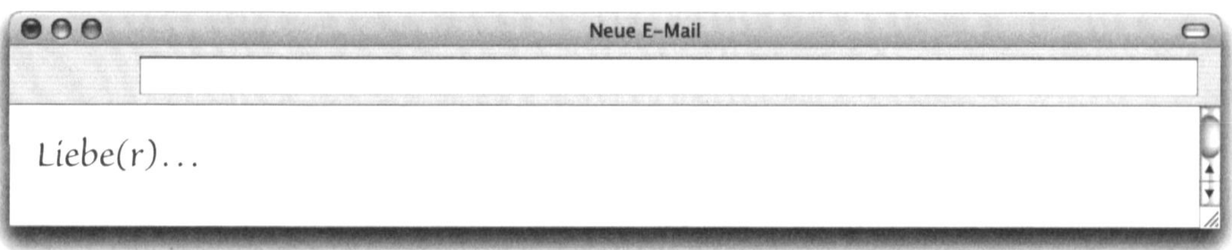

Bewertungsschlüssel

25 – 22 = 1
21 – 19 = 2
18 – 16 = 3
15 – 13 = 4
12 – 0 = nicht bestanden

Lösungsschlüssel

Lerneinheit 1

1b **1.** C **2.** A **3.** D **4.** B

2b **1.** D **2.** C **3.** B **4.** A

4 **b.** sich ein Würstchen kaufen. **c.** ... hätte, könnte er fahren. **d.** Wenn er (ein) Techniker wäre, würde er die Waschmaschine reparieren. **e.** Wenn sie müde wären, würden sie schlafen. **f.** Wenn er eine Leiter hätte, könnte er die Äpfel pflücken. **g.** Wenn sie ihn/ihren Ball noch hätten, könnten sie Fußball spielen. **h.** Wenn sie ängstlich wären, würden sie nicht über die Brücke gehen. **i.** Wenn sie einen Kamm hätte, könnte sie sich die Haare kämmen.

5a die hinteren Sitze umklappen; einen Dachgepäckträger leihen; die Beine abmachen; einen Freund anrufen, der einen Transporter hat; die Kommode umtauschen

Lerneinheit 2

1b **B.** 3 **C.** 1 **D.** 2 **E.** 1 **F.** 2 **G.** 3 **H.** 2 **I.** 3 **J.** 1

3 **b.** Jungen und Mädchen **c.** 1950 **d.** 2020 **e.** zunimmt **f.** Mädchen eine höhere Lebenserwartung haben als Jungen **g.** fast 81 Jahre alt werden **h.** um mehr als 10 Jahre gestiegen.

5 a, d, e

6 Sven: b, d, e, g, i, l, n
Anne: a, c, f, h, j, k, m

Lerneinheit 3

1b **A.** „Hätten Sie wohl ein neues Messer für mich?" **B.** „ Könnte ich bitte mal kurz Ihren Kuli haben?"
C. „ Würdest du mir bitte mal die Butter geben?" **D.** „ Wären Sie wohl so nett, mir in den Zug zu helfen?"
E. „Dürfte ich bitte Ihren Führerschein sehen?"

3b **A.** „Wie schmeckt deine Suppe?" „ Darf ich mal probieren?" „ Schmeckt Sie dir nicht?" „ Die Suppe dürfte schärfer sein." **B.** „Ich glaube, der Zug fährt von Gleis 8." „Wann fährt unser Zug genau?" „Findest du es nicht?" „Wenn ich nur meine Brille hätte! **C.** „Aber das hier kann ich nicht lesen." „Das heißt siebenhundertzweiunddreißig." „Du könntest etwas größer schreiben." „Das sagt meine Mutter auch immer." **D.** „Wollen wir eine Pause machen?" „Komm unter den Baum. Hier ist es trocken." „Ist es nicht schön hier?" „Wenn doch nur das Wetter besser wäre!"

4a **2.** Freiheit **3.** eifersüchtig **4.** ihr **5.** Geduld

4c **1.** Nachbarn **2.** Disco **3.** Freizeitprogramm **4.** Kollegen **5.** Anzeige

5 **A.** 4 **B.** 2 **C.** 6 **D.** 1 **E.** 3 **F.** 7 **G.** 5

Lerneinheit 5

1 Kurt hätte gern ein schnelles Auto. Er würde das beste Modell kaufen und der Preis wäre ihm egal. Den Wagen würde er vor sein Haus stellen, damit ihn alle Leute sehen könnten. Aber leider dürfte er damit nicht fahren, weil er keinen Führerschein hat. Kurt ist erst sieben Jahre alt.

2b Freunde, Sprachkenntnisse, Wohnung, Klima, Musikgruppe, Freundin, Hund, Gesundheit

5 ... viel kosten würde. ... ihn nicht gern abgeben würdest. ... bei ihm gut gehen würde. ... in einer neuen Band mitspielen würdest. ... Angst haben müsstest, ... eine E-Mail schicken würde. ... mit einem Arzt darüber sprechen würdest? ... hättest Du über ein halbes Jahr Zeit. ... perfekt Portugiesisch sprechen könntest. ... hätte sie ja auch Lust, ... fände sie dort bestimmt Arbeit. ... solltest die Stellung sofort annehmen.

Lerneinheit 6

1 **e.** 2 **a.** 3 **c.** 4 **b.** 5

2 **2.** D **3.** E **4.** B **5.** A

3 **6.** was eine Bratwurst kostet. **7.** ob die Schuhe bequem sind. **8.** wohin die Sanitäter laufen.
9. ob das Fußballspiel noch lange dauert. **10.** wie lange das Fußballspiel noch dauert.

5b **B.** 3 **C.** 2 **D.** 3 **E.** 2 **F.** 1 **G.** 4 **J.**1

7 **A.** ... lässt das Ei fallen. **B.** ... hört das Telefon klingeln. **C.** ... sieht den Ball nicht kommen.

Lerneinheit 7

1a **2.** F **3.** A **4.** B **5.** G **6.** E **7.** H **8.** D

4 **2.** Weil Sie nachts immer an den Kühlschrank geht, funktioniert Elkes erste Diät nicht. **3.** Von ihrer Mutter wird Elke in einer Kurklinik zur Nulldiät angemeldet. **4.** Eine Nachbarin von Elke ist überzeugt, dass man nur durch Bewegung abnehmen kann. **5.** Elke kauft einen Heimtrainer und stellt ihn in ihr Schlafzimmer. **6.** Elkes neuer Partner findet dünne Frauen gar nicht attraktiv.

5 **a.** sie zu dick findet. **b.** ob ihre Freundin Gisela sie zu dick findet. **c.** ist Elke zwei Kilo schwerer als vorher. **d.** macht Elke eine Nulldiät unter ärztlicher Aufsicht. **e.** dass Abnehmen nur mit Sport funktioniert. **f.** weil Elke ihn immer weniger benutzt hat.

6 *(Lösungsvorschlag)*
Die Freundin
antwortet ihr: „Wenn du dich wohl fühlst, ist doch alles in Ordnung."
Die Nachbarin
ist von Elkes Misserfolg nicht überrascht.
ist überzeugt, dass alle Diäten reiner Unsinn sind.
meint, dass Elke vor allen Dingen Bewegung braucht.
Der Partner
mag es gern, wenn Frauen nicht so mager sind.
wollte niemals ein dünnes Fotomodell haben.

Lerneinheit 8

1b 1, 3, 5, 6

1d 1, 2, 4

1f *(Lösungsvorschlag)*
Sein Arzt meint, er sollte ein paar Kilo weniger haben / abnehmen. Der Mann sagt, dass er früher viel geraucht hat. Er raucht jetzt nur noch manchmal abends eine Zigarre. Der Mann merkt oft, dass Leute hinter seinem Rücken über ihn reden.

3b **B.** 6 **C.** 8 **D.** 9 **E.** 4 **F.** 1 **G.** 5 **H.** 2 **I.** 7

4a 1, 2, 3, 5, 8, 10, 11, 14

4b 3

6 **b.** 8 **c.** 6 **d.** 5 **e.** 2 **f.** 3 **g.** 4 **h.** 1

Lerneinheit 9

4 **b.** Wandern wir bald im Wald? **c.** Sind beide Kühe auf der Weide? **d.** Trinken wir Bier? **e.** Wohnen Mäuse bei den Bohnen? **f.** Schmeckt die Wurst im Westen am besten?

5 wie, Wie lange, wie lange, ob, ob, Wann, wann, Was, was, ob

Lerneinheit 10

1 In der Nacht träumte Bernd von einem wilden Bach. Das Wasser kam in sein Schlafzimmer. Er wusste nicht, was er machen sollte. Der Boden und die Wände waren schon ganz nass. Im Traum fing er an zu schimpfen und er wurde wach. Er stand auf und sah, dass das Fenster offen war und dass es draußen regnete.

2b **2.** Um den Ball zu fangen, hat er rückwärts laufen müssen. **3.** Dabei ist er über ein Spielzeugauto gestolpert und hingefallen. **4.** Danach hat er sein linkes Bein nicht mehr bewegen können. **5.** Seine Frau hat einen Krankenwagen gerufen. **6.** In der Klinik hat man festgestellt, dass das Bein gebrochen war.

2c Ich spielte mit meinem Sohn im Garten Handball. Um den Ball zu fangen, musste ich rückwärts laufen. Dabei stolperte ich über ein Spielzeugauto und fiel hin. Danach konnte ich mein linkes Bein nicht mehr bewegen. Meine Frau rief den Krankenwagen. In der Klinik stellte man fest, dass das Bein gebrochen war.

3 ... und schaute der Mannschaft meiner Tochter beim Fußballspielen zu. Plötzlich flog der Ball über den Spielfeldrand. Ich konnte ihn nicht sehen, weil ich gerade mit meinem Sohn sprach. Der Ball traf genau mein rechtes Auge. Es tat sehr weh und ich ging sofort nach Hause. Die Schmerzen wollten nicht aufhören und ich rief den Arzt. Er untersuchte mein Auge und ließ mich ins Krankenhaus bringen. Dort musste man mich sofort operieren.

Lerneinheit 11

1b **B.** 7 **C.** 4 **D.** 8 **E.** 6 **F.** 9 **G.** 10 **H.** 5 **I.** 1 **J.** 2

2 **b.** 3 **c.** 1 **d.** 7 **e.** 2 **f.** 5 **g.** 4

4a Der Fernseher wird vom Fernsehtechniker angeschlossen. Der Wasserhahn wird vom Installateur repariert. Das Regal wird vom Tischler gebaut. Die Sicherungen werden vom Elektriker gewechselt. Die Wände werden vom Maler gestrichen.

5b **1.** Der Bundespräsident. **2.** Die Gartenanlagen und die Fassade des Gebäudes. **3.** Für Prinz Ferdinand von Preußen. **4.** Als Mietshaus, Museum und Krankenhaus.

5c **2.** Die Heizung ist erneuert worden. **3.** Die Gartenanlagen sind renoviert worden. **4.** Die Wohnräume sind umgebaut worden. **5.** Das Schloss ist ab 1875 gebaut worden. **6.** Das Gebäude ist teilweise zerstört worden.

Lerneinheit 12

1b **1.** G **2.** C **3.** A **4.** F **5.** E **6.** D **7.** B

2 **b.** beraten **c.** programmieren **d.** werben **e.** bezahlen

4b Ungewöhnliche Geschäftsideen

5 a, c, f

6 b, c, e

Lerneinheit 13

1b **A.** Das Bundesfinanzministerium plant zum ersten Dezember eine Erhöhung der Tabaksteuer. **B.** Nach Auskunft des Statistischen Bundesamtes hatten die privaten Haushalte im letzten Jahr 1,3 Prozent weniger Einkommen. **C.** Auf Preise wird immer mehr geachtet; die deutschen Verbraucher kaufen lieber billige Angebote als Markenartikel, wenn die Qualität gleich ist.

1c *(Lösungsvorschlag)* In Deutschland kaufen die Verbraucher lieber billige Angebote, wenn sie die gleiche Qualität wie Markenartikel haben. Man achtet immer mehr auf die Preise.

2a **A.** 3 **B.** 5 **C.** 1 **D.** 2 **E.** 6 **F.** 4

3a **1.** Kleidung **2.** Computerspiele **3.** iPod **4.**Taschenbücher **5.** Rennfahrrad **6.** Uhr

4a **1.** eine schicke Sonnenbrille **3.** etwa 50 Euro **4.** bei Schuhen in Größe 36 **5.** in Kaufhäuser **6.** ein Halstuch **7.** auf Sonderangebote

6 **A.** Es wird erwartet, dass die Europäische Zentralbank wegen des hohen Euro-Kurses auf ihrer nächsten Sitzung die Zinsen senkt. **B.** Bei dem Versuch, ins Ausland zu fliehen, wurde heute der Berliner Unternehmer Franke verhaftet. Er hat zwei Millionen Steuerschulden, wie heute bekannt wurde. **C.** Im letzten Jahr stieg die Nachfrage nach Neuwagen um drei Prozent.

7a *(Lösungsvorschlag)* 1985 sank ihr Anteil auf weniger als 8 Prozent. Seitdem steigen die Verkäufe wieder leicht an. Bei den italienischen Autos ist die Kurve gleichmäßiger. Ihr höchster Anteil lag 1970 bei 7 Prozent und sank bis 2005 auf drei Prozent. Autos aus Südkorea verkauften sich in den letzten Jahren immer besser. 2005 haben sie den Anteil der schwedischen und italienischen Autos überholt. Der Anteil der schwedischen Autos lag immer unter zwei Prozent.

8 **a.** In Hannover wird dagegen protestiert, dass ein Werk des Volkmann-Konzerns geschlossen werden soll. **b.** Es wird vermutet, dass etwa 400 Arbeitnehmer entlassen werden sollen. **c.** Es wird befürchtet, dass der Konzern in Zukunft im Ausland produzieren lässt. **d.** Von der Betriebsleitung wird behauptet, dass es für das Werk Hannover keine Aufträge mehr gibt. **e.** In den letzten beiden Jahren ist auf Lohnerhöhungen verzichtet worden. **f.** Vom Betriebsrat wird angeboten, dass die Mitarbeiter drei Monate lang auf 13% ihres Lohns verzichten.

Lerneinheit 14

1a Bäder d Hunde d Hund t Kind t Kinder d
gab p hob p geben b heben b schrieb p
log k Flug k fliegen g Berge g Berg k

2a abholen, erholen, aussuchen, besuchen, versuchen, herstellen, bestellen, feststellen, bekommen, ankommen, mitkommen, verkaufen, einkaufen, unterstreichen, anstreichen

3 **b.** 4 **c.** 1 **d.** 7 **e.** 3 **f.** 5 **g.** 8 **h.** 6

5 **1.** Die Konferenz beginnt in einer Viertelstunde. Haben wir die Verträge fertig? **2.** Ja, die sind kopiert und liegen bereit. **3.** Ich habe sie gar nicht mehr gelesen. Hoffentlich sind keine Fehler mehr drin. **4.** Nein, bestimmt nicht, sie sind korrigiert. Das habe ich heute Morgen gemacht. **5.** Gut, dass du daran gedacht hast. Jetzt müssen wir nur noch für die Getränke sorgen. **6.** Der Kaffee ist schon gekocht. Wir brauchen aber noch Saft und Mineralwasser. **7.** Ich hole gleich ein paar Flaschen. Könntest du in der Zeit Tassen und Gläser hinstellen? **8.** Das ist nicht mehr nötig. Der Tisch ist gedeckt. **9.** Dann ist ja wohl alles vorbereitet.

Lerneinheit 15

1 Im Büro wird eine Geburtstagsfeier vorbereitet. Der Kuchen wird auf den Tisch gestellt und die Kerzen werden angezündet. Der Kaffee ist schon gekocht, aber die Geschenke müssen noch eingepackt werden. Auch die Grußkarte ist noch nicht fertig. Sie wird gerade von der Sekretärin geschrieben.

2b **2.** Wenn alle Hühner ein Ei gelegt haben, werden die Eier in Körben gesammelt. **3.** Dann werden die Eier in heißes Wasser geschüttet. **4.** Dort bleiben die Eier acht Minuten, bis sie hart gekocht sind. **5.** Jetzt werden die Eier von einem Netz aus dem Topf gefischt. **6.** Dann werden die Eier mit kaltem Wasser geduscht. **7.** Wenn die Eier abgekühlt sind, schlagen kleine Hämmer auf die Schalen. **8.** Danach werden die Eier von einer Roboterhand geschält. **9.** Sobald die Schalen entfernt sind, kommen die Eier in eine Schneidemaschine. **10.** Anschließend werden die Eischeiben mit Salz und Pfeffer bestreut. **11.** Wenn die Eischeiben gewürzt sind, legen sie zwei Roboter auf Butterbrote. **12.** Zum Schluss werden die fertigen Eibrote in Plastiktüten verpackt.

Lerneinheit 16

1b **A** 2 **B** 4 **C** 1 **D** 3

2a **1.** Er muss entweder mit dem Tiger kämpfen, oder er muss auf die Palme klettern. **2.** Er hat zwar Büchsen mit Lebensmittel, aber er kann sie nicht öffnen. **3.** Jetzt besitzt er nicht nur eine Dusche, sondern auch eine Badewanne. **4.** Er kann weder sein Hemd retten, noch kann er seinen Hut festhalten.

4c **A.** „Du kannst sie ihm ruhig lassen. Sie ist von gestern." **B.** „Nein, ich habe es ihm geliehen. Er will seine Eltern damit erschrecken." **C.** „ Was soll ich bloß machen? Der Mann am Eingang zerreißt sie mir immer." **D.** „Ich konnte es mir ja leisten. Ich habe gestern gekündigt."

6b **1.** C sie mir **2.** E sie Ihnen **3.** D es mir **4.** B es uns **5.** A ihn ihr

Lerneinheit 17

1c **B.** 5 **C.** 1 **D.** 2 **E.** 4

2d Seite 140, Übung 2 Mitte

4a **1.** Beethoven geht in ein Gasthaus. **2.** Er setzt sich. **3.** Er ruft nach der Kellnerin. **4.** Beethoven nimmt Notenpapier. **5.** Er schreibt eine Melodie auf. **6.** Die Kellnerin kommt endlich. **7.** Sie will nicht stören und geht. **8.** Eine Stunde vergeht. **9.** Er sieht von den Noten auf. **10.** Beethoven will bezahlen.

4b **Richtig:** 1, 4

5 **Richtig:** 1, 4, 6

Lerneinheit 18

1a Zwei Tiere begegnen sich in einem Wald und fragen sich gegenseitig, was für Tiere sie sind. Das eine Tier ist Wolfshund: Sein Vater ist ein Wolf und seine Mutter eine Hündin. Das andere Tier sagt, das es ein Ameisenbär ist. Aber sein neuer Bekannter glaubt ihm das nicht.

1c Ein kleiner Eisbär und seine Mutter gehen bei großer Kälte am Nordpol spazieren. Auf einmal will der Kleine wissen, ob seine Großeltern und seine Urgroßeltern auch Eisbären waren.

2a **Richtig:** 1 und 4 sind richtig.

2c **B.** 5a **C.** 1b **D.** 2e **E.** 3d

2d **A.** 5 **B.** 1 **C.** 4 **D.** 6 **E.** 2 **F.** 3

4b **Richtig:** 1, 3, 4, 6, 8

6b **1.** Tag Kurt, gerade hat jemand für dich angerufen. **2.** So, wer war das denn? **3.** Das weiß ich nicht. **4.** Hat er nicht gesagt, wie er heißt? **5.** Doch, aber ich habe den Namen vergessen. **6.** Und was hat er gesagt? **7.** Er hat gesagt, dass du ihn anrufen sollst. **8.** Und wo soll ich anrufen? **9.** Das weiß ich nicht. Aber er hat mir eine Telefonnummer gesagt. **10.** Ja – und wie ist die Telefonnummer? **11.** Moment, sie war ganz einfach: 8–7 ... Nein, nein: 7–8 ... Nein: 4–8. Nein, ich habe sie vergessen. **12.** Das kann doch nicht wahr sein! Du hast ja alles vergessen! **13.** Nein, ich habe nicht alles vergessen. Eins weiß ich noch: Er hat gesagt, dass es sehr, sehr dringend ist. Und dass du dich sofort melden sollst, wenn du kommst.

Lerneinheit 19

1b welchem oder welchen? diesen oder diesem? keinen oder keinem? ihrem oder ihren? eurem oder euren? jeden oder jedem? manchem oder manchen?

3a Sie bringt dem Gast die Milch ans Bett und stellt sie ihm auf das Tablett. Er kauft der Frau den Blumenstrauß und legt ihn ihr vors Gartenhaus. Sie holt dem Mann die neue Maus und packt sie ihm dann auch gleich aus. Sie zeigt dem Kind das süße Schwein und packt es ihm dann sehr hübsch ein.

Lerneinheit 20

1 Ich hatte gerade meine Haare gewaschen, als es an der Haustür klingelte. Draußen stand ein Mann mit einem großen Paket. Er gab es mir, ohne ein Wort zu sagen. Nachdem ich es aufgemacht hatte, fiel mir das Datum ein. Mein Freund hatte mir zum ersten April ein leeres Paket geschickt. Nur sein Foto war darin.

2a eitel wie ein Pfau wütend wie ein Stier leise wie eine Katze schmutzig wie ein Schwein stumm wie ein Fisch schlau wie ein Fuchs langsam wie eine Schnecke stark wie ein Bär ängstlich wie ein Hase

3b **A.** 4 **B.** 5 **C.** 6 **D.** 1 **E.** 3 **F.** 2

5b **A.** Man merkt es schnell, wenn jemand gelogen hat. **B.** Wenn man anderen Menschen hilft, bekommt man auch selbst Hilfe. **C.** Wenn zu viele Menschen an der gleichen Sache arbeiten, gibt es ein schlechtes Ergebnis. **D.** Wenn man einen Menschen liebt, sieht man seine Fehler nicht.

Lerneinheit 21

1b **1.** C **2.** A **3.** D **4.** F **5.** B **6.** E
3a **B.** 4 **C.** 9 **D.** 7 **E.** 5 **F.** 8 **G.** 1 **H.** 2 **I.** 3
5b **B.** 8 **C.** 4 **D.** 9 **E.** 5 **F.** 2 **G.** 1 **H.** 7 **I.** 6
7a **Richtig:** 2, 3, 5

Lerneinheit 22

1b **1.** C **2.** A **3.** E **4.** B **5.** D
1c 4, 2, 5, 3, 1
3a D, F, A, E, C, B
3b **1.** C **2.** A **3.** C **4.** C **5.** A **6.** A **7.** C **8.** A **9.** C **10.** C **11.** A

Lerneinheit 23

1b 1, 3, 4, 6
1c **Richtig:** 1, 4
1d **1.** d **2.** c **3.** a **4.** b
3b Grafik 3
3c **Richtig:** 1, 3, 6, 8, 9
4a **1.** In der ersten Meldung geht es um ein Gesetz zur Steuerreform. **2.** Thema der zweiten Meldung ist der Reisebericht eines Ministers. **3.** Die dritte Meldung befasst sich mit einem Gesetz für die Banken.
4b **A.** 2 **B.** 3 **C.** 1
5a **1.** Der deutsche Landwirtschaftsminister traf gestern in Brüssel mit seinem britischen Kollegen zusammen. In dem Gespräch ging es um die europäischen Vorschriften für den Viehimport aus anderen Ländern. **2.** In Luxemburg kamen die Umweltminister der Europäischen Union zusammen. Auf der Konferenz wurde beschlossen, die Werte für die Auto- und Industrie- Abgase neu zu regeln. **3.** Um pünktlich zu einer Sitzung im Landtag zu erscheinen, fuhr der Vorsitzende der Energiekommission mit Blaulicht im Krankenwagen an. Ein Sprecher war zu keinem Kommentar bereit.
6a **2.** S **3.** U **4.** R **5.** U **6.** M **7.** S **8.** R **9.** M **10.** U **11.** R **12.** S

Lerneinheit 24

2a Hermann hält herzlich Helgas Hand. Häufig hebt Hendrik Hannas Herd hoch. Hans hilft heimlich Hellas Handwerkern.

Lerneinheit 25

1 Andrea hätte ihrem Vater zum Geburtstag gern ein neues Handy geschenkt. Wahrscheinlich wäre er darüber aber gar nicht glücklich gewesen, weil er die moderne Technik nicht mag. Andrea ist ziemlich sicher, dass er seine Meinung auch in Zukunft nicht ändern wird. Deshalb hat sie ihm ein Buch gekauft.

4a In fünfzig Jahren arbeiten in der industriellen Produktion nur noch Automaten. Deshalb wird man in den Fabriken vergeblich nach Menschen suchen. Sicher wird man alle Maschinen nur noch über Computer bedienen. Dann braucht sich niemand mehr die Hände schmutzig zu machen. Außerdem werden die Menschen kürzer arbeiten und wesentlich mehr Freizeit haben.

4b Mit Sicherheit werden wir ganz anders reisen als heute. In hundert Jahren wird es Autos und Eisenbahnen nicht mehr geben. Stattdessen wird man mit superschnellen kleinen Flugzeugen in wenigen Minuten an jeden Ort der Welt kommen. Auch Flüge ins Weltall werden für alle Menschen möglich sein. Und natürlich wird man auf dem Mond oder fernen Planeten Urlaub machen.

4c Vermutlich wird man über den städtischen Gebieten riesige Glasglocken bauen. Dann wird es dort keine Unterschiede zwischen den Jahreszeiten mehr geben. In 150 Jahren kann man auf der ganzen Erde das Klima beeinflussen. Sogar Wärme, Kälte und Regen wird man weltweit regeln können. Aus diesem Grund wird die Leistung der Landwirtschaft nicht mehr vom Zufall abhängen.

4d Ich bin sicher, dass es in 200 Jahren keine Staaten mehr geben wird, sondern nur noch eine einzige Weltregierung. Außerdem wird es eine allgemeine Weltsprache geben, die jedes Kind neben seiner Muttersprache lernt. Endlich werden die Menschen Waffen und Kriege nur noch aus den Geschichtsbüchern kennen. Und ich bin der Überzeugung, dass Islam, Christentum, Judentum, Hinduismus, Buddhismus und alle anderen Religionen tolerant nebeneinander bestehen werden.

Lerneinheit 26

1b **B.** 4 **C.** 7 **D.** 2 **E.** 5 **F.** 1 **G.** 6 **H.** 8

2a **A.** 3 **B.** 6 **C.** 5 **D.** 1 **E.** 2 **F.** 4 **G.** 8 **H.** 7

2c Der Ritter blutet und schaut die Königstochter an. Die Königstochter lacht und hat Blut auf ihrem weißen Kleid. Der König schreit und verletzt sich den Fuß an der Tür. Die Königin weint und wirft den Spiegel um. Der Hund schläft und hat ein Kissen unter dem Kopf. Die Diener singen und machen den Boden nass. Die Köchin schweigt und vergisst den Braten.

4 **b.** entlassen, der entlassenen Köchin **c.** zerbrochen, dem zerbrochenen Spiegel **d.** zerschnitten, Die zerschnittenen Blumen **e.** repariert, die reparierte Tür **f.** verbrannt, den verbrannten Braten **g.** verbunden, Die verbundene Wunde **h.** eingesperrt, den eingesperrten Minister

Lerneinheit 27

1b **1.** D **2.** C **3.** F **4.** B **5.** A **6.** E

Lerneinheit 28

1a **A.** 6 **B.** 3 **C.** 5 **D.** 2 **E.** 4 **F.** 1

1b E, C, A, B, F, D

1c **A.** auf der DOCUMENTA bei einem Unwetter eingestürzt. **B.** elegant gekleidet waren, haben den Wiener Opernball eröffnet. **C.** Die Hälfte der Musikstücke, die bei den Salzburger Festspielen aufgeführt werden, stammt von Wolfgang Amadeus Mozart. **D.** Die Bayreuther Festspiele, die seit 1876 stattfinden, wurden gestern eröffnet. **E.** 180.000 Fachbesucher, die aus über 100 Ländern erwartet werden, werden dieses Jahr die Frankfurter Buchmesse besuchen. **F.** Das Kunstwerk, das von einer chilenischen Künstlerin nacht auf eine Straße geklebt wurde/worden ist, ist von der Kasseler Stadtreinigung entfernt worden.

1d **1.** Falsch **2.** Falsch **3.** Richtig **4.** Falsch **5.** Falsch **6.** Richtig

2a **2.** C **3.** A **4.** D **5.** B **6.** D **7.** B **8.** C **9.** A **10.** D **11.** C **12.** B

3b **1.** F **2.** M **3.** F **4.** M **5.** F **6.** M **7.** M **8.** F **9.** F **10.** F **11.** F **12.** W

Lerneinheit 29

1 Das soll Musik sein! Das soll Musik sein? Er findet den Film gut? Er findet den Film gut! Cora kommt schon morgen? Cora kommt schon morgen! Luisa liebt Liebesgeschichten! Luisa liebt Liebesgeschichten? Die Probe dauert zwei Stunden? Die Probe dauert zwei Stunden!

4b ⊙ keine gute Stimme, nichtssagend, zu viele Solos, ganz okay
◆ toll gesungen, richtig gut, haben (mir/ihr) gut gefallen, hervorragend

Lerneinheit 30

1 Ein Mann steht lachend im Museum. Er schaut auf ein Kunstwerk, das aus gekochten Eiern besteht. Da kommt ein kleiner Junge und tritt mit seinem Fuß dagegen. Als die Eier über den Boden rollen, rennt er schreiend zu seinen Eltern. Dem Mann gefällt das Kunstwerk jetzt aber besser als vorher.

2b **1.** E **2.** A **3.** D **4.** B **5.** F **6.** C

4e **1.** verhaftet **2.** der neue Bürgermeister, zu verlangen **3.** die Wahl **4.** die Pflicht, zu verhaften **5.** zu viel Geld **6.** geboten hätte, ernst nehmen **7.** verrückt **8.** keine Verhaftung

Lerneinheit 31

1a **2.** macht ... aus **3.** macht ... auf **4.** macht ... zu **5.** steigt ... ab **6.** steigt ... ein **7.** steigt ... um **8.** steigt ... aus **9.** zieht ... an **10.** zieht ... aus **11.** zieht ... ein **12.** zieht um

1b **1.** auf **2.** aus **3.** ein **4.** ab

2a **B.** 1 **C.** 10 **D.** 8 **E.** 4 **F.** 3 **G.** 6 **H.** 9 **I.** 5 **J.** 7

3a **2.** Wird **3.** Bleibst **4.** wechseln **5.** gefällt **6.** Machst ... weiter **7.** Verfährst

4 **c.** Wasserleitung **d.** Leitungswasser **e.** Gurkensalat **f.** Salatgurke **g.** Fotoarchiv **h.** Archivfoto **i.** Tischnachbar **j.** Nachbartisch **k.** Spiegelschrank **l.** Schrankspiegel **m.** Telefonkarte **n.** Kartentelefon

5 **b.** man am Strand hat **c.** an der Wand hängt **d.** eine Wand, die aus Spiegeln besteht **e.** eine Wohnung, die sich nebenan befindet **f.** ein Nachbar, der in der Wohnung nebenan wohnt **g.** Gemüse, das für Suppe verwendet wird **h.** eine Suppe, für die als Zutaten vor allem Gemüse verwendet wird **i.** eine Anzeige, die in einer Zeitung erscheint **j.** eine Zeitung, in der nur Anzeigen erscheinen

6a **B.** 1 **C.** 4 **D.** 6 **E.** 2 **F.** 8 **G.** 7 **H.** 10 **I.** 3 **J.** 9

Lerneinheit 32

1a **A.** 2 **B.** 1 **C.** 5 **D.** 4 **E.** 3 **F.** 9 **G.** 8 **H.** 7 **I.** 6 **J.** 10 **K.** 11
1b **Richtig:** B
2b **1.** Richtig **2.** Falsch **3.** Falsch **4.** Richtig **5.** Falsch **6.** Falsch **7.** Richtig **8.** Richtig
4 **Richtig:** c
5a **Richtig:** 3

Lerneinheit 33

1a **A.** 3 **B.** 4 **C.** 1 **D.** 2
1b **A.** Richtig: 1, 2 **B.** Richtig: 1, 3 **C.** Richtig: 1 **D.** Richtig: 2, 3
2a **A.** 5 **B.** 1 **C.** 8 **D.** 4 **E.** 2 **F.** 7 **G.** 3 **H.** 6
4a **1.** 5 **2.** 3 **3.** 7 **4.** 1 **5.** 8 **6.** 2 **7.** 6 **8.** 4
4b **1.** Richtig **2.** Richtig **3.** Falsch **4.** Richtig **5.** Richtig **6.** Falsch
4c **1.** Je **2.** Ja **3.** Ja **4.** Je **5.** Je **6.** Ja
5b **A.** 6 **B.** 8 **C.** 2 **D.** 1 **E.** 7 **F.** 4 **G.** 3 **H.** 5

Lerneinheit 34

2 **a.** setzt **b.** legt, liegt **c.** spült, spielt **d.** fällt, fehlt **e.** lebt, liebt

Lerneinheit 35

1 Eben hat mir meine Freundin eine lustige Geschichte erzählt. Sie sagte, sie sei gestern in die Stadt gefahren und habe dort ihr Fahrrad an einem Verkehrsschild abgestellt. Als sie nach einer Stunde zurückkam, sei das Fahrrad nicht mehr da gewesen. Auf dem Weg zur Polizei hat sie es dann aber doch gefunden. Sie hatte in der falschen Straße gesucht.

2c *(Lösungsvorschlag)* **2.** durch die Altstadt gegangen. **3.** den Wagen gesucht, aber er hat ihn nicht gefunden. **4.** Passanten haben ihm zwar Ratschläge gegeben, aber die weitere Suche ist ohne Erfolg geblieben. **5.** Schließlich hat er einen Polizisten gesehen und ihn um Hilfe gebeten. **6.** Er hat ihm einen Zettel mit dem Namen der Straße gezeigt. **7.** Nachdem der Beamte den Zettel gelesen hatte, war er etwas verwundert, denn da stand nur „Einbahnstraße". **8.** Natürlich war die Lösung des Problems nicht so einfach. **9.** In der Altstadt von Köln gibt es nämlich zahlreiche Straßen, die man nur in einer Richtung befahren darf. **10.** Aber der Polizist konnte dem Touristen trotzdem helfen. **11.** Gemeinsam haben sie den abgestellten Wagen nach intensiver Suche gefunden.

Tests

Themenkreis
Wünsche und Wirklichkeit
1. a **2.** c **3.** c **4.** b **5.** b **6.** c **7.** a **8.** a **9.** c **10.** a
11. Richtig **12.** Falsch **13.** Richtig **14.** Falsch **15.** Richtig

Themenkreis
Sport und Gesundheit
1. b **2.** b **3.** c **4.** c **5.** a **6.** a **7.** a **8.** c **9.** c **10.** b
11. D **12.** F **13.** H **14.** G **15.** A

Themenkreis
Wirtschaftswelt und Geschäftsideen
1. c **2.** a **3.** b **4.** b **5.** c **6.** c **7.** a **8.** b **9.** a **10.** b
11. b **12.** c **13.** c **14.** keine Anzeige **15.** a
16. f **17.** m **18.** g **19.** k **20.** e **21.** d **22.** b **23.** i **24.** n **25.** p

Themenkreis
Humor und Alltag
1. c **2.** a **3.** b **4.** c **5.** b **6.** a **7.** b **8.** a **9.** b **10.** b
11. Falsch **12.** Falsch **13.** Richtig **14.** Richtig **15.** Richtig

Themenkreis
Vergangenheit und Zukunft
1. b **2.** c **3.** a **4.** b **5.** c **6.** c **7.** b **8.** a **9.** c **10.** c
11. Petra **12.** niemand **13.** Andy **14.** Klaus **15.** niemand

Themenkreis
Literatur und Kunst
1. c **2.** b **3.** b **4.** c **5.** b **6.** b **7.** a **8.** a **9.** b **10.** c
11. Falsch **12.** Richtig **13.** Richtig **14.** Richtig **15.** Falsch

Themenkreis
Sprachen und Begegnungen
1. c **2.** b **3.** b **4.** c **5.** a **6.** b **7.** c **8.** a **9.** b **10.** c
11. Richtig **12.** Falsch **13.** Falsch **14.** Richtig **15.** Falsch

Hinweis Auf folgenden vier Seiten finden Sie eine Didaktisierung besonders gängiger Übungstypen in *Lagune*. Diese „Auslagerung“ soll das flüssige Lesen des Lehrerhandbuchs erleichtern und das Augenmerk auf die Besonderheiten einer speziellen Übung richten.

Bild-Textzuordnung

Beispiele → KB S. 48 | **26**

1. Die TN ordnen in Partnerarbeit Sätze, Satzteile oder Wörter den Bildern zu. Die TN gehen vom Bekannten aus, dabei erschließt sich neuer Wortschatz oft von allein. Regen Sie die TN auch dazu an, die Bilder als Verständnishilfe zu sehen. Alles, was die TN nicht zuordnen können, bleibt vorerst offen.
2. Besprechen Sie die Zuordnung im Plenum. Klären Sie jetzt neuen Wortschatz.

Leseverstehen

Beispiele → KB S. 14 | **6**

1. Die TN lesen still die Angaben in der Aufgabenstellung. Klären Sie unbekannten Wortschatz.
2. Die TN lesen den Text und machen die angegebene Aufgabe, z. B. richtige Aussagen ankreuzen, Textstellen unterstreichen usw.
3. Bei komplexeren Fragen vergleichen die TN die Lösung mit ihrem Nachbarn.
4. Die Lösung wird im Kurs besprochen. Die TN nennen ggf. die entsprechenden Textstellen.
5. Erklären Sie neuen Lernwortschatz aus dem Text. Dabei geht es nicht darum, dass die TN den Text Wort für Wort verstehen.

Hörverstehen

Beispiele → KB S. 11 | **5**

1. Anhand des Übungstitels und des Fotos stellen die TN Hypothesen zur Situation im Hörtext auf.
2. Die TN lesen still die Angaben zum Hörtext. Klären Sie unbekannten Wortschatz aus den Angaben.
3. Die TN hören die CD und machen die angegebene Aufgabe, z. B. richtige Sätze ankreuzen, Sätze kombinieren, Wörter einsetzen.
4. Die TN vergleichen die Lösung mit ihrem Nachbarn.
5. Die CD wird, wenn nötig, noch einmal gehört. Fortgeschrittenere TN versuchen, bei komplexeren Hörtexten über die Aufgabe hinaus soviel wie möglich zu verstehen.
6. Die Lösung wird im Kurs besprochen. Bei Schwierigkeiten werden die entsprechenden Passagen noch einmal gehört oder aus der Transkription vorgelesen.
7. Fragen sie die TN, denen das Hörverstehen leicht fällt, was sie noch verstanden haben.

Nachsprechen

Beispiele → KB S. 20 | **2**

Wenn es zwei oder mehr Texte gibt, wenden Sie die folgenden Schritte zunächst auf den ersten Text an. Mit dem zweiten Text wird erst gearbeitet, wenn alle Schritte zu Text 1 durchgeführt wurden.

1. Die TN hören den Text ohne Buch, um phonetische Phänomene besser erkennen zu können.
2. Die TN hören den Text (noch einmal) und lesen mit.
3. Klären Sie unbekannte Wörter.
4. Die TN hören den Text und sprechen nach. Machen Sie dazu nach jeder Zeile oder nach jedem Satz eine Pause. Dabei sprechen die TN entweder jeder für sich halblaut und/oder alle zusammen im Chor nach. Diesen Schritt können Sie wiederholen.
5. Die TN hören den Text bei geschlossenem Buch noch einmal und sprechen nach.
6. Wiederholen Sie Schritt 5, wenn die TN den Text auswendig lernen. Spielen Sie dabei ggf. längere Einheiten vor, z.B. eine ganze Zeile. Sie können die Aufnahme auch stoppen und die TN ergänzen den fehlenden Teil.
7. Bei Dialogen üben die TN zu zweit, bis sie den Dialog auswendig können.
8. Ein paar TN sagen den Text auswendig vor.

Variante für Reime Schreiben Sie den Text an die Tafel oder mit einem wasserlöslichen Stift auf eine Folie. Die TN hören die Aufnahme zweimal Zeile für Zeile, lesen mit und sprechen laut nach. Löschen Sie dann z.B. alle Nomen oder alle Verben oder alle Pronomen. Die TN lesen den Text laut und ergänzen die fehlenden Satzteile. Löschen Sie danach eine andere Wortart und machen sie ein paar Übungsdurchgänge. Es bleibt immer weniger vom Text übrig. Die TN lernen den Text immer besser auswendig.

Sätze erfinden

Beispiele → KB S. 44 | **1b**

1. Gehen Sie mit den TN das Wortmaterial durch. Gehen Sie dabei auf das Aussprachephänomen ein, das im Themenkreis besonders geübt werden soll.
2. Die TN bilden in Partnerarbeit Sätze wie im Beispiel vorgegeben und schreiben sie je auf zwei getrennte Blätter. Nutzen Sie die Gelegenheit, währenddessen auf TN mit noch größeren Schwierigkeiten bei diesem Aussprachephänomen einzugehen. Wenn eine intensive Korrektur im Plenum stattfindet, dann führt das oft zur Verunsicherung der TN.
3. Die TN tauschen das eine Blatt mit den Sätzen mit einer anderen Zweiergruppe.
4. Jede Gruppe liest die von **ihr selbst** erfundenen Sätze vor. Die anderen TN achten mithilfe des Blattes auf die korrekte Aussprache des zu übenden Phänomens.
5. Zum Abschluss lesen Sie ein paar Sätze der TN vor. Die TN sprechen im Chor nach. Erwähnen Sie dabei, von welcher Gruppe die Sätze sind, sodass die TN ihre Arbeit gewürdigt sehen.

Gespräche hören und nachspielen

Beispiele → KB S. 26 | **3a**

Wenn es zwei oder mehr Texte gibt, führen Sie zunächst alle Schritte zum ersten Text durch. Danach bearbeiten Sie den zweiten Text in gleicher Weise.

1. Sprechen Sie mit den TN über die Situation auf dem Bild.
2. Die TN hören den Dialog bei abgedecktem Text, ohne mitzulesen.
3. Die TN hören den Text noch einmal und lesen mit.
4. Semantisieren Sie unbekannte Wörter.
5. Die TN lesen den Dialog in Partnerarbeit mit wechselnden Rollen.
6. Entwickeln Sie mit den TN zusammen ggf. an der Tafel ein Dialoggerüst (siehe Tafelbild bei der entsprechenden Übung).
7. Die TN hören den Dialog noch einmal und verfolgen dabei das Dialoggerüst.
8. Die TN üben den Dialog zu zweit ein.
9. Ein paar Dialoge werden im Plenum vorgespielt.

Gespräche variieren

Beispiele → KB S. 26 | **3c**

1. Gehen Sie mit den TN die vorgegebenen Formulierungen durch. Semantisieren Sie unbekannte Wörter.
2. Die TN entscheiden sich zu zweit oder zu dritt, ob sie ggf. einen formellen oder informellen Dialog spielen möchten. Sie üben ein paar Dialogvarianten ein. Die TN können sich dabei, wenn sie wollen, weiter von den Vorgaben entfernen.
3. Ein paar Dialoge werden im Plenum vorgespielt. Bitten Sie die TN, dazu von ihren Plätzen aufzustehen und nach vorne zu kommen. Beschreiben Sie den TN, wie ihre Umgebung aussieht, damit sich die TN das Szenario besser vorstellen können. Benutzen Sie – wenn möglich – ein paar Requisiten, z. B. ein paar Gläser und/oder ein Tablett für eine Szene in einem Café.

Variante Die TN schreiben in Partnerarbeit oder Kleingruppen einen Dialog. Sammeln Sie die Dialoge ein und korrigieren Sie sie, wenn nötig. Die Dialoge werden neu verteilt. Die TN spielen einen Dialog von einer anderen Gruppe.

Binnendifferenzierung Schwächere Lerner schreiben in Partnerarbeit einen Dialog und lernen diesen auswendig. Sie üben mit einer anderen Zweiergruppe. Diese erhält den Text und unterstützt und kontrolliert die Dialogschreiber beim Einüben. Danach tauschen die beiden Gruppen.

Gespräch über ein Thema

Beispiele → KB S. 11 | **6** und S. 91 | **7**

1. Erzählen Sie den TN zur Anregung je nach Thema über Ihre eigenen Erlebnisse, Erfahrungen, Vorlieben usw.
2. Die TN lesen den Beispieldialog vor.
3. Gehen Sie mit den TN den vorgegebenen Wortschatz durch.
4. Die TN bereiten sich kurze Zeit auf das Gespräch vor. Sie können sich stichpunktartige Notizen machen.
5. Die TN sprechen in Kleingruppen über das Thema.
6. Ein paar TN berichten im Plenum über ihre(n) Gesprächspartner. Wenn Erlebnisse geschildert werden, wird von jeder Gruppe die interessanteste Geschichte im Plenum erzählt.

Diktat

Beispiele → KB S. 24 | **1**

Material

- Folie, Folienstift

Auf der CD wird der Text einmal in normalem Tempo und dann ein zweites Mal langsam mit Pausen zum Mitschreiben gesprochen.

1. Die TN hören den Text in normalem Tempo ohne mitzuschreiben.
2. Die TN hören die zweite langsame Version und schreiben mit. Ein TN schreibt auf der Folie mit.
3. Die TN hören die schnell gesprochene Version des Textes noch einmal und kontrollieren das Geschriebene.
4. Legen Sie die Folie auf. Verbessern Sie zusammen mit den TN das Diktat auf Folie.
5. Jeder TN verbessert sein Diktat.

Variante

Material

- Transkription für jeden TN einmal kopiert

1. Lesen Sie den ganzen Text in normalem Tempo oder spielen Sie die Aufnahme vor. Die TN hören zu.
2. Die TN arbeiten zu zweit. Sie bekommen die Transkription. Ein TN diktiert seinem Partner. In der Mitte des Textes werden die Rollen getauscht.

Variante Die TN machen ein Laufdiktat. Ein paar Texte werden abseits von den Plätzen der TN an die Wand geheftet. Die TN arbeiten zu zweit. Ein TN geht zum Text, liest ihn und versucht, sich einen Teil des Textes zu merken. Es ist nicht notwendig, dass sich ein TN einen ganzen Satz oder gar das ganze Diktat merkt. Der TN geht zurück zu seinem Partner und diktiert diesem, was er sich merken konnte. Wenn er nicht mehr weiter weiß, geht er wieder zum Text usw. In der Mitte des Textes wird gewechselt. Kündigen Sie das zu Beginn des Diktates an und markieren Sie die Mitte auf den Transkriptionen.

3. Mithilfe der Transkription verbessert jeder TN seinen Textteil.

Texte schreiben

Beispiele → KB S. 51 | **5**

1. Die TN schreiben den Text den Vorgaben entsprechend. Gehen Sie herum und helfen Sie dabei. Achten Sie darauf, dass die TN auf alle Punkte der Vorgabe eingehen.
2. Zur Korrektur können die Texte mit einer Partnergruppe ausgetauscht werden.
3. Präsentieren Sie die Texte wie in den Didaktisierungsvorschlägen zur jeweiligen Übung beschrieben.